QUANGUO JIANSHE HANGYE
ZHONGDENG ZHIYE JIAOYU GUIHUA
TUIJIAN JIAOCAI

全国建设行业中等职业教育规划推荐教材【园林专业】

园林企业经营管理

刘义平 ◎ 主编

U0356324

中国建筑工业出版社

图书在版编目(CIP)数据

园林企业经营管理/刘义平主编. —北京：中国建筑工业出版社，2007（2023.3重印）
全国建设行业中等职业教育规划推荐教材（园林专业）
ISBN 978-7-112-09428-8

Ⅰ.园… Ⅱ.刘… Ⅲ.园林—农业企业管理—专业学校—教材 Ⅳ.F326.13

中国版本图书馆 CIP 数据核字(2007)第 178926 号

责任编辑：陈　桦　吕小勇
责任设计：赵明霞
责任校对：陈晶晶　兰曼利

全国建设行业中等职业教育规划推荐教材（园林专业）
园林企业经营管理
刘义平　主编

*

中国建筑工业出版社出版、发行(北京西郊百万庄)
各地新华书店、建筑书店经销
北京鸿文瀚海文化传媒有限公司制版
北京建筑工业印刷厂印刷

*

开本：787×1092毫米　1/16　印张：10¼　字数：253千字
2008 年 1 月第一版　2023 年 3 月第四次印刷
定价：**16.00** 元
ISBN 978-7-112-09428-8
(16092)

版权所有　翻印必究
如有印装质量问题，可寄本社退换
(邮政编码　100037)

本系列教材编写委员会
（按姓氏笔画排序）

编委会主任： 陈　付　沈元勤

编委会委员：

马　垣　　王世动　　刘义平　　孙余杰　　何向玲　　张　舟

张培冀　　沈元勤　　邵淑河　　陈　付　　赵岩峰　　赵春林

唐来春　　徐　荣　　康　亮　　梁　明　　董　南　　甄茂清

前言

在我国社会经济高速发展、人民物质生活和文化水平不断提高的背景下，城市园林绿化和生态环境建设受到各级政府的高度重视，各级各类园林绿化职业技术学校为满足就业市场的需要，不断进行教学改革，拓展教学内容，为了适应中等职业技术学校教学的实际需要，我们在调查研究的基础上，并根据2006年9月在北京召开的建设部全国建设行业中等职业教育规划推荐教材（园林专业）编写会议的讨论方案编写了这本教材。

本书编写时根据课程教学目的要求，充分考虑了中等职业学校学生的能力和特点，在内容处理上尽量做到简明扼要、通俗易懂、理论够用、具有可操作性，便于教学过程中学生的学习和阅读。同时考虑到提高学生经营管理水平和适应就业后工作的需要，突出实用和现代园林企业的实际，对企业经营管理的基础知识和方法进行了介绍。

本教材的内容主要包括园林企业经营管理概述、园林企业的建设、园林企业经营预测、决策与计划管理、园林企业劳动管理、园林企业财务管理、园林企业营销管理、园林企业科技管理、园林绿化工程项目管理等。根据本课程教学特点，每章都附有内容提要和复习思考题。各校可根据本校专业培养方向、具体情况和实际需要选讲。

参加本教材编写的教师及其分工情况如下：刘义平编写了绪论、第3章、第6章、第8章的第1、2、4、5节，并对全书进行了最后的修改和统稿；杨宝树编写了第1章；杜路平编写了第4章、第7章；庞伟星编写了第2章；陈志娟编写了第5章；许崇杰编写了第8章第3节；李向红、孙康明、钱军也参加了本书的有关编写工作。

此外，教材在编写过程中得到了上海城市管理学院、上海市园林学校的大力支持，编写内容参考了许多文献资料和书籍，在此我们对有关文献资料和书籍的作者、对书稿的主审、对本教材给予帮助的领导和老师表示诚挚的感谢。

由于编者水平所限，书中不足和错误之处在所难免，恳请读者批评指正。

编　者
2007年10月

目　录

绪论/1

第1章　园林企业经营管理概述/5
1.1　园林企业/6
1.2　园林企业组织/13
1.3　园林企业经营管理原理/18

第2章　园林企业的建设/25
2.1　园林企业的思想政治工作/26
2.2　企业档案资料管理/28
2.3　企业制度建设/34
2.4　园林企业文化建设/36

第3章　园林企业经营预测、决策与计划管理/41
3.1　园林企业经营预测/42
3.2　园林企业的经营决策/44
3.3　园林企业的计划管理/47

第4章　劳动管理/57
4.1　劳动组织管理/58
4.2　劳动生产率/61
4.3　劳动定额管理/64
4.4　劳动责任制/69
4.5　工资分配制度/70
4.6　员工的培训和发展/73

第5章　园林企业财务管理/77
5.1　园林企业财务管理的内容/78
5.2　园林企业财务管理的目标/80
5.3　园林企业财务管理的方法/81
5.4　园林企业筹资管理/82

5.5 园林企业财务风险管理 /87
5.6 企业财务预算 /89
5.7 必备财务会计基本知识 /92

第6章 园林企业的营销管理 /99
6.1 园林企业营销管理的作用和任务 /100
6.2 园林企业营销信息管理 /102
6.3 园林企业营销的组织 /104
6.4 园林企业营销计划管理 /106
6.5 园林企业营销方式与方法 /108

第7章 园林企业科技管理 /111
7.1 园林科学技术管理概述 /112
7.2 园林企业技术开发管理 /116
7.3 园林企业技术引进管理 /124
7.4 企业科技人才管理 /127

第8章 园林绿化工程项目管理 /133
8.1 园林绿化工程项目管理的特点 /134
8.2 园林绿化工程项目建设的程序 /136
8.3 园林工程施工项目物资管理 /138
8.4 园林工程施工的机械设备管理 /141
8.5 园林工程项目的质量管理 /142
8.6 园林工程进度管理 /152

参考文献 /156

绪 论

一

企业是一个历史的概念，是社会生产力发展到一定水平的产物。企业是随着人类社会的进步、生产力的发展、科学技术水平的提高不断发展和进步的。企业的发展经过了从封建社会的家庭手工业时期到资本主义的手工业时期、工场手工业时期、工厂生产时期和企业生产时期。

企业产生以后，制约和推动企业发展的因素很多，起根本作用的是技术革命。自人类社会经济生活中产生企业三百多年以来，至少经历了四次技术革命。第一次技术革命是三百年前的技术革命，以大机器为中心；第二次技术革命是一百多年前以重工业技术为中心的革命；第三次技术革命是第二次世界大战之后的一系列技术革命；第四次技术革命是当前高新技术的产生和发展，如生命科学、信息工程、材料科学等。从企业发展的角度来看，每次技术革命必然伴随一场空前规模的产业调整，一方面，一大批适应社会经济发展需要的新企业迅速崛起，开拓出一系列新的生产领域；另一方面，传统企业在技术、设备、工艺和管理上进行一系列的根本性改革，使社会生产力产生质的飞跃。

企业经营管理客观地存在于每个企业之中，反映在企业的全部经济活动上，贯穿于企业生产和经营的全过程。企业经营管理的好坏不仅直接关系到园林绿化企业的生存和发展，而且随着绿化材料物质量的积累，其对国民经济的发展，人民生活水平的提高，城市和社区形象的提升，环境的改善，发挥着越来越重要的作用。

我们知道，理论是实践经验的总结，是客观规律的反映，企业经营管理的理论来自于企业生产与经营的实践，并对企业的生产、经营和管理起到促进和指导作用。具体政策可以随着形势发展而变化，而理论则是指导行动的根本依据。现在我国正面临着深化改革、构建和谐社会的大好形势，园林企业经营管理一方面要领会党和政府关于构建和谐社会的各项方针政策；另一方面，要研究园林绿化企业的实际情况。对园林企业的基本情况、基本问题、基本特点和基本规律要善于进行分析和总结，从而逐步形成符合中国现实情况的园林企业管理理论和管理模式。

园林绿化企业的发展要靠科学技术，其中包括管理科学。越来越多的事实使我们认识到，管理科学是一种经济资源。同样的投入，由于管理水平不同，所取得的效益有天壤之别。管理科学包括对人的管理，也包括通过人运用科学的管理技术，合理地调整管理体制，发挥人、财、物的最大效用。管理科学是以经济理论为基础的，园林企业的管理科学也应该以园林绿化经济理论为基础。几十年来我国园林绿化的实践，为我们进行理论研究提供了丰富的源泉，很值得我们去分析研究，只有找出规律性的东西，才能逐步形成符合园林企业特点的经济与管理理论。

二

园林企业的生产、经营和管理，应突出对劳动、土地、资本和技术等基本生产要素的管理，并通过各种要素在生产过程中的运行实现生产经营目标。

劳动是一种人们为生产经营而付出能量的活动，包括体力劳动和脑力劳动。土地是一种很难再生的珍贵资源，是园林绿化企业的载体，地位特别重要。在我国，土地所有权属于国家，使用单位要付出一定代价才能获得相应使用权。资本，有的表现为实物形态，如机械、设备、温室等，也有的表现为可以投入生产运营的货币储量。技术，是指人们掌握的生产专业才能和经营管理才能。

不同经济实体，它们的生产经营目的都是要获取相应的价值回报。回报的形式、内容、高低各不相同，有的表现为利润，有的表现为生态功能，有的表现为服务质量。所有的生产经营单位要在以占用最少的生产要素，创造最高效益的矛盾中求生存和发展。实现生产和经营目标要处理好以下几个关系：

首先，要处理好企业与社会经济环境的关系，明确企业的社会定位和市场对企业的需求。任何生产经营活动都离不开社会经济环境的制约，要根据客观需要和主观能力，尊重经济规律，制订切合实际的发展方向和经营策略。

其次，要处理好生产要素投入量与产出量之间的关系。在创造效益的前提下，实现成本最小，或在既定成本下达到效益最大。用最少的投入创造出最大的效益，把有限的生产要素用到最合理的部位上，以发挥最好的效益。

第三，要处理好各种生产要素的配置与组合。生产经营过程中各种生产要素应按照一定比例配置。其中有不能相互代替的生产要素，超出了就造成浪费，缺少了就不能运行。但是，还有一种是可以变换的生产要素，可以互相替代。例如，可以用劳动密集型的方式生产，也可以用资本密集型的方式生产。完成同等的生产经营任务，不同组合会反映出不同效果，这就给科学管理留下广阔的发展余地。

第四，要使用先进的生产技术。生产竞争首先是科学技术的竞争和人才的竞争。提高效率、降低成本、改革创新都有赖于技术进步。技术化生产是展望未来的前提，当今科学技术快速发展的势头远远超出了人们的想象，经济的发展与繁荣，不单依靠资源，资本的增量，更重要的是科学技术的催化作用。

三

在园林绿化的生产、建设、管理、养护、服务全过程中，各个环节密切相关、互相衔接，在国民经济中形成了相对独立的产业体系。

园林绿化企业，是由许多不同的经济实体组成的。由于对社会肩负的任务不同，其生产形式和内容也不同，有的以物质产品生产为主，有的以服务产品生产为主，还有的以商业贸易为主。根据具体的业务范围，其管理的内容大致包括了以下几个方面：

（1）公共绿地管理：包括各级、各类公园、动物园、植物园，其他公共绿地及城市道路绿地。

（2）专用绿地管理：包括防护绿地，居住区绿地，工厂、机关、学校、部队等单位的附属绿地。

（3）园林绿化的建设、养护、管理：包括园林绿化工程设计与施工，以及建成后的养护管理工作。

（4）园林绿化材料生产管理：包括为园林绿化事业服务的苗圃、草圃、花圃、种子基地等的经营管理及专用物资供给、保障事业的经营管理。

（5）园林绿化科研、教育、服务管理：包括园林绿化专业的科研单位、教育单位及园林行业内的商业、服务单位。

园林行业的现状是：在自然科学范围内的技术问题，诸如规划、设计、植物繁殖与栽培、植物保护等从理论到实践，可以说已经形成了一套比较完整的科学体系，当然还在不断发展中。但是属于社会科学范围里的经济与管理问题，由于长期以来缺乏基础理论的研究，在实际工作中存在着一些理论与实际相扭曲的现象，没有形成比较科学的体系，没有整套的经验可以借鉴，也没有现成的书籍可以参考，许多问题有待于探索。从园林企业实际工作中我们可以体会到在制约园林企业发展的诸多因素中，经济与管理问题显得更加突出。园林企业经营管理，必须做好经济管理的基础工作。每个企业都要通过基础管理，保证生产经营的运行。

企业基础管理一般包括以下几方面内容：

(1) 调查研究科学决策，制定生产经营计划；
(2) 组织劳动管理，提高劳动生产率；
(3) 严格进行财务管理，实行经济核算；
(4) 实行质量管理，提高产品质量；
(5) 实行设备、物资管理，降低成本；
(6) 引用先进技术，争创领先水平；
(7) 运用信息技术，迎接时代挑战。

园林绿化行业是以生态环境资源的保护、利用和开发为己任，由园林绿化规划、设计、施工、养护、景点旅游经营服务、花卉苗木生产销售等要求较高专业水准的企业构成，其在相当长的时期内都是充满发展机遇的朝阳行业。园林绿化行业具有很强的公益性、社会性和服务性，所有企业均不能摆脱这些责任。

园林企业的经营与管理，除了需要广大科学工作者和企业管理工作者的重视和研究外，还应该把企业经营管理的理论知识普及到新生的社会建设者，以提高他们的业务水平，增加自觉性，减少盲目性，更好地为社会经济服务。

第1章 园林企业经营管理概述

内容提要：园林企业是一个自主经营、自负盈亏、依法设立的经济实体，园林绿化生产、服务及流通等经济活动不仅是我国社会经济的重要组成部分，而且对改善生态环境发挥着重要作用。本章主要介绍企业、组织的概念，企业的构成要素，企业的法律形式，园林企业组织的基本结构，园林企业的特点和类型以及业务指标体系形式，重点介绍了企业管理的基本原理、园林企业经营管理的内容及其基础工作等，为今后进一步学习园林企业经营管理知识打下良好的基础。

1.1 园林企业

企业是从事经济活动，以盈利为目的，实行自主经营，独立核算，具有法人资格的经济组织。企业是组成国民经济的基本单位。但是，并不是任何从事经济活动的单位都是企业。企业必须具备以下条件：

(1) 企业必须拥有从事经济活动所需的资金、生产资料和健全的组织；

(2) 企业从事经济活动的目的是取得盈利，企业的盈利不仅是企业经营管理的结果，也是其取得经济效益的反映；

(3) 企业必须依法进行登记注册，得到批准，承担必要的经济义务；

(4) 具有法人资格。

1.1.1 现代企业的构成要素

现代企业是一个运用各种资源条件，为实现一定经营目标而从事生产经营活动的经济实体。现代企业要素是构成现代企业的基础，主要包括以下几个方面：

1) 劳动者

劳动者是指企业结构中的全体职工，包括：经营者、管理和工程技术人员、生产人员等。劳动者是现代企业生产经营活动的主体，是构成企业系统的首要要素。他们以其数量多少、素质高低（包括个体素质和群体素质，业务技术素质，政治思想素质和身体素质），以及不同人员之间比例的协调状况等，影响和决定着现代企业的运行效果。

2) 物质资料

物质资料是指企业中的各种劳动资料和劳动对象，包括企业生产经营中所占用的土地、建筑物、各种机器设备、运输工具、原材料、辅助材料等。这些是现代企业从事生产经营活动必不可少的物质条件，是构成企业的物的要素。它们和劳动者一样，以其量和质及配套情况等影响和决定着现代企业的运行效果。

3) 资金

资金是企业中劳动手段和劳动对象的货币表现。现代企业在整个生产经营活动过程中，从价值形态看，实际上也就是资金运动和价值增值的过程，所以，资金也是构成企业的一个要素。一个企业的全部资金，一部分以固定资产的形式存在，一部分以流动资产的形式存在，其中包括货币资金、生产资金和成品资金等。资金主要从其数量、构成（各种资金的比例）、周转速度等方面对现代企业产生着影响。

以上三种要素，无论在属性上，还是形态上，都各不相同。但在现代企业中，它们内在地联系在一起，形成一个有机整体。概括地讲，就是劳动者借助于劳动资料，作用于劳动对象，推动着生产经营活动，同时，也推动着资金周而复始地循环。

1.1.2 企业法律形式

在市场经济条件下，企业是法律上和经济上独立的经济实体。它拥有一定的法律形式下自主经营和发展所必需的各种权利。企业的法律形式有多种，分别介绍如下：

1) 个体企业

个体企业是由业主个人出资兴办，并由业主自己直接经营的企业。业主个人享有企业的全部经营所得，同时对企业的债务负有完全责任,如果经营失败,出现资不抵债的情况,业主要用自己的家庭财产来抵偿。

个体企业一般规模较小,内部管理机构简单,建业和歇业的程序简单易行,产权能够比较自由地转让,经营者与所有者合二为一,经营方式灵活,决策迅速,利润独享,保密性强。但是,多数个体企业本身财力有限,而且由于受到偿债能力的限制,取得贷款的能力较差,难于从事需要大量投资的大规模工商业活动。企业的生命力弱,如果业主无意经营或因健康状况不佳无力经营,企业的业务就要中断。

个体企业在整个经济中不占有支配地位。园林行业中的花店、苗圃等多为这种企业形式,由于规模较小,发展能力有限。

2) 合伙制企业

合伙制企业是由两个或两个以上的个人通过签订合伙协议联合经营的企业组织。它可以由其中的一位合伙人出面经营,也可以由若干合伙人共同承担。当企业出现经营失败,资不抵债时,每个合伙人都要以自己的家庭财产按照入股比例进行赔偿。这就叫财产的无限连带责任。

合伙制企业由于为许多合伙人共同出资,筹集的资金量可以大为增加,能够从事一些资产规模需求较大的生产经营活动;同时,合伙人对企业的债务负有无限连带责任,全体合伙人对企业的盈亏都十分关心。但是,合伙人与经营者没有分离,几乎所有的决策都要经全体合伙人一致同意,造成经营决策时效的延误;合伙人中有一位死亡或者撤出,原来的合伙协议就要进行修改,企业的稳定程度有限;合伙制企业实行无限连带责任,增大了投资者的风险。

合伙制企业的资产规模一般达不到社会大生产的要求,管理不复杂,不需要设专门管理机构。园林绿化行业中,一些营业资金需要量较小,而工作业务涉及资金量较大、个人信誉非常重要的企业,如园林景观设计事务所、咨询公司等往往采取合伙制。

3) 合作制企业

合作制企业是一种劳动者自愿、自助、自治的经济组织。它实行以本企业或合作经济实体内的劳动者平等持股、合作经营、股本和劳动共同分红为特征的企业制度。合作制企业与股份制企业相比的一个重要区别是合作制企业不允许外人入股。

合作制企业的产权分属于企业职工或合作社社员所有。实行合作制企业的股本金是跟着劳动者走的,因此这些股本金具有劳动者自有资金的性质。所以合作制企业的税后利润,一部分应当用于企业内部的按劳分配,另外一部分则应当按股本进行分红。因此,企业的职工既是劳动者,又是本企业生产资料的所有者。从而有利于调动企业职工的积极性,有利于增强企业的活力,降低企业成本,提高企业的经济效益。

4) 公司制企业

公司制企业是由两个以上的股东共同出资构建的能够独立地对自己经营的财产享有民事权利、承担民事义务的组织。其具有以盈利为目的、具备法人资格、必须依法成立等特点。公司制企业按公司责任关系可划分有无限责任公司、有限责任公司、股份有限公司等。

无限责任公司是指由两个以上的股东所组成的,股东对公司的债务承担无限连带清偿责任的企业组织。所谓无限连带清偿责任是指股东不论出资多少,对公司债权人负有以全部个人财产承担清偿全部债务的责任。每个股东都有权利和义务处理公司的业务,对外都有代表公司的权利。公司的自有资本来自于股东的投资和公司的盈利。公司的盈余分配一部分是按股东的投资额,以资本的利息形式分配;另一部分则按合伙的平分原则处理。对股东而言,无限责任公司的风险是很大的,同时,与这种高风险相对应的是可能得到高额利润。由于在无限责任公司中股东所负的责任太大,筹资能力有限，在国内外都没有得到大的发展。

有限责任公司是指由两个以上股东共同出资，每个股东以其认缴的出资额对公司行为承担有限责任，公司以其全部资产对其债务承担责任的企业组织。有限责任公司的股东人数不多，一般相互认识，并具有一定程度的信任感，相互之间的合作建立在信任的基础上。我国《公司法》规定，有限责任公司的股东人数在2人至50人之间。有限责任公司的资本不需要划分为等额股份。股东以各自的出资额比例为限承担有限责任，利润分配时也按照各股东的出资额比例分配。我国《公司法》对有限责任公司基本上采用登记制度，对最低注册资本额的要求比较低。我国《公司法》规定：以生产经营为主的公司注册资本的最低限额为人民币50万元；以商品批发为主的公司注册资本的最低限额也为人民币50万元；以商业零售为主的公司注册资本的最低限额为人民币30万元；以科技、开发、咨询、服务为主的公司注册资本的最低限额为人民币10万元。

股份有限公司是指由一定人数的发起人设立，全部注册资本由等额股份构成，并通过发行股票或股权证筹集资本，股东以其认购的股份为限对公司的债务承担有限责任并享有相应的权力，公司以其全部财产对公司的债务承担责任的企业组织。股份可以自由流通，股东并不固定，绝大多数股东不参与公司经营活动，而是通过股东大会对公司发生影响。股东对公司债务的责任只限于他们对公司所投的资金股份，这在很大程度上分散了投资人的投资风险。股份有限公司的设立需要严格的法律手续，并具有较严密的内部组织机构，对符合上市条件的股份有限公司，还可以申请上市交易。

1.1.3 园林企业的特点

研究园林绿化企业的特点，首先要扩大视野，从传统的造园观念中解放出来，着眼于它广泛的内容和宏观的效益。由于园林绿化企业与社会生产力的提高、生产的发展和人民生活质量的改善有着密切的关系，因此，它的特点要与经济和社会的发展结合起来分析。

1) 园林形式具有时代特征

随着社会的进步、国家的发展，园林绿化企业的性质和任务被赋予了时代的特征。园林专家提出了生态园林的概念。由于这个概念反映了事物发展的客观实际，已经被越来越多的人理解和接受。

生态园林就是要继承和发展传统园林的经验，遵循生态学和景观生态学原理，以生态经济学为指导，建立多层次、多结构、多功能的稳定的人工植物群落，充分利用植物群落内部的能源和资源，并得以永续利用，使生态效益、社会效益、经济效益融为一体，同步发展，为人类创造一个清洁、舒适、优美和富有生命力的生态环境，达到促进人类身心健康的目的。从1956年全国城市建设工作会议，一直到现在，国家在多次全国性的会议上都提到把普遍绿化作为城市园林企业的工作重点。

我国园林的发展大致可以分为四个阶段，每个阶段都具有时代的特点。

（1）园林的原始阶段。在奴隶社会晚期，随着生产力的发展，社会分工逐步形成，国家和阶级出现。不同阶级地位的人们有着不同的生活方式和生活追求，所以当时出现了初级园林"囿"，它的主要功能是满足统治阶级少数人享受的需要。那时的园林是属于统治者的专有财产。

（2）古典园林阶段。在封建社会里，随着统治阶级权势和资产的集中，城市人口集中程度逐步增加，有钱有闲的人们远离自然环境而处于深院高墙之中，人们在向往自然，接近自然的需要之下开始模拟自然的建设工程。把亭、台、楼、阁、山、水、花、树融为一体，而发展起了古典式的园林，它的功能要求和服务对象都非常局限，管理也很简单。

（3）开放式园林阶段。资产阶级提出了平

等、自由、博爱的口号，打破了封建割据的园林形式而出现公园。

公园，一般比私家园林的范围大，服务对象也广泛得多，但对它的功能要求却比较单一，仍然停留在为人们提供游览、休憩活动场所的要求上。对公园的管理，在我国建国前，帝国主义统治的租界有他们管理公园的一套方法。建国以后，在人民政府领导下，以全心全意为人民服务的思想为指导，形成了全新的公园管理方针，公园在服务对象、服务内容和服务方式方面都有了根本改变。

(4) 生态园林阶段。生态园林是人类精神文明和物质文明发展的必然结果。在城市人口、物质生产、经济活动、科学技术高度集中的情况下，人类的生态环境日益恶化。人类在谋求合理的生存环境的奋斗中把园林绿化列为主要手段，园林绿化事业进入了生态园林这个新阶段。建国近60年来的园林建设的实践，是一段由传统园林向生态园林发展的历程。在生态理论的指导下，把种树、种花、种草赋予科学的内容，与社会生产力发展对环境的要求联系起来，将园林绿化事业推向了一个新的发展阶段。

生态园林是一个综合概念。它所包含的范围，从宏观上看，是从国土整治、保持生态平衡的高度全面绿化人类生存环境，传统园林所有的内容都包含在内。从微观上看，传统园林包括不了生态园林的内容。生态园林已走出一园、一地、一草、一木的范围，在具体布置上，又可融合传统园林的技术和表现手段，打破单一的表现方法。

2) 园林生产的法制性和群众性

党和政府在进行社会主义和谐社会建设的同时，把园林绿化建设放到了重要地位，并且用法律的形式规定将园林绿化事业作为社会主义经济和社会发展的重要内容之一，从而突出了它的法制性特点。

《中华人民共和国宪法》第二十六条规定：国家保护和改善生活环境和生态环境，防治污染和其他危害。国家组织和鼓励植树造林，保护林木。

《中华人民共和国森林法》规定：植树造林保护森林，是人民应尽的义务。各级人民政府应当组织全民义务植树，开展植树造林活动。

《中华人民共和国环境保护法》规定：要大力植树造林，绿化荒山荒地，绿化沙漠区和半沙漠区，绿化村庄、城镇和工矿区。

《中华人民共和国城市规划法》第四十条规定：禁止任何组织和个人侵占风景名胜区，文化古迹，公共绿地和公共体育场地进行建设或者改变其使用性质。1992年6月国务院颁布了《城市绿化条例》，各级地方政府大都制订了发展和保护园林绿化事业的法规、条例。

五届人大四次会议《关于开展全民义务植树运动的决议》指出：凡是条件具备的地方，年满十一岁的中华人民共和国公民，除老弱病残者外，因地制宜，每人每年义务植树三至五棵，或者完成相应劳动量的育苗、管护和其他绿化任务。这个决议是我国治理山河、维护和改善生态环境的一项重大措施。对加速园林绿化事业发展，建设环境优美、清洁卫生的社会主义城市具有极其重要的意义。这个决定从法律和制度上打下了园林绿化的群众基础，从而体现了群众性的特征。

3) 园林行业的特点

园林行业的物质材料和劳动对象主要是绿色植物，园林绿化生产的成果美化了大地，改善了环境，因此，园林行业具有以下一些特点：

(1) 园林绿化工程是以绿色植物为主体，以占有土地为基础的综合工程，对环境建设和生态平衡发挥着其他手段所不能替代的功能。土地是园林绿化的载体。在城市规划中，对园林绿化用地给予合理的安排和切实保证是实现园林绿化建设的基础，政府可以大量投资建造华丽的高层建筑、地铁，架设桥梁。但那是没有生命的物体，不能调节这个有机世界的生态平衡，单靠那些钢筋水泥、玻璃幕墙的构筑，只能更加恶化环境质量，这是城市高度发展过程中的经验教训。

(2) 园林绿化材料是有生命力的绿色植物，它们按照生物学规律不停地在生长、更新、衰老中运动着。它们的最佳效益并不是反映在园林建设工程的结束，而需要经过较长时间的养护管理才能实现。在正常养护管理之下，它的效益是逐步提高的。正因为它是以有生命的植物为主体，它的效益发挥靠的是植物自身的生命活动。要促进旺盛的生命活动，需要人工的抚育管理，不间断地投入养护管理资金。质量要求愈高，资金投入也愈多，两者是以正比例同步增长或下降的。值得指出的是，这种投入其实质是建设投资的继续，是生产性的而不是消费性的。建设阶段种植的一棵幼树，10年后成了大树，它本身的价值增长了10倍甚至几十倍。它所形成的环境功能同时也增长了10倍甚至几十倍。它的效益明显地反映在绿地质量的提高和城市环境质量的改善方面。这是园林绿化的自然规律和经济规律的综合反映。

(3) 园林绿化事业的发展规模和建设速度与国民经济发展水平和人民的生活水平紧密相连。园林绿化作为绿化系统有机地交织在整个城市中，是城市总体结构一个中心组成部分，虽然它有相对独立性，但对整个城市规划和建设来说，有一定的依附性，要与城市的各项建设密切结合协调发展。

建国以来，我国园林绿化事业已经列入国民经济计划之内，投资大小受整个国民经济形势的制约。国家的建设速度快，固定投资大，反映在园林绿化事业上的发展速度也快一些，反之就慢些。

(4) 园林绿地是城市的基础设施，是社会主义物质文明的重要内容。建成后的园林绿地为人们提供优美的生活环境，培养人们高尚的情操，满足人们物质生活和精神生活的需要，是物质文明和精神文明建设的重要载体。绿化效益主要反映在对改善环境质量的宏观效益上。

4) 园林企业的特点

园林绿化企业经营的产品是园林绿地。绿地作为城市基础设施，是城市市政公用事业和环境建设的组成部分。园林绿化是以丰富的园林植物、完整的绿化系统、优美的景观和完备的设施，发挥改善城市生态、美化城市环境的作用，为广大人民群众提供休息、游览、开展文化科学活动的园地，增进人民身心健康；同时还承担着保护、繁殖、研究珍稀和濒危物种的任务。优美的园林景观和良好的城市环境又是吸引投资、发展旅游事业的基础条件。

我国当代的园林绿化企业，劳动者主要以手工操作和半机械化操作为主。一方面由于园林技艺的要求，许多工种不可能大量地或全面地采用机械操作，另一方面是由于我国人力资源丰富、人工成本较低等原因造成的。因此，现阶段园林绿化的科学技术水平和劳动生产率水平普遍不高。园林企业多数还处在传统的操作水平上，在园艺技术方面有很大的开拓发展空间。

在经营管理上，园林企业依靠国家拨款和行业优势创收相结合的办法发展生产，设计、施工企业参与招投标，通过自主经营、自我发展扩大再生产。

园林企业所从事的园林绿化产品和劳务的特点决定了企业独特的技术经济特点：

(1) 在技术上，企业生产产品或劳务具有多样性。根据每个业主的不同要求，设计和生产(或养护、维修)特定的园林绿化产品。

(2) 在组织上，企业生产具有流动性。企业的人员、机具以及相应的机构都要随生产任务而迁移流动。

(3) 在经济上，由于园林绿化产品的生产周期长，占用资金较多，因此，企业应在进行市场分析后，为每项产品设定竞争性价格。

1.1.4 园林企业的类型

随着园林绿化事业的发展，园林绿化企业已经形成了一个综合的经济体系，这个经济体系是整个城市园林绿化系统的总称，它是根据城市总体规划和环境建设的要求构成的。园林企业包括以下类型：

1) 绿化材料生产单位

这类企业的业务目标是提供城市园林绿化和人民生活所需的绿化材料，包括：树苗、花卉、地被植物，以及花、鸟、鱼、虫等观赏性动植物。为满足社会这方面的需要而经营的苗圃、花圃、观赏性动物养殖场等生产单位，是以商品生产为目的的生产单位。这些企业使用国家土地，有固定资产和流动资金，供给城市园林建设所需的绿化材料，满足人民生活消费的需要；同时，应该为国家提供一定的积累，依法向国家交纳税金和利润。它应该是独立核算、自负盈亏的企业。

2) 花木商业单位

花木商业单位是绿化材料和花、鸟、鱼等观赏性动植物流通的重要环节，是生产单位与使用单位和人民生活消费之间的桥梁。花木商店可以通过各种形式进行经营，随着社会的发展和市场需要，花木商业单位应该是大有可为的。它是独立核算、自负盈亏的商业企业。

3) 园林工业单位

园林工业单位是为满足园林行业生产、养护、服务等各项业务的特殊需要而逐步形成的工业生产体系。园林事业发展较快，园林行业特需的机具设备，如：植保设备、喷灌设备、耕耘机械、公园专用的游艺设备等是社会一般工业部门所难以提供的，这些企业已经发展成为以制造、装配为主，兼营维修的专业工厂。它的经营范围随着园林事业的发展和社会的需要，已经突破了本地区园林部门而走向市场，它是名副其实的工业企业。

4) 园林施工单位

我国园林事业在改革开放后得到了迅速发展。园林施工单位是实现园林绿地建设计划的基本力量。园林施工单位承包国内外的园林建设工程项目，由园林的建设者提供投资，提出要求，施工单位根据建设者的意图进行施工，是独立的施工企业。

5) 公共绿地养护管理单位

它是园林事业的主体。园林绿地建成以后，要发挥绿地功能，改善生态环境，为人民群众提供服务，需要常年不间断地养护管理。承担这项任务的单位的特点是，除了少量的收入之外，本身没有直接的经济收入。它的效益主要反映在城市环境质量的改善和提高方面。作为城市基础设施，除兴建园林工程时需要国家固定资产投资外，同时还需要国家常年不断地提供养护管理费用。

6) 园林服务单位

园林服务单位是在开放性的园林游览单位里，为向游客提供服务而设置的商业部门和服务部门，如：饮食店、茶室、摄影部、小卖部、游船出租屋、大型游艺设备等。它们已成为园林开放单位直接管理的，实行独立核算、自负盈亏的独立经营单位，应该是名正言顺的商业企业。

7) 园林科研单位

为谋求科技进步，推动园林事业的现代化，在园林部门内形成了专业的园林科研单位即园林科学技术研究所。它是以开拓城市园林绿化事业的先进技术为主要任务的科学研究部门。在科研体制改革、科技成果有偿转让的情况下，实行独立核算和企业化管理。

以上几个方面是园林企业的主要部分，互相依存，互相制约。这些部分的核心是公共绿地和专用绿地的发展及维护。这是园林企业的主要职责，其他都是从属于服务于这个中心目标的必要条件。

1.1.5 园林企业的业务指标体系

在社会经济活动中，价值规律作为"看不见的手"，所产生的巨大作用，越来越受到人们的重视。但是在经营管理过程中，还有另外一只看不见的手，即指标体系，其对生产业务的激励作用和引导作用，同样应该引起足够的重视。指标和指标体系，对一个企业的经营行为有着举足轻重的影响。

1) 综合性的指标体系

园林绿化企业的生产业务是一项复杂的活动。其表现为多种具体内容，不是某一个指标可以反映全貌的。为此，要建立综合性的指标体系。

(1) 数量指标

任何使用价值都有量的规定性，离开了量的规定性，就无法衡量使用价值的大小。数量指标是指在计划期内预计达到的数量要求，它通常是以绝对数表示，如植树指标、绿地面积发展指标、收入指标、游人量指标、营业额指标等。

(2) 质量指标

质量指标是指生产结果符合需要的程度。不同的生产业务活动有不同的质量要素，因此，有不同的反映方式。它通常以比值、比例、百分率等相对数来表示，如苗木成活率达到百分之几，苗木合格率达到百分之几，符合养护质量标准的绿地达到百分之几等等。

(3) 消耗指标

消耗指标是指在进行生产业务活动中，为完成任务所必需的劳动消耗的指标，如材料、燃料、动力、工具等的消耗额。

(4) 效益指标

效益指标是指使用价值与创造使用价值的劳动消耗相比较的指标，如苗木产量、流动资金周转次数、职工平均产值、管理费率等。

由于园林企业的特殊性，除了可以计量的指标以外，还有一些生产业务活动是不能用计量的方法反映成果的。我们知道效益是多方面的，增产、增收是效益，节约开支也是效益，提高质量、提高管理水平、提高劳动生产率、扩大绿化面积、提高绿化覆盖率等都可以反映为效益。评价效益的指标，应有利于满足社会需要和促进建设发展。

2) 园林企业业务指标体系

指标体系是业务方针的具体化，它具体地反映了领导机关对这个单位的指导方向和业务要求。园林绿化企业是一个负载的有机体。各种因素既互相促进，又互相制约。例如：多生产苗木是好事，如果超过了需要量就是浪费；增加收入是好事，但是背离了园林事业的功能又是坏事。园林绿化的考核指标，要成为评价园林绿化企业效益的客观尺度。这个尺度既要符合行业特征，能够反映行业功能要求，又要反映园林行业总体机构中各个不同企业的具体效益，同时，要反映各种不同企业在经济活动中的动态效益。所以说它是多层次、多样化指标的综合。按照园林行业的特点，将园林绿化企业的考核指标分为目标性指标、管理性指标、记录性指标三大类：

(1) 目标性指标

我国各个城市的性质不同，地理环境、历史条件和经济发展水平差异很大，不可能用同一的指标来要求所有的城市。国家对城市园林绿化的发展有一定的指标要求，各地应在国家方针政策的指导下，结合实际情况制定符合地方特点的目标性指标。现行的目标性指标主要有人均公共绿地面积、绿化覆盖率、绿地率三项。

人均公共绿地面积是指城市中居民平均每人占有公共绿地的数量。这项指标反映了城市人口可以直接使用的公共绿地数量，在一定程度上说明了园林绿地在供人们游览休息方面所提供的条件。城市绿化覆盖率是指城市绿化种植中的乔木、灌木、草坪等所有植被的垂直投影面积占城市面积的百分比。绿地率是指城市中各类绿地面积之和占城市总面积的百分比。具体计算方法如下：

城市绿地总面积(hm^2)
= 公园总面积 + 公共绿地 + 生产绿地
  + 防护绿地 + 风景游览区绿地
  + 专用绿地 + 街道绿地   (1-1)

城市绿化覆盖率(%)

$$= \frac{公园面积 + 各类绿地覆盖面积 + 行道树覆盖面积}{市区总面积}$$

$$\times 100\% \qquad (1\text{-}2)$$

城市人均公共绿地面积(m^2/人)

$$= \frac{\text{公园面积}+\text{各类公共绿地面积}(m^2)}{\text{市区总人口}(\text{人})} \qquad (1\text{-}3)$$

$$\text{绿地率}(\%) = \frac{\text{城市绿地总面积}}{\text{市区总面积}} \times 100\% \qquad (1\text{-}4)$$

(2) 管理性指标

园林绿地建成以后，接踵而来的是养护管理和服务工作。这些事情工作量大，最频繁，最具体。它需要不断地投入人力、物力和能源。建立管理性指标的目的，在于保证以最少的投入，获得最佳的养护质量、最佳的管理质量、最佳的服务质量。在三个"最佳"的基础上争取合理地增收节支。

建立指标体系首先要建立养护和服务管理业务的质量标准或业务规范，这与量长度，先要有一把尺子是一样的道理。同时要建立相应的记录制度。例如上海市对行道树养护质量规定了10项质量标准。即：

① 成活率95%；
② 老树保存率99.8%；
③ 树干基本挺直，倾斜度不超过10°；
④ 骨架均匀，树冠完整，叶面光照均匀；
⑤ 及时修剪、剥芽、控制虫害；
⑥ 树穴不积水；
⑦ 绑扎物不嵌入树内；
⑧ 无死树、缺株；
⑨ 无坏桩、断桩；
⑩ 及时处理与公用事业的矛盾。

这10项标准未必能够反映全部的养护质量要求，但是，有了这个比较粗略的标准，就可以了解行道树养护质量达标率。

针对园林养护方面的特点和管理基础比较薄弱的实际情况，在考核和评价经济效益的工作中，可以考虑采取如下方法：

① 直接分析。与基数比较，与计划比较，与同类地区或单位比较。

② 综合分析。即不以一个指标的优劣论定其效益的大小，而将相关的横向单位和部门的连锁反应与纵向的前因后果联系起来进行综合考查，防止表面的效益掩盖了实际的损失。

③ 动态分析。园林绿化效益的发展，无论是绿地的发展建设、养护管理，还是绿化材料的生产，根据其自然规律，都有一个渐进的过程。在正常生产秩序和合理养护管理的情况下，其效益的发挥，是随着时间的推移逐步提高的。不断发生着量与质的变化，不要为一时财力、物力、人力的消耗而论定其效益有无或大小。

为了发挥指标的作用，园林企业要建立适合自身特点的考核制度。园林产品的质量现象有些是过时即逝，甚至瞬时即逝的，例如：过了花期，就无从评价花坛质量；没有经常检查制度，就无从评价环境卫生的服务标准和服务质量。

(3) 记录性指标

记录性指标是记录管理过程中各种活动信息的指标。信息反馈可以对生产、经营活动进行平衡、调度、控制和调剂，并以此作为考核微观经济效益的依据资料，例如：出工率、工时利用率、安全生产率、树木成活率等。

由于各企业所处环境不同，功能要求不同，所以，评价方法是不一样的，同类企业中存在着许多不可比的因素，我们应该根据管理中的可比因素，从实际出发，实事求是地制定管理水平的考核指标。

1.2 园林企业组织

1.2.1 组织的概念

组织是为了达到某种特定的目标，由分工与合作及不同层次的权力和责任制度而构成的人的集合。组织的概念可以具体理解为如下三点：

(1) 组织必须有一定的目标。任何组织都是为了特定的目标而存在的，目标是一个组织存在的前提条件。

(2) 组织必须有分工与合作。分工与合作是由组织的目标决定的。企业为了达到一定的目标设置专门的职能部门，这些职能部门专门从事特定的工作，这就叫分工。各职能部门之间相互配合，这就叫合作。只有把分工与合作结合起来才能产生较高的整体效益。

(3) 组织要有不同层次的权力与责任制度。为了实现企业的目标，在分工的基础上，必须赋予每个部门和个人相应的权力和责任。企业中任何工作的完成，都要有完成这项工作所必需的权力，同时又必须让其负有相应的责任。仅有权力而无责任，会导致权力的滥用，影响组织目标的实现；相反仅有责任而无权力，不仅使责任无法落实，也无法使组织的目标实现。

1.2.2 企业组织形式与原则

1) 企业组织形式

企业组织形式是企业财产及其社会化大生产的组织状态，表明了一个企业的财产构成、内部分工协作与外部社会经济联系的方式。企业组织形式关系到生产要素在企业内部和企业之间进行优化配置与组合，对于增强企业活力、提高企业经济效益、改进和加强企业管理，均有全局性影响。

(1) 按财产构成划分，企业组织形式可分为三类，即个体企业、合伙制企业、公司制企业。前两类企业属于自然人企业，出资者承担无限责任；公司制企业是法人企业，出资者只承担有限责任。

(2) 按企业内部分工协作划分，企业组织形式有单厂型企业、总厂型企业、专业公司。

(3) 按企业外部社会联系方式划分，企业组织形式有联合公司、企业联合体、战略联盟、虚拟企业等。

2) 企业组织的原则

企业组织的原则主要有：任务目标一致性原则；有效性原则；统一指挥原则；管理幅度原则；集权与分权相结合原则；弹性原则；执行与控制分离原则；协调原则；具有团队精神的原则等。

1.2.3 企业组织结构

在实践中，企业组织结构具体形式多种多样，但基本形式只有几种。应用最广泛的有直线结构、直线职能结构、部门化组织结构、模拟分权结构和矩阵结构。企业应根据自身的实际情况，选择基本的组织结构形式，并在此基础上加以丰富和发展。

1) 直线结构

直线结构是最早、最简单的企业组织形式，指挥和管理的职能由企业的行政领导人执行，不设专门的职能管理部门，具有形式简单、指挥统一、职权分明、决策迅速的优点，不足之处在于没有专业职能机构和人员为经理作助手、参谋，对企业领导人的素质要求较高，要具备广泛的业务知识和能力。一般只适合产品单一、工艺简单、规模较小的企业。一旦企业规模扩大，产品结构复杂，就难以应付了。

2) 直线职能结构

直线职能结构是一种以集权为主要特征的组织结构，它是在直线结构的基础上发展起来的。特点是：按集中统一原则设置直线领导者(如厂长、车间主任)，又按分工管理的原则设置各级职能结构或人员(如研发、生产、销售、财务、人事等)，行政领导者对直属下级有直接指挥权，各级职能机构和人员的职责是为同级行政人员出谋划策，对下级没有直接指挥权，只起业务上的指导和监督作用，另一个特点就是企业的管理权高度集中。主要优点是分工严密，上下级关系清楚，工作效率较高，整个组织系统有较高的稳定性。缺点是各职能部门分管业务不同，矛盾较多，领导层的协调工作量大；企业对环境变化不能及时作出反应，组织系统的适应性不好；各部门主管人员都是专业职能人员，仅熟悉自己范围内的业务工作，不利于企业内部培养出全面的管理人才。这种结构采用较为普遍，主要用于中小型企业，以及产品单一、市场需求比较稳定的企业。

3) 部门化组织结构

部门化组织结构又称事业部结构，是一种以分权为基本特征的组织结构，其主要特点是把企业的经营活动按产品或地区加以划分，成立各个经营单位即事业部。每个事业部在财务上对总公司负责，内部独立核算、自负盈亏。每个事业部都是一个利润中心，并拥有相应的独立经营的自主权。事业部结构具有很多优点：将较多的权力下放给各事业部，有利于各事业部在企业总政策的控制下自主经营，充分发挥各自的积极性；有较好的稳定性和适应性，各事业部能对市场变化作出相应的决策；独立核算、自负盈亏，便于考核；有利于培养全面的管理人才。其主要缺点是各事业部内部以及公司总部均需要设置一套齐备的职能机构，用人多、费用高；各事业部自负盈亏、自主经营，容易产生本位主义，影响各事业部之间的协作。最近几年，我国许多大企业也设置了事业部，此结构主要适用于产品多样化、市场环境变化快的大型企业。

4) 模拟分权结构

模拟分权结构是在事业部的基础上发展起来的，而许多大企业由于规模庞大，产品品种或生产过程无法分解成几个独立的事业部，不宜采用集权的直线职能结构，就产生了模拟分权结构。模拟分权结构，就是把企业分成若干个"组织单位"，它们各自拥有自己的职能机构，给它们尽可能大的生产经营自主权，但不是真正的独立核算、自负盈亏，只是模拟这种经营方式，目的是调动企业各级组织的积极性，改善经营管理。其优点就是解决了企业规模过大不易管理的问题，缺点是模拟事业部沟通和协调困难。

5) 矩阵结构

矩阵结构是直线职能结构和部门化组织结构的结合，它的主要特点是既有按职能划分的垂直管理系统，又有按工程或项目划分的横向管理系统，纵横结合，形如矩阵，每个管理人员同时受纵、横两方面管理部门的指挥。其优点是灵活性、适应性强；有利于各职能部门的协作配合；每个工作人员的整体观念得到加强，有利于小组任务的完成。其缺点是稳定性差，人员协作关系不稳定，机构比较臃肿，用人较多，管理费用较高。矩阵结构常用于技术发展迅速和产品品种较多，而且具有创新性强、管理复杂等特点的企业。

以上介绍的是企业组织结构的基本类型，企业在进行组织设计时，不要苛求于纯粹的组织形式，可以混合性地加以灵活应用。随着内外部经营环境的发展变化，企业的组织结构不断推陈出新，出现了许多新型的组织结构，新型组织结构的基本特点是强调快速、灵活和适应变化的能力。最具影响力的新型企业组织结构，典型的有网络型组织、学习型组织，网络型组织有内部网络、垂直网络、市场间网络、机会网络等；学习型组织则要求管理者和全体员工，必须经过五个方面的修炼，即超越自我、改善心智模式、建立共同愿景、团队学习、系统思考。

1.2.4 园林企业组织的基本结构

企业中的人、财、物等要素，并不存在自然的有机联系。为了有效地发挥企业系统的功能，完成企业目标，就需要按照一定的生产技术规律，运用有效的管理，并采取恰当的形式，将它们有机地组织起来，从而形成企业系统的结构，具体可分为垂直结构和横向结构两方面。

1) 垂直系统结构

按现代企业的纵向职能分析，一般可将企业要素分别组合为：生产和作业系统、市场营销系统、技术系统、财务会计系统、人力资源系统和信息系统等六大职能系统。

(1) 生产和作业系统

由企业中各生产和作业单位及其管理部门

组成。其基本职能是计划、组织与实施产品的加工制造活动和服务作业活动以及物质资料供应工作。

(2) 市场营销系统

由企业中的市场营销部门以及成品储运单位等组成。其基本职能是搞好市场研究与市场开发，以及产品销售和售前售后工作，做好市场的策划与实施。

(3) 技术系统

由企业中的研究开发部、负责日常生产和作业的技术部门和辅助生产单位组成。其基本职能是开发新产品、新技术，组织企业技术活动，推动企业技术进步，从技术方面保证企业生产和作业的有效改进。

(4) 财务会计系统

由企业中的各财务会计核算部门组成。其基本职能是管好、用好资金，搞好会计核算和财务监督，保证企业生产经营获得良好的经济效益。

(5) 人力资源系统

由企业中的各劳动人事部门组成。其基本职能是搞好企业人力资源开发的利用，负责职工的招收、使用、考核、培训以及工资、劳保、福利等工作。

(6) 信息系统

由企业中各部门各层次的信息部门及其拥有的信息装备所组成。其基本职能是搞好企业内外信息的收集、加工处理和纵向、横向的信息沟通工作，为各管理层和各单位的决策者与控制者服务。

2) 横向系统结构

任何一个从事生产经营活动的企业，需要众多劳动者在不同的局部范围内直接与生产资料发生联系，以便更好地完成生产经营；也需要部分劳动者间接地、全面地与生产资料发生联系，以便做好统筹安排和组织协调，保证生产经营过程顺利而和谐地进行；同时，还需要一些劳动者介于上述二者之间，起到承上启下的作用。横向系统结构一般分为三个层面的水平子系统：

(1) 高层经营管理子系统

即最高管理层。由董事会、总经理（厂长）及其主要行政助手和参谋人员组成。其主要职能是谋划企业与外部环境之间的平衡，掌握企业发展方向，制定企业经营战略的长远规划，统筹与分配企业的各种资源等等。

(2) 中层管理子系统

即中级管理层。由直接隶属于最高管理层的各职能部门、各生产单位的主要行政负责人及其职能参谋人员组成。其主要职能是制定好经营战略和长远规划，做好一系列具体的计划、组织和实施控制的工作，搞好企业内外各方面、各部门、各环节之间的协调，最大限度地保证最高管理层各项战略目标的实现。

(3) 基本作业子系统

即通常所说的基层或作业层。由基层管理人员和广大生产操作人员组成。他们用具体的生产劳动，保证各项任务的最终实现。

上述企业系统的垂直系统结构和横向系统结构共同构成了现代企业的组织结构。

园林绿化企业的组织结构比较复杂，这是由园林企业产业性质的特殊性决定的。园林绿化是覆盖全社会的产业，它关系到每个居民，渗透到各行各业。园林树木、花卉等绿化材料的培育、养护管理具有种植业性质，有第一产业特点；园林绿化工程和园林专用设备的制造与建筑和制造业相同，具有第二产业特点。从整体上说，它又是城市基础设施、公用事业的一部分。园林绿化企业是以绿色植物为基础，能够对社会生产和人民生活发挥一定的生态环境效益和社会效益，它具有为其他产业和人民生活服务的性质。所以从总体上看，园林企业属于第三产业。园林企业的生产、建设、服务三个环节密切相关，融为一体。因此它在国民经济产业结构中，是一个独立的产业体系，我们要根据这样的经济性质，分析园林企业的组织结构，研究相应的经营管理模式。

1.2.5 企业组织变革

经济体制改革是一项复杂的系统工程。我国企业管理水平与改革开放前相比有了大幅度提高，组织管理体制也发生了很大的变革。主要表现在以下几个方面：

1) 企业管理模式的转变

企业管理模式的转变分两个阶段。第一阶段是由封闭的生产型管理向开放的生产经营型管理的转变，第二阶段是由劳动密集型生产向技术密集型生产的转变，粗放型生产向集约型生产的转变。

随着计划体制改革力度的加大，国家指令性计划减少，指导性计划和市场调节的比例增大，促使企业扩大了经营销售职能。我国企业管理由封闭型转向开放型，从被动执行型转向主动开拓型，从生产什么就销售什么转变为以销定产。

企业把用户意识、市场意识、竞争意识和效益意识作为经营思想的主体。企业的经营决策程序是在保证国家指令性计划的前提下，从市场调查、市场预测着手，加大技术投资，千方百计地开发生产适销对路的产品，并不断提高质量，增加花色品种，完善售后服务。

2) 企业经营机制由靠政府推动向责、权、利结合的方向转变

随着两权分离理论的提出和企业经营方式的改变，许多企业实行了股份制或承包经营责任制，有些小型企业实行了租赁经营。企业经营好与坏，职工干好干坏、干多干少没有差别的落后状态基本消除。经营机制大为改善，从而调动了职工、企业两方面的积极性，使企业"自主经营，自负盈亏，自我发展"的能力大大增强。

3) 企业领导体制由党委一元化领导向厂长负责制转变

党委领导下的厂长负责制，在我国经济发展中曾起过重要作用，但这种责、权、利不分，缺乏效率的领导体制，已经不适应现代企业管理的要求。实行厂长责任制后，强化了企业生产经营的统一领导，提高了企业的决策和指挥的时效性，减少了推诿、扯皮现象，提高了工作效率。特别是《企业法》的实施，从法律上保障和促进了企业领导体制的正常运行。

4) 企业组织由单一形态向多元化转变

我国企业组织结构长期以来是按单一的直线职能制设立的。由于环境的变化、市场和企业战略的发展，为了增强适应性和灵活性，多数企业根据自己的实际情况进行了组织机构改革。即形成了既有直线制、直线职能制，又有矩阵制，由单个的"大而全"、"小而全"经过资产重组走向联合体、集团化。这种变化说明，我国企业已有了选择自己组织形式的意识和权利，这是增强企业活力不可缺少的条件。

5) 管理重点从着重对物的管理向"以人为中心"的现代化管理转变

许多企业家认识到，一流的企业要有一流的产品，一流的产品要靠一流的人才去开发、制造。因此，任何竞争最终还是人才的竞争。如何聚集人才、培养人才、使用人才，做人的工作，提高人的素质，已成为企业能否在竞争中获胜的决定性因素。

6) 质量管理由单位的质量检验向全面质量管理转变

在计划经济时期，由于缺乏竞争，缺乏质量意识，加上质量管理的方法和手段落后，因此许多企业的产品质量处于落后或不稳定状态。现在市场日益成熟，"全面质量管理"深入推广，质量控制手段和方法大大提高，质量管理的培训教育相当普及，企业的质量意识明显增强。

7) 企业管理由传统型向科学化、现代化转变

现代化管理方法经过了一个学习借鉴、自发应用和有组织推广的潜移默化的过程。国家经贸委等部门重点推荐的十八种现代化管理方法和手段，已经取得了良好的经济效益。应用计算机管理已日益普及。不少企业培养了专门人才，提高了企业的管理水平，同时也提高了我国企业的管理素质。在学习和借鉴国外先进管理经验的同时，结合本企业实际创造了一些新的管理方法，如满负荷工作法、全员经营法等，具有中国特色，有很强的生命力。

1.2.6 企业流程再造

企业流程再造就是企业系统的动态组织。

企业系统是一个不断地由输入（投入）经过转换到输出（产出）的动态系统，在其不断转换过程中，同时存在着物流、人流、价值流和信息流等四种"流"，形成了由以上四种"流"组成的动态组织流程。

1) 物流

物流是指企业生产经营所需的各种物质要素，从供应和投入生产开始，经过加工制造成为半成品再到成品，一直到把产品销售出去为止的整个生产经营过程。物流是企业最基本的运动形态，物流的特征由产品和加工工艺的特性所决定，其流量的大小受制于企业的规模和一定时期内的社会供求状况。

2) 人流

人流是指企业全体员工在企业中的全部活动内容和过程。包括人员的流入与流出，人员的分工调配和晋升，全体员工的劳动和工作过程等。人流也是企业中的一种基本运动形态，并在企业运动中处于主体地位，企业的全部活动都是在人流的推动和控制下进行的，并受到人流"能量"的限制。

3) 价值流

价值流是企业运动中价值转移、交换和增值的过程，它直观地表现为企业资金的运动过程。作为商品生产者的企业，它的生产经营活动就是原有使用价值的消费和新的使用价值的再生产过程，同时又是原有使用价值通过转移和创造实现新价值的过程。因此，价值流必然与物流同时并存于企业的运动之中，并综合反映着企业生产经营过程的状况和成果。

4) 信息流

信息流是指对企业生产经营活动所需全部信息的收集、加工、储存和传递过程。它实质上是对企业自身及其外界环境所作出反映、判断，以及对生产经营活动调控的过程。它主要表现为以各种数据、标准、定额、决策、计划、指令等形式，进行上下传达、执行或调整的过程。企业的全部运行活动都要通过信息来加以认识和调控，其全面性、准确性和及时性对企业的正常良好运行起着至关重要的作用。

以上企业中的四种"流"共同存在于企业运行过程之中，并表现为输入、转换、输出三大环节和反馈过程。即输入各种生产经营要素，包括人、财、物和信息；根据各行各业特点采取不同的生产工艺方法，进行产品的生产和制造；输出产品和劳务，并通过产品销售，收回货币资金；做好转换和输出过程中的信息反馈，以便及时有效地对企业的行为过程实施调控。以上过程是一个周而复始不断循环的过程。

1.3 园林企业经营管理原理

1.3.1 企业经营与管理的概念

1) 企业的经营与管理

企业经营管理是企业为实现其目标和任务，对其一切生产和业务活动进行一系列工作的总称。企业经营管理是社会化大生产的客观要求和必然产物。

生产活动是人类最基本的社会活动。任何生产过程都需要劳动者共同劳动，使用各种劳动手段，面对不同劳动对象。为了使生产活动顺利进行，提高效率和保证安全，就需要进行计划组织、控制，这就是管理。企业管理伴随着企业的产生而出现。企业和企业管理都是技术和经济发展到一定阶段的必然结果。

企业的经营就是为实现企业目标使企业的

内部条件和企业外部环境有机结合的动态平衡过程。企业的经营涉及到企业的外部，关系到社会经济的流通、分配和消费各个方面。它要求企业从市场调查开始，掌握市场需求和变化；对生产和经营作出决策，提高自己适应市场变化的能力；协调企业系统的活动，实现自己的战略目标。

经营与管理具有联系密切、相互渗透、相互依存、不可分割的关系。讲管理离不开经营，抓经营又离不开科学的管理，两者有机结合，构成完整的企业经营管理系统。企业的经营是从大处着眼，研究和解决全局性问题，属于较高层次和较大范围的经济活动。企业的管理是研究和解决具体性问题，属于较低层次和较小范围的经济活动。因此，企业首先应当重视经营，抓好经营，企业的主要领导更应当集中主要精力抓好经营。

2) 园林企业经营管理的任务

园林企业经营管理的任务就是企业通过有效地经营与管理，履行企业的责任和实现企业的目标。具体地说就是以马克思主义政治经济学为指导，掌握以植物材料为劳动对象的特点，根据经济规律和自然规律，在应用技术的推动下，科学地组织、指挥、协调各项园林绿化生产建设活动，调动劳动者的积极性和创造性，发展生产力，以尽可能少的投入获取尽可能高的效益。

(1) 企业经营管理的首要任务是树立正确的经营思想

经营思想是指导企业如何从事生产经营工作的指导思想，它贯穿于企业经营活动的全过程。企业经营思想是在一定时期、一定环境和一定条件下形成，不同社会制度、不同时期、不同条件、不同企业，甚至不同的经营管理的人员都会有不同的经营思想。我国企业经营管理的首要任务是树立正确的经营思想，遵守国家的方针、政策、法律、法规，讲究社会主义经营道德，反对生产经营中违法乱纪、唯利是图、投机取巧、破坏国家经济、妨碍社会发展、损害群众利益的各种不正当行为和不正之风。

(2) 企业经营管理必须正确制定企业的发展目标、经营方针和战略

企业的发展目标是企业在一定时期内，在生产、技术和经济等方面应达到的规模、水平和目标。企业的经营方针和战略是企业为实现其目标而制订的基本行动准则、策略和措施。企业应以实现企业的经营目标，实施经营方针，保证经济效益为前提，不断调整和改革管理体制和规章制度，改进管理方法。园林企业要按照企业的经营方针和战略，围绕企业的发展目标进行各项生产经营活动。

(3) 调整生产关系，合理组织生产力

企业经营管理的过程就是协调生产关系的过程。生产关系必须适应生产力的发展，才能促进生产的发展。企业调整生产关系的内容包括：正确处理企业与国家之间的关系，正确处理企业与企业之间的竞争与协作的关系、企业内部的合理分配，以及企业内部人与人之间的关系。合理组织生产力就是使企业拥有的劳动力、劳动手段、劳动对象达到最优的结合和充分利用，以取得最佳经济效果。劳动力、劳动手段和劳动对象必须经过合理地组织才能实现生产力。

1.3.2 企业管理基本原理

企业管理是一种实践。在长期的实践中，人们积累了丰富的经验，经过总结概括，形成了具有一般指导意义的理论、原则、体制、方法，它们构成了企业管理学的知识体系，作为一般规律反过来指导企业管理的实践活动。

企业管理基本原理是指企业管理的根本依据和准则，由企业管理实践总结得来。企业管理实践领域相当广泛，按业务不同有科技管理、生产管理、销售管理、人事管理、财务管理等。每一种管理实践都必须遵循若干特有的准则，都离不开必要的概念、理论以及方法。如生产

管理必须遵循适质、适量、适时的准则，必须运用质量、成本、生产批量的概念，必须运用均衡生产的理论和质量控制方法等；人事管理必须遵循人尽其才的准则，必须运用人力资源、工资、积极性等概念，必须运用学习理论、公平理论及人员考评方法等，并构成这些方面的分支学科。

实践和研究表明，企业管理除了存在与特定业务领域相联系的概念、理论、准则和方法，还存在与所有业务领域相联系的概念、理论、准则和方法，如计划、组织、控制等概念，关于系统管理的理论、人的行为的理论等。这些普遍适用的概念、理论、准则和方法反映了企业管理的基本规律，这些基本规律是现代企业管理基本原理的基础。

企业管理是典型的应用学科，其知识体系基本上都是围绕"做什么？""如何做？"及"为什么？"三个问题展开的。企业管理学的知识系统同样是围绕这三类问题，即"管理什么？"（对象、目标、任务），"怎样管？"（程序、方法、原则）及"为什么？"（背景、理论、经验）展开的。企业管理基本原理则是从总体上研究企业管理是什么（即管什么）及怎样管理好企业和为什么要这样管的道理。具体来说，企业管理基本原理必须阐明企业管理的实质及基本任务，企业管理的基本观念、基本指导思想，企业管理的关键和指导，企业管理的基本手段和途径，企业管理的基本方法和技巧。

企业管理基本原理的主要体系如下：

1) 系统管理原理

系统管理原理是把企业视为复杂的社会技术经济系统，把企业管理看作对该系统的设计、构筑及运作的过程。管理者的任务是运用系统观点，采用系统分析方法及系统管理模式，建立组织与环境，组织内部各部分相互促进的协调关系，实现企业系统的高效能、高效率。

2) 人本管理原理

人本管理原理是把人视作管理的主要对象及企业最重要的资源，确立以人为本的指导思想及依靠群众办企业的指导方针，制定全面开发人力资源的战略，根据人的思想行为规律，抓好企业思想文化建设，努力提高领导水平，运用各种激励手段调动和充分发挥人的积极性和创造性，不断增强企业活力。

3) 管理职能原理

企业管理是由一系列相互衔接的职能活动构成的，其要领在于应当以市场为基础，以计划为管理的第一职能，在搞好预测的基础上实行科学决策。通过组织职能形成实施计划的功能实体，并以信息为基本手段，对生产经营活动实行有效的控制。因此企业管理是协作劳动过程中不可缺少的特殊社会职能和"器官"。

4) 科学管理原理

管理具有可以认识，并用于实践的客观规律，因而是一门科学。管理者应当通过调查研究，掌握管理规律，遵循管理原则，努力提高管理标准化水平，采用先进的管理技术不断提高管理效率及效果。

5) 权变管理原理

管理是一项需要运用经验和技巧的实践活动。世上不存在一成不变的普遍适用的管理模式，管理者必须从实际出发，在不违背客观规律的前提下，发扬创新精神，灵活地选用管理模式及管理策略，及时组织管理变革，以适应管理目标及客观条件的变化，使企业不断发展。

以上五个原理，它们都回答了"企业管理是什么"、"怎样管理企业才能成功"这两大基本问题，都是不可违背的企业管理基本规律，是规划企业管理不可缺少的指导思想和管理哲学，是当代管理学中最有影响的基础理论。他们一方面反映了现代企业管理成败的基本经验，凡是遵行上述五个基本规律的企业，都是成功的企业，反之，都有失败的记录；另一方面他们处在管理理论的同一层面上，无法相互包容，尽管如此，上述五个基本原理又是相互联系的，通过相互渗透从而构成一个有机的体系。

1.3.3 园林企业经营管理的内容

园林企业经营管理是从调查预测、经营决策、计划到生产活动及产出全过程的经营管理。因此，园林企业经营管理包括若干阶段，而每个阶段都有不同的工作内容。

1) 调查与预测

调查与预测是园林企业经营管理过程中的第一项基本工作。企业调查的主要内容有国家地区经济，国际经济动向，市场需求，行业的竞争情况、技术发展、物资供应、金融市场、协作关系等的情况。只有掌握了各方面的有关资料和情况才能作出科学预测。

园林企业通过预测掌握社会对各类园林产品的需求、技术发展动向、竞争势态、资源与协作条件以及与企业经营有关的各种经济动向。在正确预测的基础上进行经营决策，制定企业的经营目标、经营方针、经营战略和经营计划。

2) 经营决策

企业经营决策是确定企业系统在一定时期内的经营目标、经营方针和经营战略技术。

园林企业的经营目标是园林企业在一定时期内预期最终达到的成果和目的。企业的经营目标应与企业的责任相一致，是企业完成其责任的具体化。园林企业的经营目标一般包括对社会的贡献目标、发展目标、市场目标和利益目标。

园林企业对社会的贡献就是在保证质量、减少消耗的前提下改善生态环境条件；发展目标是扩大企业规模，增加工程承包，加速技术开发和提高企业素质；市场目标主要包括产品产量(承建工程数量)、占领市场范围、地区以及市场信誉；利益目标主要是降低成本，增加盈利总额。

经营方针是指企业在一定经营思想指导下，为实现经营目标所采取的指导经营活动的方针。园林企业的经营方针包括实现企业经营方向、注重技术发展，开辟占领新市场，提高企业信誉，明确为用户服务的方针。

企业经营战略是根据企业经营思想、经营目标和经营方针，结合企业的具体条件和情况确定的。园林企业的经营战略包括根据企业自身的特点，扬长避短、发挥优势，搞好协作、联合经营，适应市场、灵活经营。

3) 计划

企业计划是以经营决策为依据，为实现经营目标所作的安排。

4) 生产管理

以绿化施工企业为例，施工生产管理包括现场准备、资源准备、技术准备等准备工作和对进度、质量、成本、安全等施工过程的控制工作。

5) 产出

园林工程或施工任务完成后通过全面的竣工验收，养护管理，合格后交付使用和结算并移交工程档案。

园林企业经营管理全过程是一个不断循环的过程，也是企业物资、资金和信息不断循环的过程。

1.3.4 园林企业经营管理的基础工作

园林企业经营管理的基础工作是指为实现企业的经营目标和管理职能，提供资料依据、共同准则、基本手段、前提条件的必不可少的工作。企业经营管理的基础工作是企业实行有效管理和科学管理的必要前提。

1) 企业标准

标准是企业从事生产、技术、经营活动的共同依据，它是企业管理基础工作的基准。企业标准有技术标准和管理标准两类。

技术标准是企业标准的主体。它是对生产对象、生产条件、生产方法等应该达到的尺度要求和必须遵守的规定。园林企业的主要技术标准有园林绿化工程的技术标准和技术规程。园林工程技术标准对工程质量、规格及其检验方法等都有技术规定，而工程技术规程则是对工程的施工过程、操作方法，设备和工具的使用，施工安全技术等所作的技术规定。

管理标准是对企业各项管理工作的职责、程序等所作的规定。企业围绕完善和落实经济责任制和提高经营管理水平，规定各项工作的质量标准、管理程序标准等，使企业各项管理工作合理化、规范化和高效化。

2) 定额工作

定额工作是指各类技术经济定额的制订、执行和管理等工作。定额是在一定生产技术组织条件下，完成各种生产经营活动所规定的人力、物力、财力、时间和空间的利用以及消耗方面应遵守和达到的标准量。

园林企业定额是编制计划、落实经济责任制、进行工程投标估价和经济核算的依据。由于生产及技术条件不断发展，定额应根据实际情况及时修订。科学地制订各类定额是园林企业经营管理中一项十分重要的基础工作。

定额的种类很多，根据不同的需要有各种不同的定额。如人工定额有时间定额、产量定额和工资定额，材料消耗定额有植物材料定额、建筑材料定额等，劳动定额有机械台班定额、设备使用定额、工具消耗定额等。园林企业应根据每项施工生产任务制订所需活劳动、劳动对象和劳动手段的消耗，管理状态及要求，使用效果等的定量标准。

3) 责任制

责任制是规定企业内部自上而下各级组织、各类人员的工作职责，工作范围，考核标准以及相互协作要求的制度，责任制是企业管理中一项最重要、最基本的制度，也是现代社会化大生产的客观要求。责任制根据企业的合理组织和分工要求，明确规定各级组织、机构以及人员的每一岗位的工作任务及具体要求，把企业中千头万绪的工作与人有机地结合起来，做到事事有人管、人人有专责，保证企业系统正常运行。同时，责任制是制定企业各种规章制度的基础，如岗位责任制、考核制、奖惩制、安全生产制、原材料和工具等的领用制、仓库保管制、财务制以及各种形式的经济核算制等规章制度的建立都以责任制为核心。

4) 信息工作

信息工作是指对企业进行生产经营和管理活动所必需的资料数据的收集、处理、传递、存储等管理工作。信息包括原始凭证、原始记录、统计、技术经济情报、科学技术及经济档案等。信息工作的基本要求是：全面、准确和及时。园林企业信息工作不仅要求做好企业内部原始记录、统计和核算等各项工作，而且要重视企业外部的经营环境，技术、经济和社会的发展情况与趋势、市场供需情况、用户意见等信息。

5) 教育与培训工作

教育与培训是对职工进行最基础、最必需的技术业务教育和培训，使职工能更好地从事本职工作，履行岗位责任制。教育和培训的内容包括：思想纪律教育、职业道德教育、文化教育、生产操作和管理技能等基本功的训练等。

6) 园林企业基础管理应注意的问题

园林企业的一切生产经营活动都要争创最好的经济效益，我们在强调基础管理重要性，追求经济效益的同时，必须注意以下几个问题：

(1) 提高经济效益不能只看当时的收入

城市园林绿化的投资主体来自两个方面：一是国家有计划的绿地建设和养护投资，二是各行各业结合建设事业的发展和人民改善环境的需要进行的绿地建设和养护的投资。国家和社会的投资都必须获得相应的效益回报，园林企业也要有一定的效益。现在，城市公园由事业单位变为企业，许多公园企业为了增收，在公园的草坪上演马戏，以破坏环境为代价增加收入，不仅大片草地事后要重新铺置，同时还影响了园林环境质量，影响游客的观光和城市的形象。所以有些创收往往带来的不是经济效益，而是经济损失。

(2) 重视种植质量与经济效益的关系

在新建绿化工程中，一般绿化种植工程约占总造价的30%。在已建成的园林绿地养护管理工程中，每年都要补充大量的绿地材料，包括：补种树木、花、草，假设每年有2000万元的园林工程，其中绿化种植工程约占600万元。国家技术规范规定的成活率应达到95%以上，但由于一些园林企业不重视种植质量而达不到这样的质量指标。经济上受了损失，更重要的是丧失了植物材料宝贵的生长时间，多年的劳动化为乌有，对整个社会劳动的浪费是难以计算的，造成这种损失的原因，第一，是施工质量差；第二，是缺乏全面考核。因此，园林企业要提高管理水平，一定要重视种植质量与经济效益的关系。

(3) 注重养护质量与经济效益的关系

有的绿地由于养护管理不善，一次又一次重复种植，如此循环往复，长期达不到绿化效果，而年年都有新的种植任务，年年都有投资。如：1973年上海已有行道树15万多棵，从1973到1984年12年间累计共种植行道树14万多棵，而1984年统计全市实有行道树14万多棵。这个资料说明，12年的投资、园林工人的劳动、多年来苗圃的培育成果付之东流，损失之大，令人震惊。

(4) 要分析劳动生产率与经济效益的关系

园林绿化企业属于劳动密集型企业，劳动是投入构成的主体，劳动工资开支约占养护管理费用开支的45%～50%。劳动投入的增长超出了事业的增长，这就意味着劳动生产率下降、经济效益降低，造成工资支出增加，单位面积的养护成本提高。

(5) 要把握建设方针与经济效益的关系

以植物造景为主的建设方针，是投资少、见效快的有效方法，它符合园林绿化的性质和任务。但是有的绿化建设中，建筑物比重过大，颠倒主次。大量的钢筋混凝土、砖瓦、山石并不能发挥生态平衡作用，它挤占了大量园林建设资金，占用了宝贵的土地，延长了工期，不利于园林绿化企业的发展和绿化效应的发挥。

园林绿化企业的经济效益是综合性的，获取经济效益的措施也应该是综合性的。应抓住园林企业基础管理的各个环节，使它们在人力、物力、财力等方面发挥更大的作用。

复习思考题

1. 企业必须具备哪些条件？
2. 现代企业构成要素主要包括哪几个方面？
3. 企业的法律形式有哪几种？各有什么特点？
4. 园林绿化企业有什么特点？
5. 园林企业包括哪些类型？
6. 园林绿化企业的考核指标分为哪三大类？
7. 组织的概念是什么？
8. 我国企业管理水平和组织管理体制与改革开放前相比发生了怎样的变革？
9. 企业组织的垂直系统结构和横向系统结构分别包括哪些方面？
10. 园林企业经营管理的任务是什么？
11. 企业管理基本原理有哪些主要体系？
12. 园林企业经营管理过程包括哪几个阶段？每个阶段的工作内容是什么？
13. 什么是园林企业经营管理的基础工作？园林企业经营管理的基础工作包括哪几方面内容？

第2章 园林企业的建设

内容提要：企业是社会最基本的经济组织，企业经营的目标是实现经济效益的最大化，从而实现企业成员经济效益的最大化及自身价值的最充分实现。在企业生产经营实践中逐步形成企业员工的思想观念、思维方式、行为规范、行为方式等是企业建设的重要内容。企业的经营管理，必须在先进的经营思想指导下加强企业的思想政治工作、档案管理、制度建设和企业文化建设。本章主要介绍了企业思想政治工作的任务、基本内容、原则和方法，企业档案资料管理的作用、原则以及管理过程和方法，企业制度建设的内容，企业文化的内容、功能及企业文化的建设。

2.1 园林企业的思想政治工作

2.1.1 企业思想政治工作的地位和任务

企业职工政治觉悟是否高，组织性纪律性是否强，本职业务是否精通，能否掌握现代科学技术，是决定企业发展和成败的关键。因此，企业必须重视职工的思想政治工作，采取有效的措施加强对职工的思想政治教育，提高职工的思想素质、政治素质、道德素质，以增强抵制各种消极思想影响的能力，进一步发挥职工在生产建设中的主导作用。

企业思想政治工作最根本的目的和任务，就是要对广大职工进行马列主义、毛泽东思想、邓小平理论和"三个代表"重要思想的教育，使他们逐步树立起共产主义世界观，克服各种消极错误思想的影响，增强他们认识世界和改造世界的能力，为建设中国特色社会主义而努力工作。

2.1.2 思想政治工作的基本内容

为了从根本上提高工人阶级的思想觉悟，企业思想政治工作的基本内容应该是对员工进行比较系统的爱国主义、集体主义、社会主义、共产主义的思想教育。

1) 爱国主义的思想教育

爱国主义是中华民族的优良传统。爱国主义的思想教育，就是要求要把个人和国家、民族的前途联系起来，为祖国的繁荣和富强而奋斗，为祖国的主权和领土完整而献身。加强爱国主义的宣传教育，培养爱国主义精神，提高爱国主义觉悟，是企业社会主义精神文明建设的基本内容之一。

对全体职工特别是青年职工进行爱国主义的思想教育，可以使他们认识到自己的命运和祖国的命运密不可分，并激发他们建设社会主义的热情。

2) 集体主义的思想教育

集体主义是共产主义道德的基本原则。它要求人们从广大人民的根本利益出发，坚持集体利益高于个人利益，当二者发生矛盾时，个人利益必须服从集体利益，并在保证集体利益的前提下，把集体利益和个人利益结合起来。对职工进行集体主义思想教育，就要使职工树立全心全意为人民服务的思想。

3) 社会主义、共产主义思想教育

对职工进行社会主义、共产主义教育，就是努力把职工培养成为有理想、有道德、有文化、有纪律的社会主义公民。在园林企业管理过程中，企业应要求职工在共同生活中遵循行为规范和生活准则，维护社会公德，遵守职业道德，加强组织纪律性的教育，提高职工的主人翁责任感。

企业除了对职工进行系统的思想教育以外，还要对职工进行日常的思想教育。它的基本内容包括：国内、国际形势教育，党和政府的方针、政策教育，园规园纪教育，配合企业完成生产、经营指标及其他中心任务的宣传动员教育，先进模范人物事迹教育，根据职工的思想情况而进行的个别教育。

2.1.3 企业思想政治工作的重点、原则和方法

1) 企业思想政治工作的重点

企业思想政治工作的重点应放在青年职工方面，有计划地对他们进行马列主义、毛泽东思想、邓小平理论、"三个代表"重要思想、科学发展观的思想教育，帮助他们观察、分析、处理问题，增强他们的主人翁精神。

2) 思想政治工作的原则

企业开展思想政治工作一般遵循以下几个原则：

(1) 理论联系实际的原则：根据职工中的思想状况确定教育内容，分阶段实施，做到有的放矢。对职工带有倾向性的思想问题，不要采取回避的态度，不要泛泛而抓，要有重点地抓住一两个问题认真加以解决，力求收到实效。要注意各部分人的实际接受能力，因人而异，循序渐进。只有细水长流，持之以恒，经过一个比较长的时间，才能产生明显的效果。

(2) 民主的原则：广开言路、集思广益，对一些问题有什么意见和看法，让大家畅所欲言，并允许保留不同意见。在广开言路的同时，也必须加以积极引导，用民主、平等的态度，采取讨论的方法，把复杂多样的思想引导到正确、积极、健康的方向上来。

(3) 思想政治工作结合经济工作一道做的原则：企业在生产、经营、管理过程中经常会遇到如指标定额、劳动报酬、相互配合、经营方式等问题，存在个人利益和集体利益的矛盾，只有坚持指标合理，正确处理个人利益和集体利益的关系，树立全局观念，搞好团结协作，坚持严格考核，坚持按劳分配，在不违反国家法律的前提下去争取正当的利益。

(4) 表扬和批评相结合，以表扬为主的原则：在职工思想工作中，一定要旗帜鲜明地表扬先进，支持先进，保障先进分子受到尊重和鼓励，要鼓励其他职工向先进学习，形成学习先进的风气。

(5) 提高思想认识同关心、解决职工生活问题相结合的原则：企业的思想政治工作应该把解决思想问题和解决实际问题结合起来，把关心群众思想问题同关心群众的物质利益和文化生活结合起来。

(6) 身教同言教相结合，身教重于言教的原则：在企业的思想政治工作中，企业的领导干部要以身作则、言行一致，以自己的模范行动去引导群众，反之要求群众做到的，自己首先要做到。只有这样，才能增强思想政治教育的说服力。

3) 思想政治工作的方法

除了对职工进行共产主义思想教育，还可以进行邓小平理论、"三个代表"重要思想、"八荣八耻"等的思想教育，结合科学发展观及和谐社会的教育，鼓励开展职工业余读书活动，提高职工的技术能力和创新意识。在工会的帮助下加强班组的思想政治工作，形成正确的集体舆论。对职工进行教育，必须在有利于生产、经营的前提下进行，思想教育应该同劳动竞赛联系起来，如争当劳动模范、新长征突击手、三八红旗手、先进工作者等。对职工进行教育还要同认真贯彻职工代表大会制度结合起来，进行形势教育、园规园纪的教育等。

2.1.4 企业政治工作队伍建设

在企业中，加强思想政治工作的关键在于加强和改善党的领导。企业党委应该把思想政治工作放在首位，抓好社会主义精神文明建设，把党的路线、方针、政策学习并贯彻执行好；充分依靠和发挥行政部门、工会、共青团等组织力量，走群众路线，做好思想政治工作。

1) 充实和健全政治工作机构

为了从组织上保证加强思想政治工作，企业应根据经济发展需要，充实和健全企业政治工作机构，配备必要的专职政工干部。根据工作需要和企业规模的大小，企业党委应设置组织、宣传、纪检、办公室等工作机构或专职人员，明确任务和职责分工，建立岗位责任制，

并定期进行考核。

2) 加强专业政工队伍建设

为了开展新形势下的企业思想政治工作，保证党的路线、方针、政策、任务的贯彻执行，搞好社会主义精神文明建设，应从思想上、组织上、业务上加强政治工作队伍的建设，提高队伍的政治素质和业务能力。

企业政工干部一般应具备以下的条件：要有坚定的共产主义信念，坚持四项基本原则，在思想上组织上与党中央保持一致；懂得马列主义、毛泽东思想、邓小平理论、"三个代表"重要思想和党的路线、方针、政策，并能正确运用；应具有大专以上的文化程度，知识面宽，懂得一些文学、历史、法律、心理学、教育学知识，懂得企业生产、经营、管理方面的基本知识；热爱政治工作，懂得思想政治工作的基本原则和方法，会做群众工作和调查研究工作，有一定的口头和文字表达能力，并有创新精神；党性强，作风正派，坚持原则，不谋私利，能以身作则，在群众中起表率作用。

企业在加强专业政工队伍建设的同时，还应建立一支群众性的思想政治工作队伍。在企业党委统一领导下，部门支部和党小组长、队组长、工会组长等骨干及党员、团员、先进工作者、劳模、积极分子等组织起来，形成一个群众性的思想政治网，依靠他们了解职工的思想和生活，反映群众的情绪和要求，有针对性地开展经常性的群众思想政治工作。

2.2 企业档案资料管理

2.2.1 档案的定义、特点与作用

档案是国家机构、社会组织和个人在社会实践活动中直接形成的，有一定保存价值的，各种形式的历史记录。按照《中华人民共和国档案法》，档案是指"过去和现在的国家机构、社会组织以及个人从事政治、军事、经济、科学、技术、文化、宗教等活动直接形成的对国家和社会有保存价值的各种文字、图表、声像等不同形式的历史记录"。档案有以下几方面的特点：

(1) 档案产生于组织和个人的社会活动；

(2) 档案是文件的转化；

(3) 档案信息的记录方式和载体具有多样性；

(4) 档案是历史的原始记录。

档案资料是经济建设的重要参考依据，特别是科技档案和某些专门档案，记录了各种生产和经济活动的情况、成果、经验和教训，反映了各行各业生产和经济活动的真实状况。档案资料是经济建设规律性的反映，其对于制定和实施经济计划、检查和总结经济发展情况、推广先进的生产技术和管理经验等方面，都是重要的参考资料。例如：某园林绿地建成后，要有绿化设计图、绿化竣工图、管线图、苗木表、合同书、预算书、投标书等资料，使公司在以后的养护中，能够掌握绿地的基本情况，有利于搞好园林植物、土壤及各类建筑物或构筑物、设施的养护，提高经济效益和社会效益。

总体来讲，档案的作用是多方面的，概括起来有两个基本作用，即凭证作用和参考作用，但要发挥档案资料的作用还受到一些条件的限制，如社会发展水平、社会制度、政治路线、方针政策的制约，人们对档案工作知识水平以及档案管理水平的限制等。目前，我国档案管理的手段和组织水平还不够先进，这在很大程度上影响着档案资料作用的发挥，因此，进一步提高档案资料的科学管理水平，加速档案管理的现代化，是档案工作的紧迫任务。

2.2.2 档案工作的内容、性质与基本原则

1) 档案工作的内容及相互关系

档案工作的基本内容包括档案的收集、整理、鉴定、保管、统计、检索、利用、编研等八项工作，通常又称为档案工作的八个业务环节。

(1) 收集方面。由于公司及内部各部门使用

的文件往往是分散形成的，数量较多，为了便于利用好档案，需要对分散的文件进行挑选，选择重要的一部分集中保存，形成档案收集工作。

(2) 整理方面。收集起来的档案数量大、内容广，成分复杂，比较零乱，为了便于日常管理和查找，需要把收集来的档案分门别类，逐步条理化、系统化。

(3) 鉴定方面。随着时间的推移，档案数量日益增多，有些档案失去或降低了保存价值，库存档案显得庞杂起来。为了使最有价值的档案更好地发挥作用，必须对保存的档案进行"检简"，剔除失去保存价值的档案，区别档案不同的保存价值，以便分级保管。

(4) 保管方面。由于自然和人为的各种因素，档案总是处于渐变性的自毁过程之中，甚至可能遭到突变性的破坏，例如：纸张变色，字迹褪色等。为了便于更长远地利用档案，需要对档案采取各种保护措施，使其完整、齐全，尽量延长使用寿命，得到妥善保管。

(5) 统计方面。对档案进行科学管理，需要掌握档案工作的全面情况及规律，做到"胸中有数"，有必要对档案工作的状况进行数量统计、分析和研究。

(6) 检索方面。档案数量庞大，通常是根据其自然形成的规律，按照基本的体系整理和存放，而利用档案的要求是特定的、多方面的。为了满足各种特定的查找利用要求，需要通过多种途径和形式揭示档案的内容和成分，提供查找的手段。

(7) 利用方面。为了使档案的作用及时、充分地发挥出来，需要开辟各种途径，采取各种形式，向利用者提供方便。

(8) 编研方面。档案部门保存的档案，主要是原始材料，为了满足利用者各种不同的利用要求，及保护档案原件的需要，应当对大量的档案资料进行研究和汇编，使其在更大范围内发挥其作用。

2) 档案工作的性质

档案工作是一项很重要的专门事业，是开展研究，进行各项工作的必要条件。做好档案工作，不仅具有局部价值，而且具有整体社会意义，其不仅是目前工作的需要，而且是今后长远利益的需要。档案工作就基本性质和主要作用来说，是一项服务性、管理性、政治性的工作。

档案工作的服务性表现为一种资料后勤性质的工作，为公司各项业务的开展准备资料，也对公司领导和各项业务工作起着参谋和助手的作用。同时，档案工作必须采取一整套科学的理论原则和技术方法管理和保护档案，并对复杂的档案进行考证和系统整理。档案工作不仅是对档案实体的管理，而且还要对各种形式的档案信息进行管理，并开发利用。

3) 档案工作的基本原则

实行统一领导、分级管理，维护档案的完整与安全，便于社会各方面的利用是档案工作的基本原则。

全部档案的管理工作，最终都是为了提供档案给公司运作的各项工作利用，这是检验档案工作的主要标准，它体现了档案工作的根本目的。便于各方面利用这一目标，必须贯穿在档案工作和管理的各个方面和环节中，使档案工作者从当前和长远利用的需要出发去开展工作，并以此为主要标准来考查档案工作的效果。

2.2.3 档案收集工作

1) 档案收集的内容及要求

档案收集的内容主要是档案室接收本单位各业务部门的归档案卷，接收现行机关具有长远保存价值的档案等，还应当把属于公司管理的各种档案资料全部收集起来，并注意门类齐全、结构合理，既要收集反映公司活动的普通档案，也要收集有代表性的基层单位、部门的档案；既要收集文件材料的档案，也要收集以光盘、磁盘等为载体材料的档案，满足利用者的需要。

档案收集必须建立健全归档制度。档案收集首要符合《中华人民共和国档案法》的规定,其次归档的范围应以本单位工作活动为主,突出反映本单位基本职能活动和中心工作,外单位文件,不管是上级、同级,还是下级,应以是否与本单位有直接关系、是否需要办理为文件归档为出发点,不能将具有价值的文件遗漏掉。

2) 归档时间

归档时间,指有关业务部门将需要归档的文件资料向档案室移交的时间,办理完毕的文件,不是随时办理完毕,就随时归档,一般应该在第二年六月份由总经理办公室部门立好卷向档案室归档。对于某些专业方面的文件、特殊载体的文件及分散在外的业务部门的文件,为了便于日常工作的查考,可以另行规定切合实际的归档时间。如财政部、国家档案局发布的《会计档案管理办法》中规定:"当年会计档案,在会计年度终了后,可暂由本单位财务会计部门保管一年,期满后,原则上应由财务会计部门编制清册移交给本单位的档案部门保管。"

3) 归档要求

归档要求,指归档案卷质量要求,根据档案工作条例及档案工作业务建设规范等有关文件的规定,遵循文件材料的形成规律和特点,保持文件之间的有机联系,区别不同价值,便于保管和利用。具体要做到,归档文件材料种类、份数及每份文件的页数均应齐全完整,不遗漏短缺;归档文件必须经过科学系统的整理,在进行卷内文件顺序排列时要合理安排文件的先后次序,一般可按重要程度或时间顺序排列,密不可分的文件材料应依序排列在一起,即批复在前、请示在后,正件在前、附件在后,印件在前、定稿在后等;归档案卷应在技术加工上符合要求,装订的案卷应统一在有文字的每页材料正面的右上角,背面的左上角填写页号;不装订的案卷,应在卷内每份文件材料的右上方加盖档号章,并逐件编号;图表和声像制品等应在装具上或声像材料的背面逐件编号;案卷必须按规定的格式逐件填写卷内目录,有关卷内文件材料的情况说明,都应逐项填写在备考表内;案卷封面的各个项目均应填写清楚,案卷标题要确切简明地反映卷内文件材料内容;要根据"档案保管期限表"注明每个案卷的保管期限;对损坏的文件要裱糊,字迹模糊的应复制并与原件一并立卷;案卷装订后,要按一定次序系统排列,编定案卷号,最后还应编制案卷目录一式两份,由移交部门和档案室签字后,作为案卷已向档案室归档的凭证。还必须注意研究和掌握档案形成的规律,处理好从文件形成到归档的档案流程周期,防止把经常使用的档案过早集中起来,应该从全局出发,全面考虑局部和整体、当前和长远利用的需要。

2.2.4 档案整理工作

1) 档案整理工作的内容

档案整理工作是将处于零乱状态和需要进一步条理化的档案,进行进一步的分类、组合、排列和编目,使其系统化,主要内容包括区分全宗,全宗内的分类,卷内文件的整理,案卷排列与编号,案卷目录的编制等,这一系列业务工作一般由不同的工作机构和人员分别承担。文书立卷一般由直接产生、处理文件的机构和人员承担,全宗内分类、案卷排列与编号、编制案卷目录由档案室承担。档案室内档案整理,按工作内容大致分为三种情况:

(1) 系统排列和编制目录,就是对已经立卷归档的案卷进行排列、编号、分类等系统整理,并将其结果用编制案卷目录的方式固定下来。

(2) 对整理不善的档案进行局部调整,就是对不符合整理要求、不便于保管利用的案卷进行一定的加工,来提高档案质量。如果发现文件组合不合理,排列次序颠倒,标题与内容不符等,要拆卷重新立卷。

(3) 全过程的档案整理工作,即进行从立卷到全宗的划分和排列等全部整理工作。

2) 档案整理工作的要求

档案整理工作要按照档案形成的特点和规

律,最大限度地保持文件之间的历史联系,充分利用原有基础分门别类,使档案在整理后便于保管、利用。

整理档案应充分利用原有的基础。这方面的工作主要有两个方面的要求:一方面,只要是经过整理而有章可循、有目可查的档案,就应尽可能地保持原有的整理体系,一般不再重新整理,但可适当地加工整理;另一方面,必须进行整理的档案,应注意研究原有的整理基础,对整理不当或错误的部分进行仔细分析,再进行改动和调整。

档案整理工作的基本出发点和最终要求,就是必须便于保管和查找利用。

3) 立卷

立卷是文件转化为档案的一个重要措施,是档案整理工作的重要内容之一。所谓立卷,就是文书部门或业务部门对办理完毕的文件,将其中具有查考保存价值的,按照它们在形成过程中的联系和规律组成案卷,内容包括组成案卷、拟写案卷标题、卷内文件的排列与编号、填写卷内文件目录与备考表、案卷封面的编号与案卷的装订。立卷工作的主要作用是使文件组成案卷便于查找利用,便于文件保护,为档案工作奠定基础。

立卷的具体方法主要是了解文件的内容及特点,将具有共同点和联系的文件组合在一起,一般反映在文件结构的各个组成部分上,就是每份文件一般都有作者、日期、发送单位以及文件内容反映的一定问题等。立卷时,经常按问题、作者、名称、地区、时间、收发文单位等特征组成案卷。

卷内文件整理,具体工作内容包括卷内文件排列和编号、填写卷内文件目录和备考表。

填写卷内文件目录和备考表:案卷目录放在卷首,列举卷内文件的主要内容,它的作用是介绍卷内文件情况,便于查找和保护卷内文件,其项目包括顺序号、文件作者、发文号、文件标题或摘由、文件日期、所在页号、备注(表2-1)。

卷内文件目录 表2-1

顺序号	文件作者	发文号	文件标题或摘由	文件日期	所在页号	备注
1	2	3	4	5	6	7

4) 案卷排列和编制案卷目录

案卷排列最常用的方法是在分类、立卷之后,按照案卷所反映的工作上的联系来排列,或按照案卷所反映的问题来排列,也可以按时间先后排列,还可以按作者、收发文企业机关和地区来排列,这些排列方法可以单独使用,也可以结合起来使用,各类案卷的排列方法可以一致也可以不一致,但是一个类内的卷的排列方法,只能用一种方法或一种方法结合其他方法来排列。

案卷目录的结构主要包括封面和扉页、目次、序言、简称表、案卷目录表、备考表等,其内容和格式如表2-2所示。

案卷目录 表2-2

案卷号		题名	年度	页数	期限	备注
档案室编	档案馆编					

说明:案卷号(顺序号)也称"卷号",依照案卷排列顺序,逐次填写,分档案室编号或档案馆编号。题名(案卷标题)即填写案卷封面上的案卷标题,必须逐字照写,不能随意修改或缩减。年度就是案卷内文件所属的年份,有时需要填写具体起止年、月,应填写案卷最早的文件日期和最迟的文件日期。页数和期限,即填写卷内文件是有的页数和案卷的保管期限。备注,即对某些案卷的变化情况所作的说明,如销毁、移出、遗失、损坏等情况。

备考表附在全部案卷目录之后，注明本目录的案卷数量，目录页数，编制日期及其他必要的说明，编制者签名或盖章。以后案卷如销毁、移出、遗失、损坏等，也需在备考表上注明，并有记载者签名或盖章。案卷目录应编制一式三份以上，一份供日常使用，一份保存备用，一份随档案移交。一个全宗如编有若干本案卷目录，必须以全宗为单位编写各本目录的顺序号，常称"案卷目录号"，简称"目录号"。

2.2.5 档案鉴定与保管工作

1) 档案鉴定

档案鉴定工作，主要是甄别和判断档案的价值，挑选有价值的档案继续保存，剔除无需保存的档案予以销毁。具体内容主要有两个方面：一方面确定哪些档案应该保存，保存多长时间；另一方面确定哪些档案不予保存，进行销毁。在具体操作时要分清主次，审核档案材料的保存价值并确定保管期限，正确确定需要保存的档案，保护有价值的档案，剔除没有保存价值和保管期满的档案。

园林企业应加强档案鉴定工作的组织领导，确定统一的鉴定标准。园林企业应参照国家档案局发布的《关于机关档案保管期限的规定》、《文书档案保管期限表》和《机关文件材料归档和不归档的范围》等指导性文件，结合本企业的实际情况，参照规定精神，制定单位的档案保管期限表。严格执行销毁档案的制度，凡需销毁档案，必须写出档案鉴定报告，并登记销毁清册，销毁档案时应注意安全保密，一般要有两人以上监销。

2) 档案保管

档案保管工作的主要内容包括三个方面：库房内档案科学管理的日常工作，档案流动过程中的保护，保护档案的专门技术措施。保管工作的任务从实质上讲，就是排除一切可能损毁档案的不利因素的工作过程，具体来讲，就是防止档案的损坏，延长档案的寿命，维护档案的安全。

档案的包装非常重要，可以防止光线、灰尘及有害气体对档案的直接危害，减少档案的机械磨损。用卷盒保管档案是比较好的方法，它能够防光、防尘、减少机械磨损，而且外形整齐、美观，便于档案的科学管理，搬运方便。

档案的安全保护，是指通过一定制度和采取专门技术措施，防止与减少档案损毁因素的工作。主要内容有：控制库房温、湿度，保卫和保密，防火，防光和防尘，搬动中的保护，档案的安全检查等。

定期和不定期的安全检查能发现工作中的缺点并及时纠正，维护档案的安全和完整。不定期检查应在下列情况下进行，如在发生水灾、火灾后；档案被遗失或失盗后；对某些档案是否遗失产生怀疑时；发现档案有虫蛀、鼠咬、霉烂现象时；档案管理人员调换工作时。定期检查可根据情况制定，一般一年一次，检查可全面进行，也可检查有关部分，检查内容一般有几个方面：一是现有档案数量与登记簿册中的数量是否相符；二是被损毁、遗失文件的数量情况和内容；三是档案防护措施和设备安全情况；四是案卷归入的全宗、类别顺序是否正确；五是档案收进、移出，案卷的借出、归还是否进行了登记、注销和还原。

2.2.6 档案的登记

档案登记是以一定的簿、册、表、单等形式，对档案的收进、移出、加工整理、鉴定、利用的情况进行记载。

1) 档案登记形式

档案数量和状况的登记，主要有卷内文件目录、案卷目录、总登记簿三种形式。

卷内文件目录是对卷内单份文件进行登记，是档案整理工作中的编目，同时可对卷内文件起保护和统计数量的作用，它揭示了每份文件的基本情况，为接收移交档案提供了可靠的依据。

案卷目录是登记每一个案卷标题及基本状况的簿册,是统计已整理编目档案的最可靠的基础材料。

总登记簿用来登记档案室收进、移出变化情况和实存数量,是档案室案卷的流水登记,又称流水登记簿。它的核心项目包括案卷收入、移出和现有数量三个部分,其登记方法是以全宗内的案卷目录为单位进行登记,说明案卷收入、移出情况。总登记簿的格式如表2-3所示。

总 登 记 簿 表2-3

案卷目录号	案卷目录名称(组织机构名称)	所属年度	案卷收入				案卷移出(包括销毁)					目录中现有数量		备注
			移入日期	目录中数量		实收数量		移出日期	移往何处	移出原因与文据	数量		卷	米	
				卷	米	卷	米				卷	米			
1	2	3	4	5	6	7	8	9	10	11	12	13	14	15	16

2) 档案利用登记

档案利用登记,是对档案利用过程中各种情况和数据作记录,是一项经常性的工作。借阅档案登记簿的具体内容和格式如表2-4所示。

借阅档案登记簿 表2-4

序号	日期	单位	案卷或文件题名	利用目的	期限	卷号	借阅人(签字)	归还日期	备注

档案利用效果登记表,是反映档案利用后的作用,显示利用档案后取得的社会效益和经济效益的书面材料。档案室在向利用者提供档案的同时,应根据需要附一张《档案利用效果登记表》,由利用者如实填写,及时供档案室存查。其内容及格式如表2-5所示。

档案利用效果登记表 表2-5

日期	单位	姓名	案卷或文件题名
利用目的			
利用效果			

2.2.7 档案利用

档案利用工作是档案工作的中心任务,是开发档案信息资源,充分发挥档案作用的重要环节。园林企业单位应切实加强档案的利用工作,通过各种方式为利用者提供档案和情报信息,充分发挥档案的经济效益和社会效益。

1) 档案利用的方式

档案利用的方式,主要有档案的阅览、档案的外借、制发档案复制本、举办档案展览、制发档案证明、参考咨询等。

2) 开放档案

档案利用工作应确定开放档案的范围,明确开放档案的用户对象,简化利用手续。对准备开放的档案,应加强整理和鉴别,做到有目可查、有规可依;对档案的内容,应依据国家有关保密法规的规定,进行认真的鉴别核查,还应为用户提供较好的阅览条件、复制条件。档案利用工作必须为开放档案准备较好的检索体系,以便多途径、多角度地满足利用者的需要;建立和健全档案利用管理制度,具体规定开放档案的利用要求、利用方式、利用手续等事项,档案利用者须按照有关规定办理利用手续,服从档案馆(室)安排,遵守利用规定,承担保护档案的义务。

3) 档案检索

档案检索就是把档案内容和形式特征存储

在各种检索工具中，根据利用者的需求，及时找出档案。档案检索工作的内容包括两个部分，一部分是编制档案检索工具，建立检索系统；另一部分根据利用者的需求，通过各种检索工具，检出所需要的档案。

我国使用较多的检索工具的种类，按编制方法可分为目录、索引、指南三种类型；按其形式又可分为卡片式和书本式。

4) 编研

编研工作就是以馆（室）藏档案为对象，以满足社会利用档案为主要目的，在研究档案内容的基础上，编辑史料、编制参考资料，参加编史修志，撰写专门著述。其内容主要包括编辑和研究两部分。

2.3 企业制度建设

企业的制度是指由国家特定法令和条件所规范和约束的企业内部外部关系的行为准则，是企业中各种条例、规章、办法、标准等的总称，通常是以文字的形式规定企业活动的各项内容、程序、方法，是企业中各类人员行动的规范和准则。现代企业制度是指在现代经济条件下，以规范和完善的法人制度为主体，以有限责任制度为核心，以股份有限公司为重点的产权清晰、权责明确、政企分开、管理科学的企业制度。

在企业中，制度的作用是不言而喻的，只有所有员工依据一定的制度规范自己的行为，整个企业才能有效运转，生产出市场需要的产品和服务，从而得以更好地生存和发展。正确的制度建设，可以大大提高企业的管理效力、决策与实施的速度，并提高企业的竞争能力与生存能力。

2.3.1 企业制度建设的内容

企业制度建设包含着极其丰富的内容，它不单单指企业组织形式本身，实际上是指适应现代市场经济体制的企业的产权制度、组织制度、管理制度、领导制度、财务会计制度、法律制度、政府与企业的关系以及其他各种企业制度外部环境的统称，具有产权特征、保值增值特征、责任特征、效益特征、制度特征等。

1) 企业制度

企业就其具体的制度来讲有公司基本管理、人事劳动管理、合同管理、财务管理、经营管理、资产管理、办公室管理等制度，按性质来分，大致可分为管理制度和企业标准两大类。

(1) 管理制度

管理制度主要规定各管理部门、岗位及各项业务的职能范围，所拥有的权利、应负的责任，以及各项业务的工作程序和方法，即规定做什么和怎么做的问题。企业的主要管理制度有厂长（经理）负责制、职工民主管理等。根据其范围大小和详细程度，又可分为不同层次和级别的管理制度。管理制度的内容一般包括：某项工作在企业生产经营活动中的地位、作用、基本指导思想和原则；进行该工作的依据、资料和信息来源；工作的步骤、方法和手段；工作所涉及的岗位和部门及其与其他部门的关系和联系方式等。

(2) 企业标准

企业标准是对企业生产经营活动应该达到的技术、经济、管理水平而作的规定和考核的依据，包括技术标准、技术规程和管理标准，如园林绿化养护技术等级标准，园林工程质量检验评定标准，园林栽植土质量标准，花坛、花镜技术规程，草坪建植和草坪养护管理的技术规程等。

技术标准是对企业产品、服务和工程施工质量、技术、规格等方面所作的规定。根据技术标准，企业生产的产品或服务必须达到规定的质量水平、技术指标和相应的规格。只有制定了详细的标准，企业生产的产品或服务所需达到的水平才有了参考的依据，才能保证产品、服务达到令人满意的质量。技术规程指的是对产品设计、生产操作、设备的维修与使用、安全技术等方面所作的规定，是有关程序和方法的标准。管理标准则是对各项管理工作所作的各种详细规定，是对每一项管理工作的程序、工作内容提出质量要求，并且制定为标准。有了技术规程和管理标准，企业中的每一个工作程序和工作内容就有了可以遵循执行的依据。

2) 企业制度在实施过程中应注意的问题

(1) 企业制度应与企业的目标、宗旨、中心主题一致，所有的管理规章制度应紧紧围绕企业的中心主题去编制、执行、维护，一旦与这个中心产生矛盾都应该无效。同时，制度必须符合国家法律法规的规定，不能超越国家法律法规。

(2) 企业应成立专门负责制度管理工作部门，编制或协助各个部门编制各项制度，保证各项制度建立在企业的立场上，从而推行企业制度的建设工作。负责制度管理工作的部门，应不断的对员工进行制度宣传、教育、沟通，了解员工的心态，帮助员工积极转变态度，使员工了解制度建设的目的，形成对制度的遵守，矫正不良行为。

(3) 编写企业制度时，必须从企业全局出发，从企业的角度思考，以企业宗旨为中心。当制度涉及多个部门时，制度管理部门应与各部门共同商讨，注意制度的衔接，以保证制度的有效性与可操作性。

(4) 在制度的建立过程中必须明确各岗位人员的工作权限与工作内容，制定职务说明书，避免人浮于事。只有明确了各自的工作权限与工作内容，各种作业程序方法与流程才能合理化、畅通化、标准化。

(5) 对企业制度的执行，领导应以身作则，带头执行，不能搞特殊化。一般企业领导的各种行为比较容易成为员工效仿的榜样，如果各阶层领导对公司各项制度不予以重视或敷衍了事，那么员工就会觉得企业的各项制度是没有实际意义的，当然也就不会真正去遵守各项制

度。只有领导重视与参与制度建设，企业制度才能有效的贯彻实施，企业的管理才能真正的提高。

(6) 在制度实施过程中，制度管理部门应对各项制度进行维护，专门负责监督企业制度的执行情况，矫正不规范的行为。同时调查制度的合理性、时宜性，一旦发现制度存在缺陷，及时进行矫正，废除过期制度，以保证制度的有效性、适宜性。

2.3.2 厂长(经理)负责制

厂长(经理)负责制，是指全民所有制企业的生产经营管理由厂长或经理全权负责的一种企业内部管理制度。在厂长(经理)负责制下，厂长(经理)是企业的法定代表人，在生产和经营中处于中心地位，企业党组织在企业中则具有核心地位，起政治保障作用，保证、监督党和国家的方针政策在企业中贯彻执行，支持在厂长(经理)负责制实行之初，强调党组织不直接插手企业经营管理问题。鉴于实践中暴露的厂长(经理)个人独断专行、缺乏监督和责任机制的情况，根据中共中央十五届四中全会《关于国有企业改革和发展若干重大问题的决定》(1999年9月22日颁布)的精神，企业党组织应参与企业重大问题决策，以便在企业中形成统一的决策监督机制。

根据《企业法》第45条的规定，在企业的生产经营管理工作中，厂长行使下列职权：

(1) 计划决策权。厂长有权依据法律和国务院规定，决定或报请审查批准企业的各项计划。

(2) 机构设置权。厂长有权决定企业行政机构的设置。企业党组织、职代会等机构的设置不属于厂长的职权范围，而是法定必设机构。

(3) 人事任免权。厂长有权任免企业的中层行政领导干部，并可提请政府主管部门任免副厂级行政领导干部，但法律和国务院另有规定的除外。

(4) 提案权。厂长有权提出工资调整方案、

奖金分配方案和重要的规章制度，并提请职工代表大会审查同意，有权提出福利基金使用方案和其他有关职工福利的重大事项的建议，提请职工代表大会审议决定。

(5) 奖励惩罚权。厂长有权依法奖惩职工，有权提请政府主管部门奖励副厂长行政领导干部。

2.3.3 职工代表大会

职工代表大会是企业实行民主管理的基本形式，是职工行使民主管理权利的机构。它不是企业的决策机构，其作用是代表职工审议企业的重大决策，对企业管理人员实行监督，维护职工的合法权益。

根据《企业法》第52条的规定，职工代表大会行使下列职权：

(1) 审议建议权。听取和审议厂长提出的关于企业经营方针、长远规划、年度计划、基本建设方案、重大技术改造方案、职工培训计划、留用资金分配和使用方案等，提出意见和建议。

(2) 审议通过权。审议同意或否决企业工资调整方案、奖金分配方案、劳动保护措施、奖惩办法和其他重要规章制度。

(3) 审议决定权。审议决定职工福利基金使用方案、职工住房分配方案和其他有关职工生活福利的重大事项。

(4) 评议、监督权。对企业各级行政领导干部有权进行评议、监督，提出奖惩和任免建议。

(5) 推荐、选举权。根据政府主管部门决定选举厂长，并经政府主管部门批准。

(6) 集体合同签订权。

2.4 园林企业文化建设

2.4.1 企业文化

一个企业在经营活动中，要抓好三件事情，即企业整治、企业经济和企业文化，其中企业文化是企业经营中的一个重要支撑点。

企业文化是从企业成立开始逐渐形成的。在企业空间环境中，一群人在一起工作了一段时间后，经过频繁的互动和情感沟通，就会产生特有的处理问题的准则、方法，以及协调人际关系的微妙性和成文、不成文的习惯。通过不断强化，又会发展成为一种企业的宗旨和传统。将这一切总结起来，是企业群体成员互动中形成一种行为模式，一种群体哲学、群体价值观、群体精神、群体道德风尚。

企业文化一旦形成，不仅会影响外部环境文化，还会成为企业内部全体成员的行为规范，对企业发展起着举足轻重的作用。这种影响作用是深刻的、长期的，它会渗透到企业员工的思想、感情、心理、性格、行为等各方面。企业文化一旦定型，要想改变它，就相当困难了。企业文化带有非强制性，它如一只无形的手在起作用，或起着润物无声、催人奋进的积极作用，或起着阻碍进步与发展的消极作用。因此，我们要正确引导企业文化，使之起到自动调节社会再生产过程的作用。

对于一个园林企业自成立开始，就应重视企业文化的设计，培养自身发展所需要的健康的企业文化。对于园林行业的老企业来说，也需要通过管理实践去强化符合需要的企业文化，有计划地改造、创新企业文化。20世纪90年代以来，企业文化对员工的行为的影响越来越重要。由于现代企业逐步拓宽了控制跨度，使得企业的组织结构越来越趋于扁平，引入了工作团队的概念，赋予了员工更大的权利，这就要求有一种共同的价值观，从而保证每个员工朝同一个方向努力，使企业的目标得以实现。

2.4.2 企业文化的内容

企业文化的内核(本质)是价值观，以这个内核为中心构筑起企业文化多方面的内容。看一个企业的文化，不仅要看企业文化的表象，而且要看企业文化的深层次内涵。

企业文化的外显表层部分，是那些闻之有

声、视之有形、触之有觉的文化形象，具有外在性、直观性，又称企业的物质文化。例如：公园外显的园容园貌，职工待人接物、言谈举止、办事习惯等，这些表层的企业文化能给人第一印象，使人感受到企业的精神风貌，是企业文化的重要组成部分，这个层面的文化可以理解为文化的"形式"。

企业文化的中层部分，不像表层文化那样直接外露，需要调查了解才能搞清楚，人们可以通过一定的直观形象把握它。主要体现在企业的规章制度、组织机构，企业内部和外部的人际关系等方面。例如某个企业的表面给人们处理问题快、办事效率高的印象时，人们对此进一步了解，就会进一步发现组织机构方面的一些特点，如机构少、人员精、工作负荷充分、规章制度科学合理；再作进一步了解，就会看到企业精简机构、提高办事效率方面的一些重要思想，涉及到企业所树立的适应市场经济条件的效益、效率、时间、经营、人才竞争等方面的新观念。

企业文化的深层部分，不是能够直接体察得到的，它是企业员工的意识形态，包括理想信念、价值取向、道德伦理、经营思路、心理状态、思维方式等，是企业员工共同持有的价值观，这是企业的精神文化，是核心，是企业的灵魂。它不但影响个人行为，还影响群体行为和整个企业行为，从而影响企业的经济效益。在同一环境下，有些人对地位看得较重，有的人则比较注重工作成就，这就是因价值观不同所致。许多经营得好的公司的成功经验之一，就是有明确的价值观。如果抽掉了价值观念，生产经营就无法谈起，企业文化就变成了没有灵魂的躯壳。不同企业有不同的价值取向，一般来讲，企业追求的目标是企业利润最大化，或是在此基础上全面提高职工素质，造福社会。价值观不仅影响个人行为，还会影响群体行为和整个企业行为，而且影响企业的经济效益。

上述三个层次的企业文化，深层部分的文化最重要，因为它决定了企业及职工的行为走向，进而决定了表层文化和中层部分的文化的状态。例如公园的园容园貌搞得好，公园环境整洁、设施完好、景观效果好、服务到位等，在这样的环境里，职工就会养成讲究文明，爱护园内一草一木的良好习惯，这对于落实公园规章制度即中层文化，对树立"爱园如家"的思想观念即深层文化，就会起到明显的积极作用。所以，建设优秀的企业文化，对不同层次的文化都要构筑好，并把重点放在深层文化的建设上。

2.4.3 企业文化的功能

企业文化是管理系统的灵魂，而且是能够适应外部环境和内部条件变化的具有生命力的系统，它决定着企业的行为方向或方式。企业管理中的一个重要目标，就是要让全体员工在对待企业所面临的重大问题时，能够行为一致。这就需要建立全体员工共同接受的价值观，当企业面对问题时，就不用层层指令、动员，不用制度、纪律的强制，全体员工就会自觉地产生相同的态度和行为，这样的管理就比较有效。

积极的企业文化具有凝聚作用。它在企业经营管理中起到了"黏合剂"的作用，使整个企业上下一致，同舟共济。同时，积极的企业文化还可以把和谐、友爱、协作、奋斗等观念渗透到员工的工作和生活中去，促成全体员工围绕企业目标去努力工作，促成全体员工围绕企业目标而努力。消极的企业文化则把那些惰性因素输入到员工中去，造成不正之风乃至邪恶势力在企业内抬头，给企业和社会带来危害。有人常说，有文化特色的企业创造特色产品，无文化特色的企业制造平淡产品，缺乏文化或有消极文化的企业制造伪劣产品。所以，不论积极的或消极的企业文化，都能起到维系企业的作用。

企业文化具有约束作用。企业的规章制度、行为准则等又可称为制度文化，如公园的园规园纪、人际关系等，对每位员工的思想、行为起着约束作用。更重要的是，企业文化的灵魂、凝聚作用在更加高的层次上把员工的思想统一起来，在员工的心灵深处打上了共同的文化烙印，对他们的行为约束是无形的，比制度的约束力更深刻。企业的文化是一种无形的行为规则，不管是高级管理层，还是普通员工，都不能违反这个规则，一旦违反就会受到大家的指责和严厉惩罚，遵守规则就会受到赞扬和奖赏。当然，在实际控制手段上，应综合运用行政手段、经济手段、法律手段及文化手段。

当然，企业文化是坚持宣传，不断实践及规范管理的结果。企业文化的倡导者最初提出的观念往往是零碎、粗糙的，是经验的产物，必须通过宣传，在实践中吸收集体的智慧不断修正，使之逐步明确、系统、合理。所以，企业文化一般都要经过一个逐步完善、定型、深化的过程。

2.4.4 企业文化的建设

1) 企业领导与企业文化建设

企业文化建设中企业领导的行为理念是重要的环节，管理层的文化观念是根本要素，因为他们被企业员工视为企业的代表，如果他们能够以身作则，充分表现企业文化的性质，则可以加强企业员工对企业文化的认同感。

目前，我国的企业文化建设还不够深入，从表面看，有些企业在建设企业文化方面，仅仅还是流于形式，无实际的效果。究其原因可以讲是多方面的，其中有一个十分重要的原因，就是企业领导在企业文化建设中不能起到模范带头的表率作用，企业领导常常用作报告、写文件、搞宣传、刷标语等形式来塑造企业文化。此外，建立企业文化的对象是企业的职工，实际上是要求职工做到的，而企业领导则可以不受这个"企业文化"的约束，他们根本不打算要求自己成为"企业文化"的率先垂范者。显然，这样是塑造不出深层次企业文化的。例如有一家公司的老板，几年来在爱护员工方面的确做了不少工作，给员工修建单身宿舍、修建娱乐场所，在员工生日送生日蛋糕、生日礼品、贺卡等，中秋节给每位员工送高档月饼，医药费实报实销，每年还给员工一定的带薪休假，老板还亲自下食堂，关心员工的伙食等。但实际收到的效果很小，究其原因主要有：在真情中有假情的成分，似乎有作秀之嫌；在关键时刻、关键的问题上没有体现老板对员工的关心、爱护，如员工感到自己的岗位极不稳定，干了今天不知道明天，干得好好的，说炒就炒，随意性太大没有安全感。

企业文化的形成是在一定的环境下生成的，是企业生存、发展的反映。在企业形成的过程中，特别在企业创建时，管理人员角色非常重要，尤其是企业创办人，因为其个人的经营哲学而建立一些特定的文化内容。由于受传统文化影响，一开始只有少数人首先觉悟，顺应时代方向、目标和行为方式，不受以前习惯做法和思想意识的束缚，提出反映客观需要的文化主张，来勾画企业发展的蓝图。

2) 奖惩制度与企业文化建设

企业文化建设要有一套规范的奖惩制度。奖惩制度的实施对企业文化的影响是直接、有效的，对那些符合企业文化的行为应该加以特别的表扬。例如：表扬和奖励那些为顾全大局牺牲个人利益的员工，表扬和奖励提供高质量服务的人和事，便可以在企业树立典范，无形之中令其他员工效仿学习，以改变他们的价值观、信念、行为等。还可以利用一些企业业余活动，来加强企业文化在员工心中的印象作用，如节假日的聚会、聚餐，组织员工外出旅行，表彰好人好事，组织员工感兴趣的各种娱乐活动、体育活动等。

3) 宣传教育与企业文化建设

企业在宣传教育方面的经营管理哲学观是企业优良文化建设的重要方面。首先，应把企业的核心价值观人格化到具体的企业成员身上。对在我国企业中广为流传的模范人物事迹、言行，不仅要求职工学习，而且在企业中树立典型。我国20世纪50年代的"鞍钢精神"是以"孟泰精神"为标志的，20世纪60年代的"大庆精神"是以王进喜为标志的。现在，中国企业仍然在继承和发扬这种优良传统，许多企业常将其创建者的业绩，企业出现过的模范人物事迹，企业发展过程中出现的重大事件，甚至是企业犯过的错误而总结的教训编成故事，在企业员工中广为流传，起到了激励和警示的作用。现在一般的企业几乎都有本单位的先进事迹和先进人物。其次，在各种活动中应传输有关文化价值观的知识，如对新员工宣传企业文化，使员工了解自己的角色和责任，明白企业允许行为的范围等。当员工得到了充分的宣传教育后，便拥有了相同的理念和态度，他们的行为也将比较接近于一致，这个时候，企业的文化价值便呈现出来了。

4）思想政治工作与企业文化建设

将企业文化建设和思想政治工作密切结合，统一规划和组织，是十分必要的。在企业文化建设中，还要加强企业思想文化建设。企业思想文化建设是在继承和发扬我国企业思想政治工作优良传统的基础上，吸收当今企业文化的理论和实践经验，培养职工队伍的思想意识和工作作风，以建设有理想、有道德、有文化、有纪律的职工队伍为目标的工作总称。一方面，企业思想文化建设直接为本企业经营战略、方针、目标服务，完全与企业生产经营相结合，具有特殊性；另一方面企业思想文化建设要求某种观念必须直接转化为行为，具有明确的规范性和一定的强制性。

企业文化建设和企业思想政治工作存在一定的共性，但在工作内容方面还是存在着一定差异的。思想政治工作主要包括思想建设和作风建设，企业思想文化建设要求员工按统一的规范工作和社交，主要涉及思想、作风、体制、政策以及企业形象等方面，要务实。

企业应扎扎实实地进行企业文化建设，树立用户至上、质量第一的意识，养成尊重人、爱护人的风气，不仅有利于促进思想政治工作，推动社会风气的好转，维护安定团结，而且有利于克服思想政治工作与生产经营活动脱节的现象，提高工作效率，把先进的思想意识尽快转化为现实的生产力。

5）企业形象与企业文化建设

在企业文化建设中，还要注意树立企业形象。企业形象是指社会认可的企业文化的综合反映和外部表现。现代企业，拥有技术、资金、人才、信息等已不再是一流企业的标志，企业间的竞争已经上升到综合实力的竞争即企业形象的竞争。企业形象是一个完整的有机系列，不仅是个别要素形象，而且涉及经济、管理、文化、心理等各种要素；不仅来自有形的，而且出自长期为公众所感知记忆的企业行为所表现出来的内在精神和素质等，它是各种形象要素在美的基础上的统一。

企业形象可概括为企业的理念识别、行为识别、视觉识别。企业理念识别包括企业的经营哲学、价值观念、企业精神等，它能激发企业员工的向心力、荣誉感、使命感，对外展示企业的经营宗旨和经营姿态。企业行为识别系统是指企业一系列经营活动，包括企业行为规范、经营战略、产品生产、科技开发、教育培养、市场营销和公关活动等，在这些活动中企业各展其才，争比高下。企业视觉识别是企业一整套识别标志，是理念特征的外在表现，是传达企业精神内涵，提高企业和产品知名度，塑造企业形象的最直接、最有效的手段，它包括企业名称、企业标志、产品名称、产品包装、产品商标、产品广告，也包括企业家的形象等。企业形象需要设计，以保证有较高的顾客满意度。顾客满意度主要包括理念满意、行为满意、视听满意、产品满意、服务满意。

在现阶段，加强企业文化建设，塑造具有中国特色的社会主义企业文化，并使它具有本企业、本行业的独特风格，对提高企业管理水平和经济效益水平，搞好职工队伍建设，有着重要的意义。我国的管理理念长期来受到传统的等级观念、家长制度的影响，大多数企业都是注重一致性，排斥差异性，企业文化的表现往往是一元化。一元化文化的企业往往存在着一些弊端，如企业很难理解多元化的消费者群体的追求，较难开发出适合消费者需要的产品。因此，在保持不变的企业核心价值观的情况下，应尽可能包容多元化的差异性观点，成为了现代企业立足所要解决的问题。

企业处理具体问题的方法、态度，也会表现出企业文化的特征，对企业文化的传播、建设具有重要的意义。如面对市场的竞争激励、利润下降的形势，企业是采取裁员来保持竞争力，还是尽量保留员工，对其加强培训，重新给员工安排新岗位，这对企业能否体现"以人为本"的企业文化是非常重要的。

复习思考题

1. 企业思想政治工作的地位和任务是什么？
2. 企业思想政治工作包括哪些基本内容？
3. 企业思想政治工作的重点、原则和方法是什么？
4. 怎样加强企业政治工作队伍建设？
5. 档案具有什么特点？档案资料有什么作用？
6. 档案工作的基本内容包括几项？他们之间有何种关系？
7. 档案保管工作的主要任务和要求是什么？
8. 档案收集的内容及要求是什么？
9. 管理制度的内容一般包括哪些方面？
10. 企业在设置制度的过程中应该遵循哪些原则？
11. 企业制度在实施过程中应注意什么问题？
12. 什么是厂长（经理）负责制？在企业的生产经营管理工作中，厂长能行使哪些职权？
13. 职工代表大会可行使哪些职权？
14. 什么叫企业文化？加强企业文化建设有什么意义？
15. 如何加强企业文化的建设？

第3章 园林企业经营预测、决策与计划管理

内容提要：管理的重心在经营，经营的重心在决策，而预测又是企业决策必不可少的依据，企业计划管理需要企业正确的决策。随着市场经济的发展，市场竞争日趋激烈，企业经营预测、决策和计划管理就显得越来越重要。本章简要介绍了企业经营预测、决策的含义和分类，企业经营预测的内容和工作要求，决策应遵循的原则和内容，还介绍了企业的计划体系、园林企业计划管理的基础工作及经营计划等内容。

3.1 园林企业经营预测

企业经营预测是企业系统根据企业内外一切信息和数据，通过科学的分析和运算，对与企业经营决策有关的事物和问题的发展趋势和变化规律作出预先的测定。

3.1.1 企业经营预测的意义

预测是以可靠的信息和数据为依据，运用一定的科学方法，对事物的未来情况、发展方向和动态进行推测和估计。预测是未来学的一个分支，它是根据过去和现在估计未来，从已知推测未知。企业经营预测的意义包括以下三点：

1) **企业经营预测是企业认识环境的基本手段**

企业系统的环境是非常广泛的社会系统。企业系统要正常运转，首先必须认识环境。企业通过预测了解环境的变化和发展趋势，这是企业系统生存的重要依据。

2) **企业经营预测是企业经营决策的依据**

通过预测能了解有关事物发展的可能趋势、数量界限和时间进程，这是企业决策必不可少的依据。

3) **企业经营预测是克服经营中的盲目性、增强自觉性、取得主动性的重要手段**

凡事预则立，不预则废。预测能使企业决策者看得更远、更全面，从而能根据各种情况，做好应变和预防，减少或防止在经营管理中的被动性。

3.1.2 企业经营预测的分类

1) **按时间分类**

(1) 长期预测。一般是3～5年，甚至更长，如新技术、企业发展规模、投资方向、社会消费结构变化等预测，期限都比较长，属于战略性预测。

(2) 中期预测。一般是2～3年，如生产成本与价格、库存量、生产能力增长速度、产品质量等预测。

(3) 短期预测。一般是1年以内，它是在市场及需求迅速变化的情况下，及时有效的预测，如采购、劳动力、销售等预测。

2) **按需求性质分类**

(1) 定性预测。对各种事件的未来趋势和各种经济现象间的关系作出逻辑推断。

(2) 定量预测。对各种事件未来（产量、市场需求量、利润、资源的供应量及价格等）的数量变化作出估计和判断。

预测的期限、要求和范围不同，采用的方法、内容也不同，但其基本步骤和要求是一致的。

3.1.3 企业经营预测的基本步骤

1) **确定目标**

根据预测对象的性质和预测的目的与要求，明确规定预测的目标，并说明预测的范围和期限。

2) **拟定预测计划**

根据目标的要求做好预测的各项准备工作和具体安排，如人员分工、进度和费用等。

3) **收集和整理有关的数据资料**

收集过去及目前有关的一切资料，然后分析、整理，排除不正确或无效的部分。

4) **选定预测方法，进行预测**

根据预测的对象和目标确定采用定量还是

定性的预测方法。对于定量预测，主要是利用统计资料，借助数学方法进行预测。而定性预测法往往是在不可能或没有系统的资料，或不可能用数学方法作定量分析时，才被应用。定性预测是预测人员根据已掌握的信息和情况，结合自己的经验、知识，对预测对象的变化趋势，凭主观或直观作出判断，一般又称为直观判断法。当然，定性预测法还是以调查为基础进行分析判断，可以作为定量分析的辅助手段。

5）分析评估

对预测的结论进行分析评估，分析所得结果的内外因素。估计未来的影响范围和程度，并从中找出变化规律。

6）修正预测结果

各种预测方法都在一定假设条件下提出，预测结果也仅反映重要因素的影响，因此预测结果不可能完全正确表达未来的情况。为此，需对预测结果进行修正，使其更符合实际情况，更有实用意义。

3.1.4 园林企业经营预测的内容

企业经营预测的内容取决于企业经营产品、企业规模大小以及市场需求的特点。园林企业应根据其产品生产以及销售特点进行预测，其预测内容包括如下几方面：

1）园林产品需求预测

预测社会对各类园林产品的需求规律，包括：

（1）园林产品总需求量的预测。其取决于国家经济的发展规划、基本建设和更新改造的发展速度以及市场的需求。总需求量的多少是决定企业发展规模的主要依据。

（2）园林产品方向预测。预测新建、改建的古典园林、公共绿地、单位绿地等各类园林产品的需求趋势；预测观赏树种、大树移植、花卉品种及草坪的需求。

（3）园林产品的类型和构成预测。园林产品的类型很多，如园林建筑与小品、假山与水池、园林植物等。园林植物的种类又十分丰富，树木有乔木与灌木、常绿树与落叶树，花卉有一年生和多年生等。不同类型园林产品有不同的技术要求，需要不同的施工技术和栽培养护方法。

（4）园林产品的质量要求及配套性要求的预测。随着科学技术的进步和社会发展，人们对园林产品的质量要求和配套性要求也不断提高，如居住区绿化、家庭养花、市政道路绿化、公共绿地绿化等要求都在不断提高。

2）所需资源的预测

园林企业所需资源的预测是对于企业从事生产所需要的原材料、构配件、半成品、辅助材料、能源和配套供应构件的来源、配套情况、供应条件及价格等的预测，目的在于掌握各种资源供需及价格的趋势，特别是那些主要的原材料和构、配件。园林生产耗用资源数量大，品种多，来自于各部门、各地区，因此，有效的资源预测是园林企业从事正常生产和经营的重要保证。

3）金融预测

产品周期长、占用资金多，而资金的供应是否紧缺取决于金融市场。企业必须掌握金融情况，如资金的供需情况，借贷款利率，短期及长期资金供需趋势，各种股票及债券的波动趋势等。

4）企业的技术预测

园林企业技术预测是对园林绿化新工艺、新技术、新品种的应用，以及现有技术的更新、改造及无形损耗状况的预测。目的是掌握园林企业技术发展方向、发展速度和发展趋势。

5）市场竞争预测

园林企业的市场竞争预测是对竞争对手未来地位、园林行业市场需求情况的估计，主要包括对手的经济情况、生产能力、发展方向，目前企业的经营情况等，这是企业运用正确竞争策略的依据。

3.1.5 园林企业预测工作的要求

园林企业预测工作涉及的范围很广泛，企

业环境条件多变，内外因素错综复杂，如何更有效地开展预测工作，提高预测质量，是关系到改善和促进园林企业经营管理的重要问题。

搞好园林企业经营预测，虽然预测的方法多种多样，但尚无尽善尽美的方法，需要根据不同情况和要求选用，其有效措施有以下几方面：

1) 重视数据和资料的收集与处理

资料是预测最基本的依据，企业必须加以重视，并要有系统、有计划地采取一切有效措施收集资料。

2) 重视预测人员的培训工作

企业领导必须认识到预测工作的重要性、科学性和经常性，预测是科学的技术，需要专门的人员。因此，需要对专门人员进行必要的培训。

3) 预测工作应与各项管理工作密切配合

预测工作需要企业各个管理部门和管理人员的配合和支持，如预测目标，预测对象，确定范围和内容，提供有关数据，分析评价预测结果等都必须有各方面的协作与配合，才能取得好的效果。

4) 应用计算机进行预测

近年来，已有用于预测的计算机程序。通过计算机对大量资料的检索、数据的处理，准确迅速地计算和评价，可以提高预测的准确性和效率。

3.2 园林企业的经营决策

3.2.1 决策的概念及企业决策的分类

1) 决策的概念

决策是对未来事件所作的决定。决策贯穿于人类一切活动之中。企业经营决策是企业为达到一定的目的，根据客观的条件和掌握的信息，依靠经验或科学的方法，从众多可能的方案中作出选择和决定。

科学和合理的决策是保证社会、经济、科学、技术、军事、教育等方面顺利发展的重要前提。现代企业经营管理的重点在于经营，而经营的关键在于决策。在进行决策时，就要从战略到战术，从全局到局部，从经验上升到科学。科学决策的基本要求包括：

(1) 以科学的预测为前提，掌握必要的和正确的信息与数据；

(2) 严格实行科学的决策程序；

(3) 运用科学的决策技术；

(4) 决策者依靠科学的知识、逻辑思维和胆略作出最后的判断。

2) 企业决策的分类

企业生产经营活动中的决策范围十分广泛，贯穿企业经营管理的全过程。企业的各个结构层次，各个方面都有各自的具体目标和任务，需要作相应的决策。企业经营管理决策的内容和种类很多，一般的分类方式如下：

(1) 按企业决策问题性质的不同，分为经营决策、管理决定和业务决策

经营决策又称战略决策，指企业为适应外部环境和内部条件，所作的重大决策。该决策由企业最高领导层筹划。

管理决定是企业为实现经营决策所定的目标，所作的有关实施手段的决策，其由企业各级组织、各职能部门负责。

业务决策是企业内部为处理日常生产技术问题所作的决策，目的是保证生产的正常进行和提高劳动生产率。业务决策由基层主管人员和职能人员直接处理。

(2) 按决策问题的重复程度不同，分为常规决策和非常规决策

常规决策又称程序化决策，是不断重复的例行决策，通常都有章可循。因此，他们的决策过程可以程序化和标准化。园林企业中一般工程施工组织的编制，生产作业计划的编制，施工任务单的开发等问题都可按一定的方式处理，并依此作出决策。企业中的管理决策和业务决策属于常规决策。

非常规决策又称非程序化决策，是随机性的决策，其决策的不确定因素多、风险大，不能按固定的程序进行决策。企业的战略决策属于非常规决策，由企业领导层负责。

(3) 按决策问题的条件不同，分为确定型决策、风险型决策和非确定型决策

确定型决策是指供决策选择的方案和条件都已知，并能准确地确定其后果的决策。

风险型决策又称随机型决策。这类决策存在着不可控制的随机因素，并有一定风险。

非确定型决策比风险型决策具有更多不肯定性。

(4) 按决策目标数量不同，分为单目标决策和多目标决策

单目标决策是以一个明确的目标为依据进行的决策。一般确定型决策都属单目标决策。

多目标决策是指同时考虑多个目标情况下的决策。如企业年度经营目标一般包括：增加利润总额，扩大市场占有率，增加承包工作量等多个目标。为此，必须在多个可行方案中，通过多目标的综合分析评价，作出决策。

上述各类决策都各有特点并相互补充，在进行决策时需要综合考虑。

3.2.2 企业经营决策的基本原则

1) **系统原则**

企业进行决策时，不仅要看到本系统的特性和要求，还要掌握与其相联系的各系统环境的特性和要求，使企业各系统的目标与系统的总目标相协调，并以系统总体目标为核心进行系统的综合平衡，最终使企业的决策达到总体最优。

企业系统的决策涉及面广、影响因素多，因此需要多方面的支持和协作，才能作出切实有效的决策。企业的主要决策者必须善于提出问题，把企业主要决策的有关因素让群众了解，并广泛发动群众、依靠群众出谋献策，集中群众的正确意见。同时企业要有一个精干的决策参谋机构，集中有知识、有经验的专家为最高决策层提供可行方案，进行全面的分析比较。

2) **可行性原则**

企业经营决策能否成功取决于主观和客观、技术和经济等各方面条件。成功的决策不仅要估计到各种有利因素和成功的机会，更要估计到不利因素和失败风险，因此决策者不仅要敢于承担风险，更必须进行全面分析、比较，当方案确实可行性时，才作出最后决策。

3) **多方案选择原则**

企业经营的环境多变，影响目标的因素多，决策者必须按可能情况制订多种可供选择的方案，从中进行选择。方案越多，选择的余地越大。

4) **反馈原则**

决策者应注意客观条件的发展变化，及时掌握决策实施过程中的信息反馈，根据新情况、新认识，灵活地对决策进行必要的调整、充实，必要时改变原有的决策。

3.2.3 企业经营决策的程序

由于决策的类型众多，随着决策的对象、目的和要求不同，决策方法也不同。但决策有一个基本的过程和决策程序，一般决策程序有如下几个基本步骤：

1) **提出问题**

通过调查研究和科学预测，发现企业系统存在的问题或执行过程中的差距，确定提出问题的理由、性质和要求。这是企业经营管理者以及一切决策者的重要职责。

2) **确定目标**

根据存在的问题以及系统所处的环境和具体条件，进行全面分析，确定应达到的预期目的，即目标。目标必须明确，同时要有明确的时间范围和可计算或衡量的指标。

3) **拟制方案**

寻找可以达到目标的各种有效途径的方案。各个方案，不仅要有细节差异，更要看是否有

原则性的或明确的区别，例如两个施工方案不仅可以在技术上进行比较，而且在投资、工期、成本及收益方面都可进行比较。拟制方案不仅要依靠经验，更要广泛地应用咨询技术，发挥智囊的作用，同时需要决策者有创造性的见解和开发性的思维活动。

4) **方案分析评价和选优**

对各种可行方案进行定性分析、定量分析和综合分析，并与预先确定的目标和准则进行比较，然后进行评价。方案的分析评价可应用多种方法，求得各个方案的效果指标。在方案评价取得结果的基础上，由决策者依靠经验、知识和胆略，通过权衡利弊，从中选择一个或综合成一个实施方案。

5) **试验论证**

方案选定后，必要时要进行一定的试验，证明其可行性和可靠性，如新产品的试用、试销等。在试验的基础上，通过可靠性分析得到论证。

6) **普遍实施**

当试验论证可行，且可靠程度较高时，决策方案可普遍实施。

决策程序是一个科学的步骤，表明了决策的基本过程和方法。具体应用时，不能生搬硬套，应结合具体问题、目标和要求，对各步骤有所侧重。同时，各步骤和各阶段都是相互交叉、不断补充的，不能绝对化。

3.2.4 园林企业经营决策的内容

在园林企业的生产经营活动中，决策范围十分广泛，反映在企业各个层次和各个方面，其中，最重要的是园林企业的经营决策。园林企业的经营决策是对企业总系统的全局性、长期性和根本性目标方针的决策。具体包括以下几个方面：

1) **园林企业的经营环境分析**

园林企业经营决策的任何内容都必须以企业经营环境分析为基础。前面已经讲述了经营决策的全过程，即从提出问题、确定目标、拟制方案、评价方案到作出决策等都要以环境分析为依据。园林企业经营环境的特点是影响因素多，社会、政治、经济方面的变化以及科学技术的发展都会影响企业发展。

2) **企业发展规模的战略决策**

企业发展的战略决策对外部环境的要求是政治稳定，经济发展，社会需求增加，而且使企业在财力和经营管理能力方面能适应发展的要求，还要考虑发展的地区范围。具体有以下三种情况：

(1) 企业基本保持原有规模，不断改善经营管理，保持并提高企业的收益水平；

(2) 企业规模扩大，利润总额与利润率等都有显著提高；

(3) 缩小规模，等待不景气客观环境的改变，或者着手改组企业，回避风险。

3) **企业的投资决策**

园林企业投资决策是为保证园林企业发展、园林技术开发和装备、有效筹措资金、合理利用资金，在投资方向、投资构成等方面的决策。如企业向专业化发展，从对企业现有生产技术条件出发，确定专业化的内容、形式和程度，进行全面的技术经济分析，以保证收益为前提，作出合理投资决策。

4) **企业技术发展决策**

园林企业经营目标的实现需要有技术保证，因此，技术决策是企业经营决策的重要内容。企业技术发展的主要途径有两个：一是外延型，以扩大再生产为主，即增加投资，搞基本建设和增添新设备；二是内涵型，主要是对现有企业的设备和技术条件实行改造。一般情况下，应考虑延伸内涵。

5) **人才开发和人力资源利用决策**

人才是企业最基本的生产要素。人才开发是指提高职工素质，培养、发现和任用人员的有效措施和规划。人力资源利用决策是根据企业目标、任务和条件，合理确定各种人员的构成。

3.3 园林企业的计划管理

3.3.1 企业的计划体系

1) 指标与计划指标体系

指标是以数值来表示企业生产经营活动某个方面的特征。一个完整的指标通常由指标名称、指标数值和计量单位组成,也有用百分率或比值表示的。如企业的生产能力,可用总产值指标表示;工程质量用优良品率表示;劳动生产率指标用平均每人完成的工作量表示等。指标要求全面、具体、明确、简便、各自独立,具有自己的特征,互相联系,互相制约,构成一个计划指标体系。

如果用指标来反映企业在计划期内生产经营活动所要达到的目标和水平时,称为计划指标。每一个计划指标都有它特定的含义、计算办法和考核规定,它所反映的是企业生产经营活动一个侧面的规模、水平和需要达到的目标。为了反映企业的实际情况,就需要有一系列的不同特征并且既相互联系又相互制约的指标,这一系列的指标就构成了一个完整的计划指标体系。

2) 计划指标及其作用

计划指标是建立在经营活动基础上的,是用以反映一定计划期的经济活动(包括企业生产、经营、管理)的主要方面和主要过程所应达到的目标或水平的衡量尺度。企业生产活动的指标按表现形式分为两种:一种是形成实物状态的活动,其量度单位用面积、长度、株数等来表达;另一种是形成价值状态的活动,以货币、价格来表达。按其性质又分为量和质两个方面,以量表达的用绝对数值,如产值、工程量;以质表达的则用相对数值,如优良品率、利润率、资金利用率等。

计划指标的主要作用有以下两点:

(1) 计划指标可用来描述企业的计划活动,通过它来认识企业,从而达到改造企业的目的。

(2) 计划指标是企业管理的一个重要工具,是计划管理中不可缺少的。通过计划、统计指标促进企业的正常运转,并借助于指标进行计划的制定,执行情况的检查、监督和分析;同时依此对职工进行鼓励,开展创优竞赛,并通过指标来考查争创全优活动。

3) 指标分类及其体系

指标一般分为国家对企业考核的指标体系和企业内部控制的指标体系两大类。

(1) 国家考核指标体系

目前我国对工业企业进行考核的主要指标有八项。园林企业通常建立下列主要指标体系。

① 产量指标。产量指标是反映计划期内生产的物质成果数量的指标,是企业的主要指标之一。园林施工企业产量指标通常有三种表现形式:竣工面积指标;实物工程量指标;工程的形象进度指标。

② 工作量指标。工作量指标是反映计划期内以货币表示的产品产值总量的指标,它是园林工程施工活动成果的一项综合性指标。

其计算公式如下:

报告期实际完成的工作量 = (实际完成工程量 × 工程预算单价) + (已完工程的基本工资 × 间接费用率) (3-1)

③ 工程质量指标。工程质量指标是反映计划期内工程质量品级的指标,常以单位工程的优良品率及合格率来表示。其计算公式如下:

工程质量合格率

$$= \frac{经验收鉴定评为合格(含优良)的单位工程个数}{完成的单位工程个数总和}$$

$\times 100\%$ (3-2)

工程质量优良率

$$= \frac{经验收鉴定评为优良的单位工程个数}{评为合格(含优良)的单位工程个数总和} \times 100\%$$

(3-3)

④ 劳动生产率指标。劳动生产率指标是指计划期内每个职工平均计算完成的工作量或实物量指标。通常以三种形式表示:以实物量计

算的劳动生产率、以产值计算的劳动生产率和以定额工日计算的劳动生产率。其计算公式如下：

实物劳动生产率
$$= \frac{实际完成某工种实物工程量}{完成该项实物量的平均人数(包括辅助工人)} \times 100\% \quad (3-4)$$

工人劳动生产率
$$= \frac{定额工日总数(工日)}{工人及学徒、合同工平均人数(人)} \times 100\% \quad (3-5)$$

全员劳动生产率 $= \frac{定额工日总数(工日)}{全部人员平均人数(人)} \times 100\% \quad (3-6)$

式中：定额工日总数 = 实际完成实物工程量 × 时间定额(工日)

⑤ 安全生产指标。安全生产指标是计划期内工伤事故的控制指标，通常用负伤事故频率来表示。其计算公式如下：

负伤事故频率 $= \frac{发生负伤事故人次}{平均在册职工人数} \times 100\% \quad (3-7)$

同时，落实安全生产指标还要杜绝一切重大伤亡事故。

⑥ 机械设备完好率和利用率指标。这项指标是反映计划期内机械设备技术完好状况及利用状况的指标。其计算公式如下：

机械设备完好率
$$= \frac{某种机械设备完好台日数}{某种机械设备制度台日数} \times 100\% \quad (3-8)$$

机械设备利用率
$$= \frac{某种机械设备实际作业台日数}{某种机械设备制度台日数} \times 100\% \quad (3-9)$$

式中：制度台日数 = 机械设备台数 × 制度时间

⑦ 产值资金占用率指标。产值资金占用率指标是反映计划期内流动资金利用状况的指标，一般以完成每百元工作量占用的流动资金来表示。其计算公式如下：

百元产值资金占用率
$$= \frac{流动资金平均余额}{计划期内完成的建筑安装工作量} \times 100\% \quad (3-10)$$

⑧ 降低成本指标和利润指标。降低成本指标是反映计划期内应达到的降低工程成本的数字，通常用成本降低额和成本降低率表示。利润指标是反映计划期内应达到的利润数字，通常用盈余总额和盈余率来表示。这个指标的最大问题就是价格和取费，必须考虑国家、集体、个人都获益。

以上所述是园林工程施工企业最常用的八项主要技术经济指标。根据实际需要，各企业还可以自行制定一些辅助指标，以提高管理水平和经济效益，如主要材料节约指标、出勤率指标、非生产人员指标等。

(2) 企业考核指标体系

企业为了完成国家考核指标，还必须根据企业的具体情况，制定各自企业的内部控制指标，用以反映企业生产经营管理活动的全面情况，包括企业对工程处及各职能单位的考核指标，工程处对施工队的考核指标，施工队对施工班组的考核指标，班组对工人的考核指标。

国家考核指标应该是规范性的，企业的考核指标由企业自己制订，一个是国家对企业，一个是企业对其所属单位或机构。国家通过对计划指标体系的监督、检查和管理，将全国经济纳入统一计划轨道。

随着市场经济体制的健康发展，加强计划管理成为关键问题，要相应地建立和完善计划指标体系及各项指标的计算方法和具体的考核内容。

3.3.2 园林企业计划管理的基础工作

1) 计划的管理机构、编制程序及编制分工

(1) 计划的管理机构。公司设置计划统计管理室，全面负责公司的施工生产计划统计管理。项目经理部的计划统计员负责汇总编制项目的

年、季度生产技术财务计划和施工统计，协调施工阶段中劳动力、机械设备、物资供应等的配备关系，以保证计划的实现。

(2) 计划编制的程序。以年度计划为重点，其主要内容包括：经营目标、内部承包办法、计划控制目标、主要问题及解决问题的对策；编制本项目年度计划草案，并上报上级主管部门；编制各部门及专业计划并汇总平衡。编制的程序为：由经理主持，有关人员参加，编制时，首先要学习讨论主管部门下达的年度生产经营计划方案，然后结合本企业的具体情况和条件，拟定本企业的年度生产经营计划。

(3) 专业计划编制的分工。计划员负责编制年度计划指标汇总表、施工计划、专业配合计划；工程师负责编制技术组织措施计划；财务会计人员负责编制成本降低计划和财务计划；物资设备的管理人员负责编制机械配置计划、物资供应计划和构、配件加工订货计划。

2) 生产计划的概念与主要指标

企业的生产计划是企业经营计划的重要组成部分。企业的生产计划通常是对企业在计划年度内的生产任务作出的统筹安排，规定了企业在计划期内生产产品的品种、质量、数量和进度等指标。企业的生产计划是根据企业的销售计划和生产能力编制的。它又是企业制定其他计划如物资供应计划、劳动工资计划等的依据。编制生产计划的任务，就是要充分利用企业的生产能力和其他资源，保证按质、按量、按品种、按期限地完成订货合同，满足市场需求，尽可能地提高企业的经济效益，增加利润。

生产计划的主要指标包括：产品品种、产品质量、产品产量和产值等的指标。它们各有不同的经济内容，从不同侧面反映了企业计划期内生产活动的成果和要求。

(1) 产品品种指标：指企业在计划期内应该生产的品种、规格的名称和数目。品种指标表明企业在品种方面满足社会需要的程度，也反映企业的专业化协作水平、技术水平和管理水平。

(2) 产品质量指标：指企业在计划期内各种产品应该达到的质量目标。它反映着产品的内在质量和外观质量。产品质量是衡量产品使用价值的重要指标，也综合地反映了企业的技术水平和管理水平。

(3) 产品产量指标：指企业在计划期内生产的可供销售的工业产品的实物和工业性劳务的数量。产品产量指标通常采用实物单位或假定实物单位来计算。产品产量指标是表示企业生产成果的一个重要指标，它是企业进行供产销平衡，编制生产作业计划，组织日常生产的重要依据。

(4) 企业的产值指标：其有商品产值、总产值、工业增加值等三种形式。

① 商品产值，指企业在计划期内应当出产可供销售的产品和工业性劳务的价值，一般按现行价格计算。其反映了企业生产成果，表明企业在计划期内向社会提供的商品总量。

② 总产值，是用货币表现的企业在计划期内应该完成的工作总量。一般按不变价格计算。其反映了一定时期内企业生产总的规模和水平，是计算企业生产发展速度及劳动生产率指标的重要依据。

③ 工业增加值，指工业企业在计划期内以货币表现的工业生产活动的最终成果。工业增加值用现行价格计算。它的计算方法有生产法和收入法两种。

3) 生产计划的统筹安排

生产计划各项指标的确定，是一个统筹安排、平衡调整的过程。在统筹安排过程中，要进行下列主要工作：

(1) 产量优选。企业产量任务的确定，首先应该服从市场的需求，同时也应考虑充分利用企业的生产能力，增加利润。确定产量与利润的关系，可以运用盈亏平衡点的分析方法。

在确定产量和利润关系时，有时还涉及到

人力、设备、材料供应、资金、时间等条件的制约,需要加以综合考虑。

(2)产品出产进度安排。编制生产计划,不仅要确定全年总的产量任务,而且要进一步将全年生产任务具体安排到各个季度和各个月份,这就是安排产品的出产进度。合理安排产品的出产进度,可以使企业的销售计划进一步落实,为实现用户的交货期限提供了可靠的保证。合理安排产品的出产进度,也有助于有效地运用企业的人力和设备资源,提高劳动生产率,降低成本,节约流动资金,以提高企业的经济效益。

(3)品种搭配。多品种生产的企业生产任务的安排,不仅要合理安排产品的出产进度,而且要搞好品种搭配工作。品种搭配就是在同一时期内,将哪些品种搭配在一起生产。合理组织各种产品的搭配生产,有利于按期、按品种完成订货合同,有利于稳定企业的生产秩序,有利于提高企业生产的经济效果。因此,品种搭配是多品种企业安排生产任务的一项重要工作。

搞好品种搭配,一般应考虑下面几个问题:要先安排经常生产的和产量较大的产品;实行"集中轮番"的安排方式;新老产品交替要有一定的交叉时间;各类产品应合理搭配;应考虑各个品种的先后。

(4)具体任务安排。具体生产任务的安排,应该实现下列要求:必须保证整个企业的生产计划得到实现;要缩短生产周期和减少流动资金的占用量,以提高生产的经济效益;要充分利用生产能力。一般是先安排基本的生产任务,然后安排辅助的生产任务。生产任务的安排能够保证企业的生产任务得到落实;使各部门、项目组、班组明确计划期内产品生产方面的经济责任;更好地调动员工的积极性,并提前做好各项准备工作。

4) 生产作业计划

生产作业计划是生产计划的具体执行计划,是把企业的全年生产任务具体分配到各车间、工段、班组以至每个工作地和个人,规定他们在每月、每旬、每周、每日以至每个轮班和小时内的具体生产任务,从而保证按品种、质量、数量、期限和计划成本完成企业的生产任务。

(1)编制生产作业计划的工作内容包括:编制全厂的生产作业计划和车间内部的作业计划;编制生产准备计划;进行设备的负荷核算和平衡;日常生产派工;制定或修改计划量标准。

(2)生产作业计划的作用。编制生产作业计划是建立企业正常生产秩序和管理秩序的一项重要手段。通过作业计划的编制,规定了每个生产单位和工人的具体生产任务,事先检查和部署了各项生产准备工作,就可以使工人在生产前心中有数,干部的日常指挥和管理有了依据,生产所需的各项条件有了保证,这就为企业克服生产忙乱现象,建立正常生产秩序和管理秩序提供了良好的条件。

编制生产作业计划是企业计划管理的重要环节。做好企业计划工作应当把长期计划和短期计划结合起来。生产作业计划是企业短期计划的重要组成部分,通过编制生产作业计划,可以根据市场销售情况及订货情况及时调整和补充原有的计划指标,并可以发现新的矛盾,及时组织新的平衡,从而保证企业年度经营计划的顺利实现。

生产作业计划是组织均衡生产的重要保证。通过作业计划的编制和实施,可以克服生产中的前松后紧的现象,从而为实现均衡生产,提高经济效益提供重要的保证。

编制生产作业计划是明确全体职工的奋斗目标,调动职工积极性的重要手段。生产任务是企业经济责任制的一项重要内容。通过编制生产作业计划,不仅明确规定了各车间、工段、班组以及工人在经济责任制中有关生产方面的奋斗目标,而且也为各个行政科室和人员在经济责任制中明确了奋斗目标。

5) 计划管理

编好计划要胸中有数。"计划的节约,是最

大的节约;计划的浪费,是最大的浪费"。实行计划管理的目的,就是要把人力、物力、财力、技术组织起来,协调一致,全面地完成经济任务。

(1) 综合平衡,使生产建设和业务活动按比例地、相互协调地发展。对有关数据资料进行综合分析,按照有计划、按比例发展的原则,来掌握计划管理。

只有抓好综合平衡,才能提高计划的质量。这一环抓不好其他都无从搞好,可以说,没有综合平衡就没有计划。从平衡的范围来看,大的方面有国民经济的综合平衡,小的方面有行业内部的综合平衡,有单位内部的综合平衡。

园林绿化事业涉及的面很广,同样要做好综合平衡,保持各个环节协调一致。例如:园林绿化事业发展与城市建设发展的平衡;与城市用地的平衡;与苗木生产的平衡;与物资、劳动力、财政的平衡;与技术力量、技术装备的平衡;与养护、维修、管理力量的平衡。实际工作中综合平衡的内容很多,而且每个单位都有各自的特点和内容。只有根据单位的特点,做好各方面的综合平衡工作,才能编制出正确的计划,发挥计划的指导作用。总的来说,综合平衡是为了以最少的人力、物力、财力取得最大的经济效益,协调一致,减少矛盾,以达到全面完成任务的目的。

在计划平衡工作中,不但要有正确的工作方法,更重要的还要有正确的指导思想,要实事求是,一切从实际出发。在综合平衡中,有的人不顾客观条件,片面夸大主观能动性,片面夸大上层建筑对经济基础的反作用。要在客观条件可能范围内,充分发挥主观能动性,搞好积极平衡,也就是要采取积极而又可靠的措施去解决不平衡的问题。不能把计划指标绷得很紧,要留有余地,做到既先进又切合实际,这样的计划才能更好地指导生产业务活动。

(2) 做好计划工作的三个环节。抓好计划的编制、执行和检查是做好计划工作的三个环节。

编制计划是计划工作的开始,执行计划是计划管理主要的阶段。编制计划、检查计划都是为了更好地执行计划。

编制计划要认真落实上级下达的各项任务,要采取慎重的编制程序和编制方法。如一个单位年度计划的编制,通常要充分掌握下列资料:

① 研究有关文件和精神,明确计划期内的指导思想和方针;

② 按照长期计划规定的分年度目标,明确计划期内的具体任务;

③ 研究上期计划完成情况;

④ 收集生产、建设、业务活动的有关预测资料;

⑤ 掌握财力、物资的保证程度;

⑥ 计划期内的劳动力的可靠程度;

⑦ 各种技术经济定额指标;

⑧ 设计进度和技术力量。

在充分掌握资料的基础上进行综合分析,估计生产能力,衡量人力、物力、财力,以及技术力量的可能,提出任务和完成任务的措施,编制各种计划和计划表格。并组织职工代表进行讨论,发动群众找矛盾,找差距,挖潜力,查关键,提建议,定措施。在基层单位中实行全员参加计划的制订。

执行计划的基本要求是全面地完成各项计划指标,及时完成各项任务。因此,必须做好作业计划和调度计划,做到层层落实,随时掌握工作进度,及时解决工作进行中发生的问题。

执行计划首先是把计划任务分解落实下去。只有层层分解落实,才能达到层层保证,一级保一级,保证计划的完成。要求把年度、季度的总任务,按月、按旬分配给各部门、各班组,以至个人。这样使每个职工都有明确的行动计划和奋斗目标,以充分调动职工的主动性和积极性。计划的执行应与责任制挂起钩来,采取行政措施与经济措施相结合的方法,一方面,加强对计划执行情况的检查指导和督促;另一方面,把经济效益和经济利益结合起来,实行奖惩制度。计划的执行还要经常进行平衡和调整。根据临时任务的增加或减少，及时进行调整和调度，要充分发挥调度工作在完成计划中的作用。

检查计划就是要对计划的执行情况进行定期和经常分析，及时发现计划执行中存在的问题，并及时采取措施加以解决，以保证计划顺利执行。检查计划首先要制订标准。最重要的标准就是计划指标、定额和质量标准，用这些标准可以从不同角度反映计划执行情况。要搞好检查，必须建立健全数据反馈系统。为此，必须加强原始记录和统计制度，以及时准确地反映情况。

3.3.3 园林企业的长期经营计划

1) 长期经营计划的目的和意义

长期经营计划一般是指五年或五年以上的经营计划，长期经营计划在国外称为战略计划。长期经营计划的最大目的是确定企业未来事业的设想，制定经营发展方针、目标和战略，以引导企业从长远观点来进行经营思考，实现经营活动与经营意图的统一。

编制长期经营计划，有利于明确企业的奋斗目标，振奋精神，鼓舞士气；有利于保证企业经营的连续性和稳定性；有利于提高企业素质，增强企业的适应能力和竞争能力，使企业保持旺盛的生命力。

2) 长期经营计划的主要内容

企业的长期经营计划，其主要内容有：

(1) 企业的产品发展方向：主要有满足社会需要的品种开发规划，产品质量达到国内、国际水平的要求、标准。

(2) 企业生产的发展规模：主要是设备、产品及人员的集中程度，说明生产能力增长及其利用率的指标，依靠技术改造、工艺改进和劳动方法改进而增长生产能力的规划，产量、产值的增长速度，职工人数和机构的调整。

(3) 企业的技术改造：主要包括设备更新改造规划，采用新技术、新工艺、新材料的规划，技术引进，生产过程组织变更，厂房及其他改造工程，"三废"处理和环境保护规划，重大技术项目及更新改造资金的筹集。

(4) 主要技术经济指标：主要的指标要求有逐年降低成本的措施和幅度，利润和利润率增长目标，降低原材料消耗和节能的规划，流动资金节约指标及周转速度，合理利用物资、人力的措施。

(5) 科学研究规划：包括新产品的研究，原材料的综合利用，技术攻关的研究，改革生产组织与劳动组织的研究等。

(6) 职工教育培训计划：包括职工的文化、技术培训，操作熟练程度提高的目标，管理工作水平提高的目标等。

(7) 生活福利规划：包括劳动条件、居住条件的改善，生活福利设施的建设，工资增长规划等。

3) 企业长期经营计划编制中内部条件和外部环境的分析

在确定企业的经营方针、目标、战略和制定长期与年度经营计划时，要对企业内部条件和外部环境进行分析和判断。特别是对企业外部环境，不同的规划或计划阶段，不同的领导层次有不同的考虑和分析，对环境的分析角度、研究广度、相关程度等也都不同。在编制长期经营计划时，要对企业外部环境因素做相关的、具体的、深化的分析。

(1) 市场要求动向(市场因素)分析

对市场因素的分析主要回答如下问题：

① 本企业产品在市场上销路怎样？市场占有率多大？有哪些市场面？

② 用户对产品有什么新的需要？

③ 市场消费方向正向何处变化？

④ 未来新产品发展方向是什么？

⑤ 品种及需要量怎样？

⑥ 不同国家的市场情况如何？它们未被满足的市场面是哪些？我们有无能力生产及出口？

⑦ 本企业已出口的产品销路如何？还可以进入哪些国家或地区？

⑧ 如果产品出口，出口地区的产品价格与成本是否适宜？出口渠道是否畅通？

⑨ 如何打入国际市场？采用哪种进入策略？

⑩ 国际贸易的前景如何？

(2) 行业动向(竞争因素)分析

进行行业动向分析，主要看竞争者产品的性能、质量、成本与价格，竞争者的市场与市场占有率情况，竞争者的市场策略、销售地区与推销方式，竞争者的生产实力与盈利水平等情况。

(3) 其他环境因素分析

国内外政治、社会、经济、军事、自然气候、交通运输、企业布局等外部因素的变化情况及影响。

在外部环境分析的同时，还要分析企业的内部条件，使它与变化着的外部环境保持动态平衡，以便对自身能力作应变和适应性调整。

(4) 企业自身能力(实力因素)分析

企业自身能力可以从企业的资源、技术、经营和成本等方面看出。

资源因素：原材料来源是否充足？能源是否有保证？劳动力与设备的资源是否足够？资金来源如何？

技术因素：工人的技术水平如何，能否达到产品的质量标准？技术人员的技术水平如何，能否保证产品设计质量的可靠性？能否及时设计出新产品？中小企业是否能及时仿制、测绘、改进老产品？设备的技术性能是否达到生产工艺规定的要求？

经营因素：经营人员的业务水平能否适应市场的需要？市场调查、预测、收集信息资源能力如何？营业态度是否好？营业时间是否适合顾客、洽谈的需要？业务手续是简便还是繁琐？营业人员对工作是否熟悉？这些都会影响企业的经营能力。

成本因素：本企业产品的成本水平如何？只有当成本低于同行业产品成本，才能有高利润率和较强的经营能力，必要时才有能力采取降价策略来占领市场。

4) 长期经营计划的形式

由于长期经营计划的期限较长，不确定的因素多，因此，可以采用滚动式计划形式。滚动计划不只是一个从某年起至某年止的年度计划或三、五年及更长期的计划，而是半年或一年过去了，再补半年或一年计划，始终保持着一个年度或三五年及更长期的计划。它的特点是：

(1) 连续滚动有利于长远目标的实现；

(2) "近细远粗"，切合实际滚动、向前推移，便于适时调整；

(3) 连续滚动，便于保持生产连续，产供销衔接，生产技术准备持续一贯；

(4) "近细远粗"，具有弹性，便于根据新时期、新情况，把握时机，规避风险。

3.3.4 园林企业的年度经营计划

年度经营计划是企业从事生产经营活动的具体行动准则，也是评价和考核企业各项工作的依据。在企业计划体系中是一种承上启下、承前启后的计划，是计划体系中的主体。其各个组成部分是互相联系、互相制约、互相促进的，各种指标的确定需要经过科学的计算和综合平衡。因此，在年度经营计划的执行过程中，要加强控制，采取各种有效措施，保证计划的实现。

1) 年度经营计划的主要组成部分

(1) 产品销售计划

产品销售计划是根据国家的计划要求、市场销售预测和订货合同编制的保证产品销路的计划。它是编制年度综合计划的基础和前提，其内容包括确定销售产品的品种、数量、期限、销售收入、销售利润、销售渠道、销售方式、市场占有目标和各种促进销售的措施等。

(2) 生产计划

生产计划是以销售计划为主要依据，规定着计划年度内应该生产的产品品种、质量、数量、产值、出产期和生产能力利用程度等指标。它是编制其他计划的依据。

(3) 物资供应计划

物资供应计划是生产的物资保证计划。它根据生产计划、生产技术准备计划、措施计划、技术改造计划和设备维修计划，确定所需要的原材料、辅助材料、燃料、动力、设备、工具、外购、外协件等物资的需要量、储备量、供应量及其供应来源和供应期限，申请量和主要物资及能源的消耗节约额等。它是编制流动资金计划和运输计划的依据。

(4) 劳动工资计划

劳动工资计划规定着计划年度内各类人员的需要量、劳动生产率的提高程度、职工工资总额、平均工资增长幅度等，以平衡企业所需的劳动力，改善劳动组织，执行国家的劳动工资政策。它是编制成本计划的依据。

(5) 固定资产大修理计划

固定资产大修理计划规定着计划年度内设备修理的种类（大修、中修、小修）、期限、工作量及各种备品配件的制造和采购任务，以维护机器设备的正常运转，保证生产计划的实现。

(6) 利润计划

利润计划规定着企业计划年度内目标利润额、利润增长幅度、盈利措施等。它是确定目标销售量(或产量)、目标成本及调整经营活动的基础和依据。

(7) 成本计划

成本计划规定着计划年度内的全部生产费用、各种产品的计划成本、成本降低幅度和降低成本的措施等。它是实现利润目标的保证计划。

(8) 资金来源和资金使用计划

资金来源和资金使用计划规定着计划年度内固定资金和流动资金的需要量、资金来源渠道、筹集资金方式、资金使用方式、资金利用

的要求等。它是企业全部财务收入和支出的平衡计划。它的具体内容可分解为固定资产折旧计划、流动资金计划、资金筹集计划、投资计划等等。

(9) 企业改造年度实施计划

企业改造年度实施计划规定着计划年度内技术改造、设备更新、组织措施改善的任务和进度。它是企业长期经营计划的实施计划，是编制资金来源和使用计划的依据。

(10) 品种发展和新产品试制计划

品种发展和新产品试制计划，规定着计划年度内品种发展的数量、方式、措施，新产品试制和投产任务。它是编制各种准备计划的依据。

(11) 职工培训和职工福利计划

职工培训和职工福利计划规定着计划年度内职工培训和教育的任务、提高职工福利的措施和手段等。它是提高职工素质，调动职工积极性的措施计划，影响着企业全部生产经营活动的开展。

2) 年度经营计划的编制

年度经营计划的编制，按其过程可分为以下几个阶段：

(1) 准备阶段。其主要工作内容有：

① 要求计划人员认真研究国家的方针、政策以及形势、任务，研究国家下达的指令性和指导性计划任务与主管机关的要求，掌握企业长期经营计划分年度计划的目标；

② 通过调查研究，摸清社会和市场需要、扩大销路和开发潜在市场的可能与实施措施；

③ 收集如下资料：计划期销售合同和预测、各种技术经济和劳动定额、期量标准等有关资料；

④ 查定生产能力，以便对企业产品组合方案进行平衡和调整。

(2) 确定指标试算平衡阶段。年度经营计划主要技术经济指标的确定方法，一般有如下几个：

① 在正确的经营思想、经营方针指导下，分析国家、企业、个人利益的需要，确定目标利润；

② 根据目标利润和市场需求状况，确定各品种的目标销售量指标；

③ 根据目标销售量和用户实际需求，确定产品品种、数量、质量、出产期限、成本等指标；

④ 根据生产指标确定物资供应、劳动力需求和设备修理指标；

⑤ 根据流动资金占用、产品试制、科技研究、设备修理、更新改造等任务，确定流动资金和各项专用资金的需要量指标；

⑥ 根据各项耗费和收入，来计算成本和利润，与目标利润相比较，判断是否达到目标；

⑦ 根据国家和企业对改进经济效益指标的要求，测算各项指标实际达到的水平，采取措施，保证完成。

(3) 综合平衡，确定计划草案阶段。综合平衡的主要内容，包括：

① 需要和可能的平衡。需要和可能的平衡，是指生产任务与市场需求、生产能力、劳动力、物资供应、资金、经销能力等一系列因素相平衡；

② 生产经营与预期经济效益的平衡。企业生产在满足市场需求的同时，要争取最大的经济效益。因此，不允许不惜工本、盲目追求高产值高速度而忽视经济效益的做法。要使用盈亏分析、线性规划、网络计划等现代管理方法，进行定量分析，对计划加以优化；

③ 各项技术经济指标相平衡。如长期目标与短期目标相衔接，以短保长，提高质量和降低成本的要求相一致；产值、产量的增长与利润增长相一致，避免因指标冲突而带来执行中的困难和考核上的矛盾、分歧。

在综合平衡的基础上，确定计划草案，提交企业高层领导决策和职工代表大会审议。

3) 年度经营计划的执行和控制

年度经营计划的执行和控制，其关键是要抓住两个环节：一是预先确定各项工作标准，包括各种定额、技术质量标准、主要计划指标、费用标准或限额等；二是做好信息反馈工作，及时调整和消除实际与标准的偏差。具体应做好以下工作：

(1) 分解指标，落实责任

即按从上到下、从大到小的原则，把总体指标层层分解，落实到各车间、各部门、各班组直至个人，明确各自的责任，辅之以奖惩措施，以保证总体指标的实现。在指标分解中，应注意以下问题：

① 基层、职工的指标要与企业的总体指标密切相连，要有利于企业总目标的实现和各项工作的改进；

② 指标要能激发职工的工作愿望，充分调动职工的工作积极性，充分发挥职工的智慧和能力；

③ 抓住重要指标，避免指标相互矛盾；

④ 指标完成期限适中，避免时间过长而导致失控和时间过短而频繁变更；

⑤ 指标应尽可能数量化；

⑥ 指标的考核，采用个人和集体相结合，以便相互协调和配合；

⑦ 上级指标和下级指标相结合，以便互相监督。

(2) 加强检查，及时控制

计划指标完成情况的检查，可分为自我检查、互相检查、班组检查、职能人员检查和车间企业检查等。检查是为了及时发现偏差。在计划执行过程中，由于情况的变化与随机因素的影响，发生偏差是不可避免的。关键在于发现偏差的迟、早。如果偏差发现太晚，采取措施缓慢，就会失去控制，影响生产经营活动的协调发展，失去计划的意义。但如果对任何细微的偏差都要进行反馈的话，工作量会很大，这样做既不可能，也无必要。因此，最好能够规定一个波动幅度，在幅度范围内的偏差可不必反馈和处理。经验证明，成本定额允许波动幅度在±10%以内的话，反馈工作量可以减少70%～80%。当然，各种指标允许波动的范围应视具体情况而定，以不影响总体目标完成为原则。

(3) 充分发挥各种信息工具的反映和监督作用

原始记录、凭证、台帐、统计、会计报表等，都是反映计划执行情况的原始资料。要充分运用这些工具来提供信息，反映实际和控制监督的作用；要及时进行分析，找出薄弱环节和主要矛盾，发现先进，找出差距，总结经验教训，以利改进。

制定规划、计划时，应对企业的外部环境和内部条件进行全面的调查、研究和分析。计划的层次越高，对企业外部环境和内部条件的调查、分析所涉及的范围就应越广泛，需考虑的因素应越多；计划层次越低，这种调查范围就越窄，但研究和分析则应更深入、更细致。

复习思考题

1. 企业经营预测有什么意义？
2. 怎样进行企业经营预测的分类？
3. 企业经营预测的基本步骤是什么？
4. 园林企业经营预测包括哪些内容？
5. 园林企业预测工作有什么要求？
6. 什么叫决策？科学决策的基本要求是什么？
7. 企业经营决策的基本原则有哪些？
8. 一般决策应遵循什么程序？
9. 园林企业经营决策的内容包括哪些方面？
10. 什么是计划指标？计划指标有什么主要作用？
11. 园林企业计划管理基础工作的是什么？
12. 什么是长期经营计划？企业长期经营计划包括什么主要内容？
13. 年度经营计划的主要组成部分是什么？怎样执行和控制年度经营计划？

第4章 劳动管理

内容提要： 劳动管理就是对劳动者进行组织工作和管理工作，包括劳动规划、人事管理、定额管理、劳动组织、员工培训、工资奖励、劳动保护等工作。劳动管理的任务，就在于把企业内部的劳动者有效地组织起来，实行科学的分工协作，正确处理劳动者、劳动工具和劳动对象三者之间的关系，保障职工的健康与安全，充分发挥每位员工的积极性，促进劳动生产率提高，保证企业经营目标的实现。本章介绍了劳动组织管理、劳动生产率、劳动定额管理、劳动责任制、工资分配制度、员工的培训和发展等内容。

4.1 劳动组织管理

劳动者、劳动工具和劳动对象，是物质生产的三个要素，其中第一要素就是劳动者。如果不能严格地有组织地进行劳动，即便有良好的物质技术条件，也不能发挥劳动者应有的作用。所以，凡是有人们共同劳动的地方，就有组织劳动管理的问题，就必须实行分工协作，因而也就有劳动管理。

劳动组织是指劳动者在生产劳动中分工和协作的组织形式。科学合理地组织劳动是保证企业生产正常进行的前提，是现代社会大生产的客观要求，是节约人力、挖掘企业内部潜力的重要措施，是提高企业劳动效率和经济效益的重要保证。企业劳动组织工作的主要内容包括劳动分工与员工配备、劳动协作、作业组的组织、工作地的组织、优化劳动组合等。

4.1.1 劳动分工与协作

1) 劳动分工

劳动分工是根据企业一定的生产技术条件，将整个生产工作划分成许多组成部分，由不同工种工人去分别完成。实行劳动分工的意义在于有条不紊地进行生产。只有劳动分工，才能更好地配备工人，明确责任；才能习有所长，熟练劳动，发挥劳动者的技术水平，充分利用工时，提高劳动生产效率；同时有利于建立生产责任制，降低生产成本，取得最好的经济效益。劳动分工有以下几个方面：

(1) 按技术内容分工

① 把不同施工内容和工种分开。要根据工程特点，把整个工程分为不同的施工阶段，并进一步把各个施工阶段的不同工作内容划分为不同的工种。园林工程的施工就是一个复杂的系统工程，它的内容之广是一般建设项目所不能及的，主要包括土方工程、给排水工程、水景工程、园路和铺装工程、假山工程、园林种植工程、园林建筑工程、园林供电和照明工程等。因此，园林工程项目一般涉及多个不同的工种。

② 将工作的准备阶段和执行阶段分开。在园林种植工程中，植物的种植是执行阶段，而在种植之前的熟悉设计图纸、现场实地的勘察、绿化材料的准备、土建材料的准备、园林施工机具的准备等，都是准备阶段的工作。

③ 将基本工作和辅助工作分开。基本工作是指直接对劳动对象进行加工的工作，辅助工作是指为基本工作服务的工作。

④ 将对熟练程度要求高的复杂工作和对熟练程度要求低的简单工作分开。

(2) 按照工作量大小分工

根据技术内容分工，有利于发挥员工的技术专长，提高劳动生产率。但是，分工过细，可能会造成部分岗位工作日的负荷不满。因此，劳动分工还必须保证工作日充分负荷，以便充分利用劳动时间。

(3) 按分配给单独一名员工担任的可能性分工

能否分配给一名员工担任，取决于工作本身的界线是否容易划清。研究分配给单独一名员工的可能性的目的，在于配备员工时能够使每个人都有明确的责任，消除无人负责现象，并便于评定每名员工的劳动成果。当然，在允许的条件下，也要尽量避免由于分工造成动作过于简单，使劳动者在工作中得不到满足，以至产生孤独感。

合理配备员工是指根据生产发展的需要，为企业各种不同工作配备相应工种、技术等级的工人，使人事相宜，达到高效率、满负荷的目的。配备员工，还要考虑到具体员工的责任心强弱、老中青员工的搭配，以及为不断提高员工的文化技术水平创造条件。

正确的劳动分工是配备员工的前提，而合理配备员工又是保证劳动分工得以顺利实现的条件。所以，劳动分工与员工配备有着极为密切的联系。

2）劳动协作

有分工就有协作。劳动协作就是指许多员工在不同的岗位上，进行互相有联系的生产劳动。企业在劳动分工的基础上，还要加强员工在劳动过程中的协作和配合，才能使企业生产过程中的各项内容和环节得以协调顺利进行。劳动分工可以提高劳动生产率；劳动协作不仅可以提高劳动生产率，而且还可以创造出一种集体的生产力。协作以分工为前提，分工又以协作为条件，二者是对立统一的辩证关系。

协作有简单协作和复杂协作两种。简单协作就是许多员工在一起同时进行同一种作业。复杂协作即在分工基础上的协作，就是许多员工在相互联系的不同生产过程中，或在同一生产过程中有计划地同时进行不同的作业。在分工基础上的协作是简单协作的发展，比简单协作有更大的优越性。劳动协作的好处在于可以在短时间内集中较多的人力，及时完成季节性紧迫的突击任务；可以在较大的空间上进行少数人不能完成的比较大的工程；可以有效地同风、涝、旱、虫等自然灾害作斗争；可以把不同地段、不同作业、不同部门的生产劳动有机地联系起来；可以共同使用生产资料，节约开支。

4.1.2 作业组的组织

作业组是企业内部劳动组织的基本形式，通常是根据生产过程中生产技术条件的特点，将为完成某项工作而相互协作的有关员工组织在一起的劳动集体。通过作业组，可以更好地组织员工的劳动协作，保证合理使用人力，简化劳动组织工作，提高生产效率。

园林企业需要组织作业组的情况一般有：

(1) 某项工作必须由几个员工共同完成，而不能直接分配给单个员工去独立进行，如大树移植工作；

(2) 员工的劳动成果彼此间有密切联系，需要加强劳动协作配合，如土方工程、道路工程、水景工程等；

(3) 员工没有固定工作地和固定工作任务，为了便于调动和分配员工的工作，需要组织作业组，如运输作业组。

4.1.3 工作地的组织

工作地是企业员工运用劳动工具对劳动对象进行加工的场所。工作地的组织工作，就是在工地上合理安排员工与劳动对象、劳动工具之间的关系。合理地组织工作地的工作，可以充分利用工作地的条件、设备和作业面积，减轻劳动强度，节约劳动时间，提高劳动效率和企业经济效益。其基本要求是：

(1) 合理装备和布置工作地，保证工人达到最高的劳动生产率，节约劳动时间，保证最大限度地利用机器设备和生产面积；

(2) 保证工作地的正常秩序和良好的工作环境，保证工人的健康和安全；

(3) 正确地组织工作地供应和服务工作。

工作地组织工作要满足以上要求需要做许多复杂细致的工作，其中包括合理规定和正确布置劳动工具，合理规定劳动对象的存放地点等。

4.1.4 优化劳动组合

优化劳动组合就是根据企业生产经营对劳动力的实际需要，在定员的基础上，采取择优组合方法，建立新的劳动组织。劳动优化组合有利于激发职工的劳动积极性，推动干部制度、劳动制度改革，提高企业的劳动生产率。

1) 优化劳动组合的原则

优化劳动组合的原则：条件公开、机会均等、平等竞争、双向选择、择优聘用。

2) 优化劳动组合的主要特点

(1) 强调通过竞争，优先选择符合生产和工作岗位要求的劳动者；

(2) 强调科学制定定额、定员基础上的组合，使在岗人员高效率、满负荷工作；

(3) 把改革劳动人事制度、工资制度结合起来，使员工通过劳动与工作的竞争所形成的差距，在分配上也能反映出来，真正形成"上岗靠竞争、收入靠贡献"；

(4) 实行优化劳动组合，应制定出切实可行的优化组合方案。这个方案应该包括企业内部管理机构和生产单位建制，各单位职责范围、工作和生产任务以及编制定员人数、岗位工资等。实行优化劳动组合方案的起点是组建各层次组合的核心。通常采用自上而下聘任、招标、考核选择等方式，促进基层班组优化、竞争。组合的条件必须公开，坚持机会均等、双向选择，"将"可选"兵"，"兵"可择"将"。对干部要择优录用，选贤任能；对员工要择优上岗，优胜劣汰。未被组合的富余人员，除了自动调离、病退的以外，可在待业的同时，通过教育培训，随时替代各劳动组织的下岗人员，使劳动组合动态化。

3) 优化劳动组合要注意的问题

(1) 方案要科学，要经过民主讨论，要有权威性。各岗位人员的标准一定要明确，要发动群众参加讨论，广泛听取各方面的意见，集思广益，加以修改完善，通过法定的程序决策。

(2) 要增强透明度，加强民主监督。不论采用什么方式，聘任各级领导干部要进行业绩考核和必要的管理、技术水平考核，要经过民意测验。领导干部在涉及亲属提职、聘任问题时，必须实行回避制度。企业党组织、工会组织要在做好干部、群众思想政治工作，保证优化组合方案顺利实施的同时，加强监督。

(3) 要实现干部结构优化，注意全局优化。要重视干部、工人队伍的年龄结构优化，知识结构优化，重视管理、技术人才的培养与储备，防止短期行为。对各方面的优秀人才要从全局出发，合理配置。

4.1.5 劳动定员

在建立劳动组织的同时，必须实行劳动定员。劳动定员就是根据企业的生产规模或业务范围，在一定时期内和一定技术组织条件下，制定一个企业单位必须配备各类人员的数量标准。

劳动定员是企业劳动管理的一项基础工作，它的主要作用是企业为保持正常的生产业务活动配备各类人员，编制员工需要量计划，确定工资基金的依据，合理使用劳动力的尺度，促进改善劳动组织，巩固劳动纪律，建立和健全岗位责任制，从而不断提高劳动生产率。

1) 劳动定员的具体要求

(1) 定员水平要先进合理。所谓先进合理，就是既要保证生产需要，又要防止人员的浪费。

(2) 参照国内外企业的定员标准，并与同行业先进水平、本企业历史最好水平进行比较。

(3) 合理确定基本工人与辅助工人的比例、管理人员与员工总数的比例、女工占全体员工的比例等。各类人员之间应保持适当的比例，能够以较高的工作效率完成既定的生产任务。

总之，企业劳动定员必须满足高效率、满负荷和充分利用工时的要求。

2) 劳动定员的范围

企业的全部员工，按其工作性质和所处工作岗位的不同，可分为工人、工程技术人员、管理人员、服务人员和其他人员。前四类人员是企业进行正常生产所必需的，属于企业劳动定员范围。其他人员，如连续六个月以上出国、脱产学习、病伤假等人员，不应包括在企业劳动定员范围内，通常称为编外人员。

3) 劳动定员的方法

由于各企业的具体情况不同，各类人员的工作性质的特点也不同，定员的方法也不一样。一般有以下几种方法：

(1) 按劳动生产率定员，即根据劳动定额计算每人可以承担的工作量，计算出完成工作总量所需的人员数。

(2) 按机器设备定员，即根据机器设备的数量和工人的看管定额，确定需要的人员数。

(3) 按岗位定员，即根据工作岗位来确定人员数。

(4) 按比例定员，即根据员工总数或某一类员工总数的比例，计算某一类员工的定额。

(5) 按业务分工定员，即在一定机构条件下，根据职责范围和业务分工来确定人员数。这种方法主要适用于管理人员和工程技术人员的定员。

在园林企业单位中，一般是将以上几种方法结合起来运用，进行分析研究与综合平衡。

4) 制定劳动定员时应注意的问题

(1) 生产工人与非生产工人的比例关系。严格掌握非生产工人比例，不应突破，确保生产第一线生产工人配备的优势是做好生产业务工作、加强工人队伍建设的重要环节。

(2) 控制主业与副业人员配备的比例关系。贯彻主业副业兼顾的原则，要合理安排，使主业保持充分的劳动配备。

(3) 严格控制管理干部与工人的比例。管理机构的设置要精简，层次要减少，干部配备要精明强干，防止"因人设事"的弊端。

4.1.6 劳动纪律

劳动纪律是劳动者在劳动中必须共同遵守的准则。劳动纪律是集体劳动必不可少的条件。加强劳动纪律，严格奖惩制度，是园林企业有秩序地组织施工生产的有力保证。如果没有良好的劳动纪律，企业就无法组织生产。企业劳动纪律的基本内容包括：

1) 组织纪律

组织纪律是指企业劳动组织管理方面的纪律。如服从组织分配，服从工作调动和安排；按组织的安排积极主动完成或超额完成生产任务；遵守国家的政策、法律和法规；遵守企业的各项管理制度。

2) 生产技术纪律

生产技术纪律是指施工生产和技术方面的纪律。包括岗位责任制、技术操作规程、安全生产规程、交接班制度，以及设备、工具、材料、成品的管理制度等。

3) 工作时间纪律

工作时间纪律是指上下班及劳动时间方面的纪律，如考勤制度、请销假制度、工作时间内的有关规定等。

4.2 劳动生产率

劳动生产率是指劳动者在生产中的劳动效果，即劳动者在生产过程中创造产品的数量同生产产品所消耗的劳动时间的比例。目前的园林绿化行业，机械操作所占比例较低，偏重于手工劳动，占用较多的劳动力，属于劳动密集型行业。从各个生产部门的费用分析中可以看出，用于劳动力方面的开支一般在70%～80%。因而加强劳动管理，提高劳动生产率，对加速园林绿化事业的发展有重要意义。

4.2.1 园林绿化劳动的特点

要加强劳动管理，达到提高劳动生产率的目的，首先应该研究园林绿化劳动的特点，以便从实际出发，采取相应的措施。园林绿化劳动的特点主要有以下几点：

1) 劳动的主要对象是植物

园林绿化的主要劳动对象决定了园林绿化工程具有较强的季节性，所涉及的各项工作也因季节不同而有很大的变化，如种植、繁殖、出圃、养护等的生产业务活动都要紧跟季节的变化来安排。园林绿化的劳动管理往往因生产时节的掌握不准而事倍功半，甚至造成全盘失败。公园服务性的各项业务工作季节性同样很强，不仅春夏秋冬游客流量上下幅动很大，就是在一周内，在一天内，在不同的时间、不同的气候条件下，游客流量的变化也是很大的。因此，根据园林业务的客观规律，合理安排劳动力，均衡地调配劳动力，是劳动管理的一项重要工作。

2) 生产周期比较长

园林生产是由许多不同的但又相互联系的劳动过程组成的，其生产周期不但比工业生产长，而且比农业生产也长，有的要几个年度才能反映出它的劳动成果或劳动质量。如从采种、播种到培育，从出圃定植到养护管理，每个工序的劳动质量不仅影响下一个阶段的劳动质量，而且直接影响到能否达到生产的最终目的。因此，在实行劳动管理、考核劳动生产率的时候，既要注意从阶段上考核它的成果，又要注意从全局上考核它的效益。

3) 作业地具有较大的分散性

园林绿地分散在城市的各个角落，就是在同一块绿地上进行生产劳动，也是单独操作的分散劳动较多，集体的、大生产式的劳动较少，这是由园林行业业务特性决定的。要适应这个特点，就要制定相应的管理制度，实行相应的管理方法。

4) 作业地基本上都是露天

由于露天操作受风、霜、雨、雪等气候条件和土壤、光照等环境条件的影响很大，因此以同样的劳动代价在不同的客观条件下和不同的环境中，所获得的效果往往悬殊也很大。所以，对劳动的安排和评价要注意客观因素的影响。

5) 工种繁多，且性质差异大

园林绿化劳动工种涉及内容繁多，如植物繁殖栽培、建筑修缮、行政管理、商业服务等。在劳动管理中，要因时因地制宜，采取不同的管理方式，不能一刀切。

6) 以手工操作为主

现阶段的园林绿化生产还是以手工操作为主，员工的文化、技术水平参差不齐。企业员工技术水平的提高，除了加强和合理安排技术培训外，还要注意实践经验的积累，由熟练逐步达到精巧。而且园林绿化的生产操作与植物生长周期一样，一般一年只有一次时间的机会，如嫁接、修剪、采种、播种等，与其他行业相比，重复实践的机会较少，这为提高员工的技术水平带来一定的难度。

4.2.2 劳动生产率与经济效益的关系

进行绿化建设，提高绿化质量，需要投入相应的劳动，只有尽量地节约劳动时间、降低成本、节省开支，才能以最少的消耗取得最大的经济效益。加速建设，发展生产，一般有两种途径：一是增加劳动量，包括增加劳动者人数、延长劳动时间和提高劳动强度；二是提高劳动生产率。提高劳动生产率要在不断提高技术水平的基础上，靠劳动者来实现。

劳动生产率是通过单位时间内所制造的产品数量、产值耗费单位产品中劳动时间的多少来表示。劳动时间的计算一般采用"人·年"、"人·工日"、"人·工时"为单位，它反映一个劳动者在一年、或一个工作日、或一个工作小时内所生产的产品数量或产值。园林企业常用来计算劳动生产率的指标是：

每人负担养护管理公园面积(亩/人)；

每人负担苗圃生产面积(亩/人)；

每人负担服务部门营业额(元/人)；

每人完成园林工程量(元/人)；

每人负担行道树养护数目(株/人)。

在劳动生产率不变的情况下，增加人力、物力可以提高生产，但这仅仅是依靠增加劳动消耗来提高生产，其结果是在再生产中补偿了劳动消耗后，就没有多少产品可用于提高人民生活水平和扩大再生产了。如果在人力、物力不变的情况下，通过提高劳动生产率来达到提高生产，在再生产中就会有较多的产品用于提高人民生活水平和扩大再生产。所以，劳动生产率和经济效益的关系，可能出现以下几种结果：

(1) 人力、物力增加，如果劳动生产率不变，其速度是个加法，例如：原人力、物力是100，增加50%，等于150，其效益就从100到150，增加50%；

(2) 人力、物力增加，劳动生产率提高，其速度是加法加乘法，例如：原人力、物力是100，增加50，等于150，再乘以劳动生产率提高，假定提高一倍，要乘以2，等于300，其效益就从100增加到300，增长两倍；

(3) 人力、物力增加，劳动生产率下降，其速度是加法减乘法，例如：原人力、物力是100，增加50，等于150，再减去劳动生产率下降数，假定下降一半，150－(150×1/2)＝75，其效益就从100降到75，下降了25%。

以上三种情况说明，在一定的人力、物力条件下，最好的效益是来自提高劳动生产率。

4.2.3 影响劳动生产率的因素

劳动生产率是一个综合性的、受各种影响因素的技术经济指标。影响劳动生产率的因素是复杂的，是多方面的。

1) 物质技术因素

物质技术因素是指与生产资料发展水平和利用情况有关的多种因素，如在生产中采用新技术、新设备、新工艺、新材料、新能源、新的产品结构等。

2) 社会经济因素

社会经济因素主要是指劳动者的技术水平和熟练程度，生产组织和劳动组织状况，劳动纪律，劳动技能，企业管理水平，分配制度，劳动竞赛等。

3) 自然条件

自然条件包括气候条件、土壤质地、土壤肥沃程度等。

劳动生产率是在动态中发展的，包括提高或降低两种趋向。在影响劳动生产率的诸多因素中，可以是一种因素单独起作用，也可以是几种因素同时起作用，其中物质技术因素和社会经济因素起着主要的作用。而这两方面因素所起的作用，又要受到社会生产关系的制约，因此，影响劳动生产率最主要的是社会生产关系。随着科学技术的进步，生产工具和设备的逐步改善，人类利用自然的能力日益增强，提高劳动生产率的有利因素也越来越多。随着生产技术的革新和推广，提高劳动生产率已成为社会经济发展的需要和劳动者的自觉要求。

4.2.4 提高劳动生产率的途径

由于园林绿化事业涉及的内容广泛，具体的生产、业务性质不同，提高劳动生产率的具体途径也各不相同，主要有：

1) 依靠技术进步

积极引进、迅速推广先进技术，用新技术、新工艺、新设备等提高机械化、自动化程度，提高育苗技术，保证苗木质量，提高苗木移植质量。

2) 加强人才开发

有计划地实行全员培训，提高职工文化科学技术水平；加强人事考核，推广先进操作方法，不断提高技术水平和劳动效率。

3) 采用科学的劳动生产组织形式

实行生产和劳动组织合理化、科学化管理，合理安排劳动强度和作业班次；推行生产集中化、专业化；设备能力配套均衡，生产布局合理；使用流水施工技术等。

4) 按定员定额组织生产，合理使用人力

压缩非生产人员，合理配备二线人员，加强和充实生产第一线，提高出勤率，提高工时利用率，加强定员定额管理，严格遵守劳动纪律。生产分工中，应按员工的技能、体力安排适当的岗位，使其有效地发挥能力，这对劳动生产率的提高有直接影响。

5) 加强计划管理

提高产品质量，减少废品和次品数量，减少窝工和宕工，减少无效劳动。

6) 采用合理的劳动报酬形式

坚持"各尽所能，按劳分配"原则，正确处理国家、企业、职工三者之间的经济利益，关心职工生活，调动生产积极性。

7) 搞好民主管理

发挥职工代表大会作用，扩大职工代表大会的职权，推行民主管理，使职工真正成为企业的主人；加强思想政治工作，开展劳动竞赛，提高职工主人翁责任感，使职工群众更加关心企业经营，同心同德。

8) 采用先进的管理体制和管理方法

实现全面计划管理，全面质量管理，全面经济核算，全面劳动人事管理。围绕经济责任制，责、权、利相结合的体制，使各项工作指标化、标准化、制度化、程序化。根据各专业系统，实行计划、生产、技术、设备、物资、财务等专业管理。实行现代化管理，还应按管理的功能建立相应的系统，如信息、技术开发、决策、执行、控制等系统。

4.3 劳动定额管理

企业在生产过程中，必须消耗一定的人力、物力和财力，经过科学的分析计算所规定的消耗标准就是定额。如劳动定额，材料、燃料消耗定额，固定资产和流动资金利用定额等。其中劳动定额在各种定额中占有重要地位，它是指一个劳动者在一定工作条件下，使用一定的生产工具，按照一定的质量标准，在一定的时间内所完成的工作量。

先进合理的劳动定额是园林生产实行科学管理的基础；是有计划地使用劳动力、制定生产计划和劳动计划的依据；是考核劳动者劳动成果，实行奖惩制度的基础；是建立责任制，实行经济核算的条件。有了劳动定额，企业员工就有了明确的奋斗目标，对工作的好坏就有了衡量的标准。因此，劳动定额对鼓励企业员工积极地完成生产任务具有一定的促进作用。

4.3.1 劳动定额的基本形式

在生产中，由于行业性质和生产类型不同，生产技术条件、管理基础等方面存在差别，劳动定额分为两种基本形式。

1) 工时定额

工时定额是生产单位产品或完成单位工作量的劳动时间消耗标准（主要是指生产时间消耗标准，也可指定额时间消耗标准）。

2) 产量定额

产量定额是在单位时间内应生产的产品数量或应完成的工作量标准。

工时定额与产量定额互成反比，它们之间的关系可用式4-1表示：

$$E = \frac{T}{t} \quad (4-1)$$

式中　E——产量定额；

　　　T——工作班内生产时间标准；

　　　t——工时定额，即生产单位产品或完成单位工作量的生产时间消耗标准。

无论是工时定额，还是产量定额，都是一定生产技术组织条件下的定额。条件不同，定额水平就不相同；条件变化，定额也要变化。因此，不应把劳动定额看成是不变的。

4.3.2 劳动定额的制定原则

1) 劳动定额要先进合理，要具有动员作用和鼓舞作用

劳动定额能否起到其应有的作用，关键是定额水平问题。定额水平低了，劳动者不经过努力就可以完成或超过，不能鼓励劳动者努力提高和改进技术，不但不能促进生产发展，还

会增加生产成本；定额水平高了，绝大多数人经过努力仍然达不到或勉强达到，就会挫伤劳动者的积极性，不能鼓舞劳动者的向上精神，对生产发展也是不利的。因此，定额水平必须先进合理。

先进合理的劳动定额，是指在保证产品质量和安全生产的前提条件下，定额水平既能反映实际上已经达到的先进水平，同时又为大多数人经过努力能够达到，少数人可以超额完成，对于能力较弱的劳动者来说，也能以定额作为自己的奋斗目标，努力完成标准工作量。为使定额具有这样的水平，通常采用平均先进定额。所谓平均先进定额，是指它的水平既不是个别的最高记录，也不是平均水平，而是高于平均水平的先进水平的平均。制定并执行平均先进定额，是定额管理的中心任务。

2) 必须确定明确的质量标准

确定质量标准在园林生产养护管理过程中有重要意义。没有质量的工作量是一种浪费，在确定数量定额之前，必须明确质量要求，把质量标准放在第一位。

质量标准应根据园林事业的基本特点提出，同时要考虑劳动者的技术水平和生产条件，在总结历史经验的基础上，作出具体规定。

3) 劳动定额要简单明了，易为群众理解和运用

制定劳动定额，要由粗到细，由局部到全面，逐步前进。推行定额管理，一般应从主要的和容易做的工种开始，逐步提高。

根据单项操作和综合协作的要求，可分为单项定额和综合定额。单项定额是为单项作业制定的定额，如除草每人每天做多少平方米；综合定额是指每个劳动力可负担多少亩园林绿地的养护任务或多少株行道树的养护任务。两种不同性质的定额有不同的要求和作用。

4.3.3 劳动定额的制定方法

劳动定额有工时定额和产量定额两种基本形式，其中工时定额是基础，产量定额是由工时定额派生的。通常劳动定额的制定，都以工时定额为代表。

1) 劳动定额的构成

要制定先进合理的劳动定额，必须对工人在生产中的全部工时消耗进行具体分类，分出哪些工时消耗是必要的，是构成劳动定额内容的；哪些工时消耗是多余的，是不能计入劳动定额的。

工人在生产中的工时消耗可分为定额时间和非定额时间。

(1) 定额时间：定额时间是指劳动者为完成某项工作所必须消耗的劳动时间。它是制定劳动定额的时间依据。根据消耗性质不同，定额时间又可分为生产时间、布置工作地时间、休息与生理所需时间、准备与结束时间、技术工艺中断时间。

(2) 非定额时间：非定额时间是指劳动者在工作班内所消耗的，但与完成规定的生产工序或工作任务无关的时间。这部分时间不应列入定额时间之内。非定额时间包括非生产时间、中断时间。非生产时间是指劳动者做本职工作以外的事情所消耗的时间，如寻找图纸、找工具等所消耗的时间。中断时间是指在工作班内由于某种原因使劳动者工作中断所消耗的时间，按其原因也可分为由劳动者造成的和非由劳动者造成的两种。非定额时间属于无效和不必要的时间，是一种时间的损失，它占工作班时间的比重大小能够说明企业管理工作的水平。找出非定额时间产生的原因，采取有效措施尽量减少甚至消除，是劳动定额制定工作的一项重要任务。

综合上述工时消耗的类型，可图示为图4-1。

2) 劳动定额的制定方法

(1) 经验估工法：经验估工法就是定额制定人员根据实践经验，结合具体的生产技术条件和自然条件的变化情况，通过对工时消耗的估

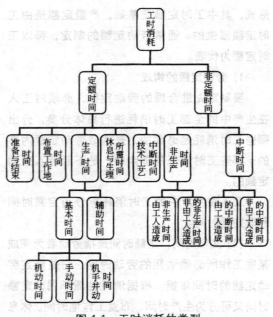

图 4-1 工时消耗的类型

计来制定劳动定额。用经验估工法确定的劳动定额,准确性较差,定额水平常常不能反映出先进性和合理性,特别是较复杂的综合性定额更不易估计。

(2) 统计分析法:统计分析法是根据以往生产某种产品的实际工时消耗的统计资料,经过一定的整理、加工、分析,结合具体的生产技术条件来制定劳动定额的方法。统计分析法由于具有简单、易于掌握的优点,加之又有一定的科学依据,因而能相对反映实际情况。一般适用于生产条件比较正常、产品批量较大、生产比较固定、原始记录和统计工作都比较健全的生产单位。

(3) 技术测定法:技术测定法就是根据实际测定资料,充分考虑先进生产者的经验,在深入分析研究劳动者的工时消耗和操作方法的基础上,经过科学计算来制定劳动定额的方法。应用技术测定法制定劳动定额,方法比较复杂,要求定额制定人员有较高的文化水平和较丰富的业务知识,工作量也比较大。

园林绿化生产和建设受自然因素的影响很大,在不同条件下完成同样一个定额,差别很大,这就要求制定不同作业条件下的差别定额。影响定额的因素错综复杂,差别定额只能根据影响最大的条件来制定。制定差别定额,首先要确定在各种不同条件下对定额影响的差别系数,然后将基本定额乘以差别系数,就可以算出同一作业在不同条件下的差别定额。

劳动定额的执行,必须与生产责任制结合起来。为防止追求数量,忽视质量的倾向,需要建立检查验收制度,以保证定额的正确运用。劳动定额制定以后,经过一定时间的实践,需要进行修订,使它经常保持在先进合理的水平上。

4.3.4 园林生产过程的划分

分析研究生产过程的结构,是定额制定的一项基础工作。只有深刻了解生产过程的结构,才能正确确定定额对象,科学地组织定额制定工作,并在采用先进的生产组织方法和操作方法的基础上制定出先进、合理的定额。

1) 园林生产过程

园林生产过程与工农业生产过程一样,也可划分为基本生产过程、辅助生产过程、生产技术准备过程和生产服务过程。

基本生产过程是指构成产品实体的劳动对象发生变化成为产品的过程。园林的基本生产过程包括苗木的培育和经营、园林景观绿地的施工、园林绿地的养护与管理等。

辅助生产过程主要是指为保证基本生产过程顺利进行而组织的各种劳务和某些劳动资料的生产活动,如动力生产、设备维修、工具制造和修理等。

生产技术准备过程是指生产前的各项准备工作,包括调查设计、新产品试制和鉴定、准备作业施工、物料(包括种子)准备等。

生产服务过程是指为上述各生产过程提供的各种服务活动,其中主要的是物质供应工作。

在上述各项生产活动中,基本生产过程是中心,其他都是直接、间接地为它服务的。基本生产过程可以分为若干个生产阶段，如苗木培育的整个生产过程可分为小苗繁殖、大苗培育、出圃三个阶段；园林绿化工程施工过程包括编制施工组织设计或施工计划，施工准备，地形与土方施工，建筑物、构筑物施工，园路与管线施工，绿化与小品施工等总体施工程序。

2) 工序

生产阶段是由一系列工序组成的。工序，通常是指在一个工作地上由一个或一组工人在不变更劳动工具的情况下所完成的，可以进行工作量统计的生产活动。如整地、扦插、扦插后管理等，是构成扦插繁殖苗木生产阶段的工序；树木的挖掘、运输、栽种三个基本环节，是构成树木栽植的工序。工序是制定劳动定额的基本对象。

工序是由一系列操作组成的。操作是劳动者为进行某一生产工序而完成的一个完整的活动。以植树为例，其操作系列包括挖穴、碎土、清除穴内石块和杂物、施基肥、覆土（5cm以上）、栽苗、覆土、夯实、浇水等。劳动操作是研究工时消耗，进行技术测定的基本单位。

上述生产过程的划分，带有一般性。对某一个具体生产过程来说，有它具体的内容，需要具体研究。只了解了生产过程是由哪些工序构成的，才能知道定额的对象是什么。只有详细研究了工序的结构，才能了解该工序的操作构成，各操作的性质和作用及其排列的合理性，从而才能明确技术测定的具体内容和改进生产组织、操作方法的方向。因此，对生产过程结构，特别是工序结构的研究，要给予充分的重视。

4.3.5 定额管理

定额管理是劳动管理工作的重要内容之一。加强定额管理，对于企业有计划地组织生产，充分挖掘生产内部潜力，实行经济核算，正确贯彻合理的工资政策，降低产品成本，提高劳动生产率等方面都有重要意义。

定额管理工作，除正确制定定额外，还包括定额管理权限的划分、定额的贯彻执行、检查分析和修订等工作。

1) 划分定额权限

划分定额权限就是规定哪些定额应该集中统一管理，哪些应该分散管理，以便协调各生产单位、各部门之间的关系，充分调动他们的积极性。定额归谁管，就由谁负责制定、颁发和修改。对统一定额，各生产单位必须认真执行，在执行中可根据具体情况有所变动，但不应超过规定的幅度。

2) 定额的贯彻执行和检查分析

不论是统一定额，还是各生产单位、各部门的定额，都必须认真贯彻执行。必须向基层干部、工组长、产品验收人员和工人讲清定额的内容、特点以及完成和超额完成定额必须掌握的先进操作方法，使广大工人和干部能够掌握定额，并为完成和超额完成定额而努力奋斗。

必须经常分析和研究定额完成情况，总结和推广先进经验，帮助落后工人提高技术水平，力争大多数人都能完成定额。

必须建立和健全产品验收制度，坚决反对无原则降低或变相降低定额水平，营私舞弊以及单纯追求数量而不顾质量等做法。

为了及时掌握定额完成情况和了解定额本身存在的问题，应建立和健全定额完成情况检查和统计报告制度。定额完成情况的基本计算公式：

工时定额完成程度

$$= \frac{单位产品工时定额}{单位产品实际耗用工时} \times 100\% \quad (4-2)$$

产量定额完成程度

$$= \frac{单位时间实际产量}{单位时间产量定额} \times 100\% \quad (4-3)$$

以上这两个公式只适用于生产一种产品，或只完成某一种工作，且生产条件没有发生变化。对于在一定时期内，需要完成几种工作，或虽然完成的工作性质改变，但生产条件发生了变化，建议用以下两种方法，计算定额完成程度：

(1) 定额工时法：定额工时法是把实际生产数量换算成完成的定额工时，然后与实际消耗的工时比较，其计算公式如下：

劳动定额完成程度

$$= \frac{完成的定额工时总数}{实际耗用工时总数} \times 100\% \qquad (4-4)$$

【例 4-1】 设某工人某周内完成的工作量、实际耗用的工时及产量定额如表 4-1 所示，试计算定额完成程度。

某工人某周内完成的
工作量统计表　　表 4-1

作业名称	产量定额 (株/人·日)	实际生产数量 (株)	实际耗用工时 (人·时)
挖小掘	25	30	
栽裸根苗木	35	80	
栽小土球苗木	30	50	
合计			40

【解】 根据上表资料，可先求工时定额，其次计算完成的定额工时，最后求定额完成程度。为此作一核算表，如表 4-2 所示。

某工人某周内完成的
工作量核算表　　表 4-2

作业名称	劳动定额		实际生产数量 (株)	实际耗用工时 (人·时)	完成定额工时 (人·时)
	产量定额 (株/人·日)	工时定额 (人·时/株)			
甲	1	2	3	4	5=3×2
挖小掘	25	0.32	30		9.60
栽裸根苗木	35	0.23	80		18.40
栽小土球苗木	30	0.27	50		13.50
合计				40	41.50

表中的工时定额，可用产量定额除工作日时间，即 8 小时(h)求得，而完成的定额工时等于实际完成的生产数量乘以工时定额。

劳动定额完成程度 $= \frac{41.50}{40} \times 100\% = 103.8\%$

(2) 系数换算法：系数换算法是用工时系数把实际完成的产量换算成标准产量，然后与标准产量定额比较，即：

劳动定额完成程度

$$= \frac{换算的单位时间产量}{标准产量定额} \times 100\% \qquad (4-5)$$

【例 4-2】 设某工人某周实际完成的工作量、实际工时消耗和产量定额同前例，用系数换算法求定额完成程度。

【解】 首先，求工时系数；其次，计算换算产量，它等于实际生产数量乘以相应的工时系数；最后，按上式计算定额完成程度。为此，根据所给资料作核算表，如表 4-3 所示。

某工人某周内完成的
工作量核算表　　表 4-3

作业名称	劳动定额		工时系数	实际生产数量 (株)	实际消耗工日	换算产量 (株)
	产量定额 (株/人日)	工时定额 (人时/株)				
甲	1	2	3	4	5	6=4×3
挖小掘	25	0.32	1.00	30		30.00
栽裸根苗木	35	0.23	0.72	80		57.60
栽小土球苗木	30	0.27	0.84	50		42.00
合计					5	129.60

注：表中工时系数是以挖小掘的工时定额为标准计算的。实际消耗的工日数等于实际耗用的工时除以 8。

换算的单位时间产量

$$= \frac{换算产量}{实际消耗工日}$$

$$= \frac{129.60}{5} = 25.92 \text{ 株}/(人·日)$$

劳动定额完成程度

$$= \frac{25.92}{25} \times 100\% = 103.7\%$$

3) 劳动定额的修订

生产技术是发展的，工人的技术熟练程度也是不断提高的。旧的劳动定额迟早要被大多数工人所突破，原来先进合理的定额将变成落后的不合理的定额。如不及时修订，对生产是不会起到促进作用的。因此，应及时修订定额。但也应该指出，定额应该有相对的稳定性。如果当个别的工人刚刚突破定额，就要修改定额，会挫伤工人的积极性。只有当某项定额已被绝大多数工人所远远突破或者定额有明显不合理之处时，修订定额才是必要的。

劳动定额的修订，分为定期修订和不定期修订两种。定期修订是全面系统的修订。为了保持定额的相对稳定性，在正常情况下，修订不宜过于频繁，一般定额修订的间隔期限不应少于一年。不定期修订是当生产条件如操作工艺、技术装备、生产组织、劳动结构发生重大变化时，对定额进行局部修订或重新制定。修订定额和制定定额一样，必须经过调查研究，认真分析，反复平衡，科学计算。

为了做好定额管理工作，企业和生产单位应该配备一定数量的定额管理人员，并要不断提高他们的业务水平。

4.4 劳动责任制

责任制是加强劳动管理的一项主要制度。园林单位建立责任制就是把园林建设、生产、养护、管理、服务等各项工作，以及对这些工作的数量、质量、时间要求，分别交给所属基层单位或个人。基层单位或个人按照规定的要求保证完成任务，并要求劳动者对自己所应负担的工作全面负责，同时建立相应的考核制度和奖惩制度。劳动责任制是巩固劳动组织，加强劳动管理，提高劳动生产率的基础工作。

4.4.1 建立责任制的重要性

建立责任制，可以把单位内错综复杂的各种工作，按照分工协作要求落实到基层，消除不负责的现象，使劳动者明确自己的工作任务和奋斗目标，保证全面、及时地完成各项任务，达到预期的要求；建立责任制，有利于将劳动者、劳动手段、劳动对象合理地组织起来，有利于加强经济核算，节约人力、物力、财力，提高经济效益；建立责任制，有利于克服平均主义——"干好干坏一个样，干多干少一个样"

的倾向，有利于单位和职工关心自己的工作任务，有利于考核劳动成绩，有利于实行按劳分配的原则；建立责任制，是对劳动成果实行考核和监督的基础，是贯彻"统一领导，分级管理"原则的措施。它能促进在管理上做到工作有要求，考核有标准，从而有利于巩固劳动纪律，调动劳动者努力钻研技术和业务，积极地参加经营管理工作，不断提高科学技术水平和经营管理水平；建立责任制，能够将劳动组织、劳动定额、劳动管理和工资奖励制度与计划财务等经营管理的各个环节有机地结合起来，调动职工的积极性，提高劳动生产率。

从园林绿化事业的实际出发，责任制根据业务性质的不同，可以分为生产责任制、经济责任制、岗位责任制等。不同的责任制各自有不同的责任内容和指标。

4.4.2 建立责任制的基本环节

建立责任制主要包括生产任务、劳动和物资消耗指标、奖惩制度三个基本环节。

1) 生产任务是责任制的中心任务

应明确规定承担生产任务的单位和个人在一定时间内应该完成的任务数量和质量。生产指标要积极可靠。指标过高，经过努力仍不易达到，会使人气馁；指标过低，不经过努力就可超额，会失去鼓励先进的作用。一般采用平均先进指标，既具有先进性又具有可靠性，做到有产可超、有奖可得。

2) 劳动和物资消耗指标是承担责任的单位和个人完成生产任务的重要条件

劳动消耗指标规定了劳动用工数量，通常是用生产费用来表示的。消耗的高低，由承担的生产任务大小及其技术措施的要求来定。消耗指标一经确定，交代任务的单位要保证供给，承担任务的单位或个人要按照规定的要求，实行包干。

3) 奖惩制度是贯彻责任制的重要措施

奖惩制度有利于承担任务的单位和个人，从物资利益上关心生产成果。它把单位中各个部门和职工个人的责任,经济效益和经济利益紧密联系起来,克服平均主义倾向,保证按劳分配原则的贯彻。奖惩制度中应该明确规定超额完成任务可以获得奖励,无故不完成任务要承担经济责任,以鼓励先进,调动积极性。

建立责任制的三个基本环节体现了责、权、利的结合。承担生产任务、规定责任的单位或个人,在规定活劳动和物化劳动消耗指标内,有权支配劳动力、因地制宜、因时制宜地安排生产。奖惩制度使劳动与劳动成果联系起来,体现了职工的物质利益原则。所以,在生产责任制中,"责、权、利"三个内容是互为条件的,减少任何一个内容,就不能充分发挥责任制的作用。

贯彻落实责任制的基本保证是考核制度。只有对各个岗位的工作任务逐项进行严格考核,并把考核结果用作衡量每个部门、职工贡献大小及按劳分配的标准,才能推动责任制逐步完善。如果考核制度不严格,即使有完善的责任制,也将成为一纸空文。

4.5 工资分配制度

工资是以货币形式,依据员工个人的劳动技能、劳动强度、劳动责任、劳动条件和实际贡献,分配给个人的劳动报酬。为了调动企业员工的积极性、主动性和创造性,除了采取精神激励的手段之外,还要利用工资、奖金、津贴、集体福利和劳动保险等经济手段,使员工的物质利益同其劳动成果联系起来,使员工从物质利益上关心自己的工作,关心企业的发展,关心整个园林建设的发展,充分发挥劳动积极性,促进园林事业的发展。

4.5.1 工资分配制度的原则和要求

1) 工资分配制度的原则

(1) 物质利益原则:兼顾国家、企业、个人三者利益,合理安排积累和消费的关系,生产发展与工资增长的比例关系,使企业的经济收益同其经营业绩、使员工的劳动报酬同其创造的劳动成果和企业的经营效益挂钩。企业应在发展生产和劳动生产率不断提高的基础上,正确处理好积累与消费的关系,不断提高员工的工资水平。

(2) 按劳分配原则:根据劳动者向社会提供的劳动数量和质量分配个人的消费品,等量劳动领取等量报酬(社会做了各种必要的扣除之后),多劳多得,少劳少得,不劳不得。

(3) 按生产要素分配原则:按生产要素分配是市场机制作用的结果,有利于实现社会资源的优化配置、稀缺资源的有效利用。在生产过程中如单纯强调劳动因素,其结果容易忽视各种生产要素在社会财富创造过程中的积极作用。

坚持按劳分配和按生产要素分配相结合,一要强调"坚持按劳分配为主体";二要强调"把按劳分配和按生产要素分配结合起来"。

2) 企业建立工资分配制度的要求

为了建立科学、合理的工资制度,调动员工的积极性,增加企业活力,企业在建立工资分配制度时,应注意以下几点主要要求:

(1) 坚持按劳分配原则,在分配中克服平均主义,实行员工收入能高能低;

(2) 体现不同形态的劳动,建立以工资为主体,包括工资、奖金、津贴、福利等在内的工资制度;

(3) 将工资作为一种管理手段,充分发挥它的各种作用;

(4) 劳动报酬货币化、工资化。

4.5.2 工资制度的内容和类型

企业工资制度,除了有关工资的基本制度之外,还有转业、复员、退伍军人工资待遇制度,学徒工待遇制度等。企业的工资制度应有各自特点,内部的分配方式应多样化。

1) 结构工资制

实行以结构工资为基本形式,以劳动报酬

同岗位(职位)与贡献挂钩浮动为基本原则的工资制度，是我国企业工资制度目前比较普遍采用、效果较好的工资制度。

结构工资制是把几项体现不同劳动因素，具有不同功能的工资部分组成工资总额的一种工资制度，又称组合工资制、分解工资制。设计结构工资时，要将全部工资划分为若干组成部分(工资单元)，各个部分在工资总额中所占的比重不同，并且相互依存、相互补充，从而在整体上比较全面地体现按劳分配的原则。结构工资一般分解为四个组成部分，包括基础工资、职务(岗位)工资、工龄工资、奖励工资。

2) 浮动工资制

这是把员工基本工资的一部分或全部与奖金等结合在一起，随企业经济效益的好坏和员工劳动成果的大小而上下浮动计酬的一种工资制度。这种工资制度具体包括联产计酬浮动、联责计酬浮动、联各项经济指标计酬浮动等形式，也有百分计酬浮动、死分活值计酬浮动等其他一些形式。

3) 岗位技能(等级)工资制

这是根据员工所在岗位的不同，以及同一岗位内技术熟练程度的不同，所划分等级来确定员工工资的制度。岗位工资的标准和等级是在职务分析和职务价值分析的基础上确定的。

4) 某些特殊的工资制

(1) 专家(能手)高薪制：这种工资制度是由企业最高领导根据情况灵活确定，并同受聘者协商一致，不受现行工资制度与水平的限制，其对象包括那些出色的、能给企业带来巨大收益的技术专家、管理专家和技术工人(能手)。

(2) 提成工资制：对于那些直接给企业经济效益的工作，如产品推销工作、新产品开发工作等，通常实行提成工资制。按照推销人员完成的销售额、技术人员开发的新产品投放市场所实现的销售额，以事先规定的比例提取工资，支付给推销人员、产品开发人员。

(3) 年薪制：对企业经营者实行年薪制的工资制度，这是同建立以公司制为主要形式的现代企业制度相一致的改革方向。将经营者的收入同员工工资水平脱钩，而与国有资产增值、企业规模、企业利润增幅挂钩。由于经营者由所有者(通过董事会)任命，对所有者负责，接受所有者的考核，并要听取全体员工的评议，故经营者的年薪由董事会决定，并且要通过考核按工作实绩支付。

5) 奖金制度

奖金制度是工资制度的一个组成部分。奖金是员工超额劳动的报酬，是工资的辅助形式。这种辅助工资形式之所以必要，是因为以按劳分配原则设计的工资形式，并不能保证在任何情况下都能如实反映劳动者劳动的数量和质量。另外，奖金还具有灵活性、针对性及时性的特点，能更好地发挥工资分配的各种作用。常用的奖金形式有综合奖、单项奖、超额奖。

奖励形式的选择，要从实际需要出发，凡是产量、质量、原材料消耗易于通过数据考核，又需要突出一项要求作为指标的，可以实行单项奖。凡是需要鼓励工人完成几项指标的，可以实行综合奖。此外，还可实行不定期一次性奖励，如在企业生产经营其他方面付出超额劳动，做出特殊贡献者，也可以采取奖金形式给予鼓励，如合理化建议奖、技术革新奖，还可设置劳动竞赛奖等。

6) 津贴制度

津贴也是按劳分配的一种补偿方式。它主要发放给处于特殊劳动条件和工作环境的员工，以补偿他们特殊的体力消耗、额外的劳动支出。津贴是保障员工身体健康和生活水平，保障企业生产所必需的。

由于各企业生产技术条件不同，实行的津贴项目自然也不同，归纳起来大体有以下几类：

(1) 由于劳动条件特殊，劳动条件差、生活支出多，需补偿额外劳动消耗和支出而设置的津贴，如夜班、加班的津贴或高温、低温、高空等作业津贴；

(2) 由于员工在本职工作外承担了较多任务而设置的津贴，如科技人员的兼职津贴；

(3) 由于员工在日常生活中存在额外生活需要而设置的津贴，如取暖津贴、女工哺乳津贴等。

实行津贴制度，津贴项目和标准应按有关规定的办法执行。津贴在企业工资总额中支付。要防止滥发津贴，使津贴成为变相的平均分配的做法。由于津贴是给予特殊劳动条件下的员工的报酬，随着员工工作条件的变化，原享受的津贴也应随之调整。

津贴与奖金是有区别的，奖金的对象是企业全体职工，而津贴则主要用于特殊劳动条件下的工种和职工，以便更好地体现按劳分配的原则和精神。

4.5.3 工资形式

工资形式是指在工资等级的基础上，根据每个员工的劳动消耗或生产成果，计算劳动量并支付工资的具体形式。工资形式应符合"按劳分配"的要求，能充分反映劳动量，要易于对劳动的数量与质量进行计算考核。工资的基本形式主要有计时工资、计件工资两种形式，同时要结合奖金、津贴等辅助形式。

1) 计时工资

计时工资是根据员工工资等级相应的工资额，按实际劳动时间来计算并支付劳动报酬的工资形式。决定员工工资额多少的因素有两个：一是劳动时间，在员工的技术水平和熟练程度相同的情况下，谁出勤率高，劳动时间长，所得报酬就越多；二是工资等级，在实际劳动时间相同的情况下，技能高、工资等级高，就可以得到较多的报酬。

计时工资根据计算的时间单位不同，一般有小时工资、日工资、月工资。根据有无奖金，计时工资又分为简单计时和计时加奖励两种。简单计时按工资等级标准和工作时间长短来确定工资。计时加奖励工资即简单的计时工资加上发放一定奖金工资的形式。

计时工资的优点是：计算简单，有利于提高产品质量，有利于工人身体健康。缺点是：工作成果的优劣及完成数量的多少，与工资无关，不易调动员工的生产积极性。

2) 计件工资

计件工资是根据员工完成合格的产品数量或作业数量，按照一定的计件单价来计算和支付劳动报酬的工资形式。计件工资按照完成同一生产任务计件的员工范围，可分为个人计件工资和集体(工作组)计件工资。其计算公式如下：

员工个人计件工资
=员工生产某种合格产品数量×该产品计件单价   (4-6)

集体(或工作组)计件工资
=集体(或工作组)生产合格产品数量×该产品计件单价   (4-7)

计件工资是计时工资的转化形式，它不仅能反映不同等级工人之间的差别，还能反映同一等级工人实际劳动成果的差别。且在一定的条件下，可将员工工资收入同其劳动成果更紧密地联系起来，比较彻底地克服分配中的平均主义。但在实行计件工资时，要注意防止片面追求产量，忽视质量、节约、安全和设备维护，要建立和健全严格的检查和考核制度。

4.5.4 员工福利和劳动保险

员工福利和劳动保险是员工物质利益中的一项重要内容。企业做好员工福利和劳动保险工作，是社会主义制度的客观要求。

1) 企业员工的福利

福利，从广义说，是社会主义制度下劳动人民共同享受的物质文化待遇。它包括国家、社会兴办的文化、教育、卫生等事业，各类福利设施以及各种生活补贴。员工福利是指企业主要依靠自己的力量兴办的集体福利设施，提供员工生活补贴等，以帮助员工解决生活中的困难，改善员工物质文化生活条件。企业员工福利方面的具体内容一般包括以下几个方面：

(1) 生活方面，如办好食堂；修建并管好员工宿舍，改善员工居住条件；办好哺乳室、员工浴室；解决员工上下班的交通等，从各方面为员工生活和工作创造方便条件。

(2) 组织开展群众性业余体育文娱活动，如办好文化技术学校、阅览室、图书馆等，开展体育锻炼与竞赛活动，丰富员工业余文化生活。

(3) 做好对生活困难员工的补助工作。集体福利事业的资金来源，主要是从企业工资总额或税后利润中按一定比例提取的员工福利基金。

2) 劳动保险

劳动保险，从广义上说，它是社会福利事业的一部分，是国家赋予员工的一种权利，以立法形式体现。在企业里，劳动保险是以保险的形式，对劳动者在暂时或永久丧失劳动能力（生、老、病、死、残）时提供的一种物质帮助，是员工享受的一种社会保障。劳动保险的一些内容同员工福利有交叉，很难绝对分开。

《中华人民共和国劳动保险条例》规定：工人和职员有享受集体劳动保险的权利，职工在疾病、负伤、残废、年老、死亡和生育等方面有特殊困难时，均按一定的条件和标准，享受补助金、病假工资、医药费、退休金、丧葬费、抚恤金等待遇及疗养、休养等集体福利。由职工供养的直系亲属，也可享受部分劳保待遇。

劳动保险是一种社会保险制度，企业和员工个人必须依法参加社会保险，缴纳社会保险费，它包括工伤事故保险、医疗健康保险、养老保险和失业保险。

4.6 员工的培训和发展

园林企业认真做好员工的培训和发展工作，是加强企业职工队伍建设，提高职工队伍素质，开发企业人力资源的一项重要工作。从员工个人来看，培训和发展可以帮助员工充分发挥和利用自己的潜能，实现其自身价值，提高工作满意度，增强对企业的组织归属感和责任感；从企业来看，对员工的培训和发展是企业应尽的责任，有效的培训可以减少事故，降低成本，提高工作效率和经济效益，从而增强企业的市场竞争能力。

4.6.1 培训目的和方法

1) 培训的目的

园林企业培训的目的主要有四项：育道德、建观点、传知识、培能力，缺一不可。前两者是软性的、间接的；后两者是硬性的、直接的，是企业培训的重点。

为了适应社会的不断变化发展，企业应坚持不懈地抓好员工的学习培训，并且善于引导职工运用先进的科学技术来促进生产，使员工通过培训能更好地胜任所承担的工作，也使企业能更好地适应环境变化的要求，并不断成长壮大。

2) 培训的类型

(1) 新员工培训和在职员工培训

新员工培训包括一般培训和专业性培训。一般性培训的内容包括企业历史、企业文化、企业的现状与地位、企业的组织结构、企业人事规章制度、企业产品与经营状况的简介、企业的礼仪与行为规范等。专业性培训则由相关职能部门根据新员工的岗位要求进行培训。

对于已经参加工作的员工，也要有计划地组织培训。在职员工的培训内容侧重于能力和专业知识的培训。

(2) 内部培训、外部培训和自学

内部培训是企业自己组织的培训活动。这种培训可以根据实际需要，灵活地安排学习的时间和内容，有较强的针对性。这种培训方式的培训人员可以来自企业内部，也可以从企业外部聘请。

外部培训是指企业安排员工到外部参加的培训活动。企业可以把员工送到专门的培训机构、学校或企业进行某些方面的学习和训练。这种培训要服从培训机构的安排，灵活性稍差。

自学是指员工在企业安排的培训活动之外自主安排的学习活动。鼓励员工自学，也是企业提高员工素质和能力的重要途径。有些企业为了鼓励员工自学，当员工通过自学取得某种资格证书或达到某种水平时，企业会予以奖励。

3) 培训的内容

培训应与企业的具体情况相结合。从企业的现状和发展来考虑，应体现两个重要特征：一是应用向导性，即实用性；二是多元性、复杂性与动态性。企业的生产经营活动既涉及物，也涉及有感情的、受个人心理因素影响的人。

企业培训中向员工传授的知识，就性质来看，可分为三类：一是基础知识，如数学、物理、化学、语文、外语等；二是专业知识和技术，指有关企业生产经营的各种职能，如会计、财务、生产、科技、营销、人事等方面的理论和技术；三是背景性的广度知识。按传统的看法，似乎其中的专业知识最重要。其实，由于信息爆炸，知识更新加速，新知识包括跨学科的边沿性新领域不断呈现，专业知识寿命缩短，而掌握新的专业知识需以扎实的基础知识作为基石；又由于生产经营活动涉及面宽而杂，使常识性的广度知识甚至比专业知识更重要，它不仅涵盖科技方面，还包括了许多人文、社会科学的内容。

至于培养员工的能力，不仅限于技术性专业能力，还涉及更多的与人有关的软因素能力。以管理人员的日常工作为例，据统计70%～80%的时间是跟人打交道。因此，对员工的培训，尤其是对管理人员的培训，不能不重视人际交往技能，如沟通能力、协调能力、冲突处理能力等。另外，企业培训还应培养员工独立解决问题的能力。

4) 培训的方法

园林企业培训的具体形式是多样化的。为了达到培训目的，其方法应符合企业经营管理实践的两个特征，除了采用传统的课堂讲授式教学外，更要注意体验式的培训方法，如案例研究、讨论交流、观看录像、现场学习、课堂作业、模拟练习、心理测试、角色扮演、小组活动、游戏竞赛等。

4.6.2 企业员工培训的组织过程

企业员工培训的成本，从费用、时间与精力上来说，都是不低的，必须精心设计与组织。把对员工的培训视为一项企业的组织工作，使培训工作能符合企业的目标，让培训过程中的每一个环节都能实现员工个人、他们的工作及企业本身三方面的优化。

1) 确定培训的需求

在开展培训工作之前，首先要确定企业在人力资源开发方面的确切需求，并根据这些需求制定明确的培训目标，才能有的放矢，不致劳而无功，单纯地为培训而培训。一般可以从企业在哪些方面需要培训、培训内容和任务、接受培训的人员三个方面的分析来确定培训的需求。

2) 确定培训目标

在确定培训需求的基础上，确定培训目标。培训目标主要可分为三大类：一是技能培养；二是知识的传授；三是态度的转变。

培训目标是衡量培训是否成功的标准，在设置培训目标时，注意必须与企业的宗旨相容，要切实可行，要用书面明确陈述，其培训结果是可以测评的。

3) 制定培训计划

围绕培训目标，企业要制定详细的培训计划，将培训目标具体化、操作化，即根据培训目标，具体确定培训项目的形式、学制、课程设置方案、课程大纲、教材、任课教师、教学方法、考核方式、辅助培训器材与设施、培训费用预算等。

制定正确的培训计划必须兼顾许多具体的情景因素，如企业规模、用户要求、技术发展水平与趋势、员工现有水平、国家法规、企业宗旨与政策等，而最关键的因素是企业领导的管理价值观与对培训重要性的认识。

4) 培训的实施

培训工作的具体组织者与企业的规模和结构关系很大。大型园林企业往往设置有专门的教育与培训职能机构与人员，从个别或少数负责培训工作的职员或干部，到专门的科、处、部。培训部门的人员包括培训专家等职员或专业干部。他们负责分析调查培训需要，确定培训项目的目标，编写考核标准及开发、执行和评估各个培训项目。其中的培训专家还要亲自授课或组织训练活动。许多企业常请高层管理者或部门经理兼课，或请有经验的老师傅现身说法，这是一种有效且成本低的方法。

培训工作还可以通过企校挂钩进行培训合作，与技工学校、专科学校、职业培训专门单位或高等学校达成培训承包协议，在学校或由学校派教师来企业进行各类员工培训，其内容可以是通用的，也可以是针对合作企业具体的特殊需要而专门设计的。对特殊需要的人才，可选派员工脱产到高校作定向的正规学制深造。

5) 培训效果评价

培训计划实施以后，还需对培训效果进行评价。企业在某项培训工作结束后，一般要求将实际的培训效果与培训目标进行对比，可以决定是否继续进行培训，或者是否需要改进培训工作。培训效果可以通过考试、问卷调查以及工作绩效考核等方式来进行评价，也可以通过纵向比较、横向比较来评价培训效果。根据评价结果的反馈，要对培训工作进行调整、完善、改进。所以，培训效果评价这一工作步骤不但是这次培训的收尾环节，也是下一轮培训的重要依据，这样可使企业的员工培训工作不断循环和提高。

4.6.3 员工能力开发与行为激励

1) 员工能力的开发

对企业中的员工进行能力开发，提高员工的技能，保持企业高水平的员工队伍，是实施人力资源战略的一项重要内容。能否合理开发员工的能力，已成为衡量企业是否成功的一个重要因素。

员工能力是指员工在工作中表现出来的履行职务的能力。员工能力的高低主要通过实际工作的业绩来体现。

员工能力开发就是将员工身上的潜在能力开发出来，让其充分发挥作用。员工能力开发的目的是为了提高员工承担各种任务的能力，既有利于企业的发展，也有利于员工个人的职业发展。

员工能力开发与一般的员工培训不同，应着眼于企业未来对人力资源的要求。员工能力开发应包含三层意思：

(1) 充分利用现有员工的人力资源，使每个员工都能充分发挥自己的聪明才智，在各自的工作岗位上积极努力工作；

(2) 对于员工的能力，不能只顾使用，必须进行"再培养"，以使各类员工不断地获得新的能力；

(3) 为了持续地促进企业的发展，只依靠和保持现有的员工能力是不够的，还要引进人才，形成新的能力。

2) 员工行为的激励

激励是对人的潜在能力的开发。员工行为的激励，就是利用各种手段去调动广大员工的积极性，其目的在于充分发挥人的主观能动性，从而提高企业的社会效益。企业的员工是企业最重要的财富，也是惟一具有能动性的一种生产投入。现代企业组织越来越重视对员工的各种激励，能否使企业员工发挥出自己最大的工作能力，也是企业成败的一个关键因素。

(1) 激励的原则：激励与目标结合；激励要因人制宜；把握好激励的时间和力度；激励要遵循公平、公正的原则。

(2) 激励的方式：从激励的内容上进行划分，有物质激励和精神激励两种形式。物质激励是从满足员工的物质需要出发，对物质利益关系进行调节,从而激发员工的劳动热情。物质激励有多种形式,如金钱激励表现为奖金、股份、年终分红、增加工资等;实物激励有旅游、住房等。精神激励是从满足员工的精神需要出发,通过对员工的心理状态的影响来达到激励的目的。精神激励多以授予称号,颁发奖状,开会表扬,宣传事迹,提升晋职,保送学习等形式出现。精神激励有时比物质激励更富有激励成效,因为精神激励能满足员工尊重的需要、成就的需要、一展身手的需要,使员工在贡献中体验最高境界的人生乐趣。

激励的方式还有正激励与负激励,以及内激励与外激励。正激励是指当一个人的行为表现符合企业及社会的需要时,通过奖励的方式来强化这种行为,以达到调动工作积极性的目的。负激励是指当一个人的行为表现不符合企业及社会的需要时,通过制裁等方式来抑制这种行为,从反方向来实施激励。正激励与负激励不仅直接作用于个人,而且会间接影响其周围的人,通过树立正面的榜样和反面的典型,造成一种环境压力,从而达到激励先进、鞭策后进的目的。从激励的形式上进行划分,激励有内激励和外激励两种形式。内激励就是通过启发诱导的方式,激发人的主动精神,使他们的工作热情建立在高度自觉的基础上,充分发挥出内在的潜力。如通过思想教育工作,使受教育者真正从思想上提高认识,树立起工作信念。外激励就是运用环境条件来制约人们的动机,以此来强化或削弱某种行为,进而提高工作

意愿。外激励多以规范的形式出现,通过建立一些措施和制度,鼓励或限制某些行为的产生,如建立岗位责任制,对失职行为予以限制等。内激励带有自觉性的特征,外激励却表现出某种程度的强迫性。

复习思考题

1. 什么是劳动组织?企业劳动组织工作的主要内容包括哪些方面?
2. 加强劳动协作管理有什么实际意义?
3. 什么叫优化劳动组合?优化劳动组合的原则是什么?优化劳动组合有什么特点?
4. 什么是劳动定员?劳动定员的具体要求有哪些?
5. 提高劳动生产率对加速园林绿化事业的发展有何重要意义?
6. 影响劳动生产率的因素有哪些?怎样提高劳动生产率?
7. 劳动定额有几种基本形式?
8. 制定劳动定额时应注意什么原则?
9. 怎样划分园林生产过程?
10. 为什么说定额管理是劳动管理工作的重要内容之一?
11. 劳动责任制主要包括哪几个基本环节?
12. 工资分配制度应符合什么原则?
13. 计时工资和计件工资各有哪些优缺点?
14. 国家对员工福利和劳动保险有什么规定?
15. 如何进行企业员工培训?

第5章　园林企业财务管理

内容提要：园林企业财务管理是企业管理的重要组成部分，它是园林企业组织财务活动，处理财务关系的一项综合性管理工作。园林企业财务在管理中一般参照小企业财务管理制度，但在财务管理的内容、目标、投资环境和管理方法等方面与其他财务管理是基本一致的。本章主要阐述了企业财务管理的概念、特点和园林企业财务管理的内容、目标、环境、方法等财务管理的基本理论；介绍了企业在经营管理中的筹资管理、风险管理、预算管理和成本控制等方法；对企业财务管理的目标及其协调方法、理财环境与财务管理的一般方法和财务管理的基本知识也作了介绍。

5.1 园林企业财务管理的内容

5.1.1 园林企业财务管理的概念与特点

1) 园林企业财务管理的概念

园林企业的财务机构担负着整个企业的筹资、投资、资金的分配和运用的重任，园林企业的资金运动构成了企业生产经营活动的一个独立方面，具有其特殊的运动规律，从实质上还体现出了人与人之间的经济利益关系，这就是企业的财务活动。

园林企业财务是企业在生产经营过程中客观存在的资金运动及其所体现的经济利益关系。园林企业财务管理就是利用价值形式对企业的财务活动进行的管理，是企业组织财务活动，处理企业与各方面财务关系的一项综合性管理工作。

2) 园林企业财务管理的特点

园林企业生产经营管理包含多方面的内容，如生产管理、劳动管理、质量管理、技术管理、设备管理、销售管理和财务管理等，他们相互联系，紧密配合，同时又有各自的分工。园林财务管理是以小企业和服务业为主，利用资金、成本、收入和利润等一系列价值指标，运用一些专门的财务方法，来组织各项财务活动，处理不同主体间财务关系的管理。园林企业财务管理有以下几方面的特点：

(1) 财务管理是一项综合性管理工作；

(2) 园林企业财务管理与企业各方面具有广泛联系；

(3) 园林企业财务管理能迅速反映企业生产经营状况。

在园林企业管理中，决策是否得当，经营是否合理，技术是否先进，产销是否顺畅，都可以迅速在园林企业财务指标中得到反映。例如：如果生产的苗木花卉适销对路，质量优良可靠，则可带动生产发展，实现产销两旺，资金周转加快，盈利能力增强，这一切都可以通过各种财务指标迅速反映出来。这也说明，财务管理工作既有独立性，又受整个企业管理工作的制约。财务部门应通过自己的工作，向园林企业领导及时通报有关财务指标的变化情况，以便把各部门的工作都纳入到提高经济效益的轨道，努力实现财务管理的目标。

5.1.2 园林企业的财务活动

园林企业的财务活动是指园林企业在生产经营过程中，资金的筹集、投放、收回和分配的一系列活动行为，具体包括筹资活动、投资活动、资金营运活动和分配活动四个方面。

1) 筹资活动

企业从开办到每一项园林绿化工程项目生产经营活动的开展，都离不开一定数额的资金。从何种渠道通过何种方式筹集一定量的资金来满足自己的需要，是园林企业生产经营活动的前提。所以，筹资活动是园林企业资金运动的起点。

一般而言，企业筹资有两种不同性质的资金来源：一是从所有者处，通过吸收直接投资或企业内部留存收益转增资本的方式取得，这部分资金形成园林企业的权益资金；二是从债权人处，通过向银行借款、融资租赁和利用商业信用等方式取得，这部分资金形成了园林企业的债务资金。园林企业在筹资活动中如何考虑筹资的总规模，选择筹资的渠道、方式或筹资工具，合理地确定筹资结构，从而降低筹资成本和风险，是园林企业财务管理的重要内容。

2) 投资活动

园林企业取得所筹资金后，必须尽快地根据筹资目的进行投资，以获得最大的经济效益。广义投资不仅包括对内投资，还包括对外投资。对内投资是指园林企业内部通过购买固定资产、无形资产和流动资产等，以满足生产经营活动的需要，最终取得生产经营利润的一种投资活动；对外投资是指投资于园林企业外部，如建设森林公园、城市主干道两侧绿化、热带植物园、城市公园、大型绿地等项目，以取得投资收益的一种投资活动。狭义投资仅指对外投资。园林企业在投资活动中，应考虑投资的总规模，选择投资的方向、方式，合理地确定投资结构，从而降低投资成本和风险，取得最大的投资收益。

3) 资金营运活动

企业在日常的生产经营活动中，除了正常的投资会引起资金收付外，还会发生一些诸如购买原材料或商品、支付工人工资及其他费用、取得销售收入等方面引起的资金收付。这种为满足日常经营活动的需要而出现的资金收付，就是园林企业的资金营运活动。

一般而言，营运资金量的多少，会对企业的风险大小产生一定影响，同时其周转速度的快慢也会影响到企业的经济效益。如何保持科学合理的营运资金量，不断加速资金周转，取得良好的资金利用效果，是园林企业财务管理应予以考虑的问题。

4) 分配活动

企业通过投资活动和资金营运活动，可以取得一定的收入，包括营业收入和投资收益。营业利润加上投资净收益和营业外收支净额等，构成了园林企业的利润总额。利润总额在按规定作相应的调整，依法缴纳完企业所得税后，便形成了园林企业的净利润。净利润也必须根据国家有关规定按一定的分配顺序进行分配。首先是弥补亏损，然后是按规定比例提取公积金和公益金，剩余部分才能向投资者分配。

园林企业的分配活动，影响到各相关主体的利益，特别是对本企业的影响更大。通过分配，一部分资金将留在企业，而有一部分资金则将退出企业。这不仅影响企业的资金规模，而且影响资金结构，从而反过来又影响到企业的筹资和投资活动。因此，如何遵循一定的法律原则，科学合理地确定分配规模和分配形式，确保园林企业取得最大的和最长远的利益，是园林企业财务管理的重要内容之一。

园林企业的筹资、投资、资金营运活动和分配活动，构成了园林企业财务活动的完整过程，它们之间相互联系、相互依存，是园林企业财务管理的基本内容。

5.1.3 园林企业财务管理的职能

一般认为，园林企业管理最基本的职能是计划和控制。所以，园林企业财务管理的基本职能也可以分为财务计划和财务控制。而财务计划又可以进一步分为项目计划和期间计划。企业的项目计划是针对个别问题制订的，制订项目计划的过程就是决策的过程。期间计划是针对特定期间编制的，编制期间计划的过程就是预算的编制过程。因此，园林企业财务管理的基本职能通常可以分为财务决策、财务计划和财务控制。

1) 财务决策

管理学家西蒙(1978年诺贝尔经济学奖获得者)认为，决策的过程可以分为以下四个阶段：

(1) 情报活动，即收集信息，以获得做出决策的依据；

(2) 设计活动，即设计出解决问题的各种备选方案，并分析各个备选方案的利弊、得失；

(3) 抉择活动，即从各个备选方案中选择一个最佳行动方案；

(4) 审查活动，即对过去的决策进行分析评价,以便改进后续决策。

这一决策过程同样适合于财务决策。所要注意的是,以上四个阶段并不是一次顺序完成的,经常需要返回到以前阶段,即财务决策是一个反复的过程。例如:在设计或抉择活动中发现信息收集不充分,需要进一步收集信息。

2) 财务计划

财务决策完成后,只是形成了行动意图或者说完成了项目计划工作,要实现既定的财务决策,还有两项工作:

(1) 将采纳的项目计划编入期间计划;

(2) 对期间计划的实施过程进行有效的控制,使计划变为现实。

财务计划是指预先拟订一定期间有关资金筹集和使用的方法和步骤。财务计划包括利润规划和财务预算的编制两个组成部分。

3) 财务控制

财务计划工作一经完成,就开始进入执行阶段。财务管理的重心就转为控制。财务控制是指对企业财务活动的控制,也就是对资金的筹集、投放和使用的控制。

财务控制由以下四个部分组成:

(1) 组织控制,即在园林企业中将总目标层层分解到各层次的责任单位,建立起多层次的组织机构,财务控制系统要与企业的组织机构系统相适应;

(2) 信息系统,即通过建立责任会计系统,提供有关控制标准的信息、实际情况的信息、两者比较的信息和例外事项的信息;

(3) 考核制度;

(4) 激励制度。

综上所述,企业财务管理的职能可以用图5-1来表示。

图 5-1 企业财务管理职能

5.2 园林企业财务管理的目标

5.2.1 园林企业财务管理的基本目标

园林企业财务管理的目标简称理财目标,是指园林企业财务管理工作所要达到的目标,它是园林企业财务管理工作的出发点和落脚点,是园林企业管理总目标的重要组成部分。

根据园林企业财务管理理论和实践,目前关于企业财务管理的目标主要有以下几种代表性的观点:

1) 利润最大化

利润是企业按照配比原则将一定期间内的全部收入减去全部费用后的差额,是考核企业经营成果的重要指标之一。企业实现的利润越多,一定程度上反映出企业的经济效益越好,对社会的贡献越大,企业资本补充的能力越强。但是,利润不能反映投入与产出的关系,容易导致企业在进行财务决策时只顾盲目追求利润最大化,而不顾风险;只顾追求眼前短期利益,而不顾长远可持续协调发展。

2) 资本利润率最大化或每股利润最大化

资本利润率是利润额与资本额的比率。每股利润是利润额与普通股股数之比,该指标适用于园林股份制企业。这里的利润额一般指税后净利润。以上两个指标都是相对数,因此可以反映出企业实现的利润与投入资本之间的关系,有利于不同规模的企业或同一企业在不同时期进行经营成果的对比。但是这两个指标同样没有考虑资金的时间价值和风险因素,也无法避免企业的短期行为。

3) 园林企业价值最大化

这里的园林企业价值,指的是园林企业全部资产的市场价值,而不是账面价值,它反映了企业潜在或预期的获利能力。对于上市公司而言,企业的市场价值取决于股票价格和数量,而非上市公司,企业的价值则要以投资者预期投资时间为起点,通过将未来现金流量(主要指投资收益)按预期投资时间,以相同口径进行折现来计算。企业现金流量的折现值,就是企业的价值。企业所得的投资收益越多,实现收益的时间越短,应得的报酬越确定,则企业的价值就越大。很显然,这种计算办法既考虑了资金的时间价值,又考虑了风险因素。同时,追求企业价值最大化,能体现企业对资产保值增值的要求,也有利于社会资源的合理配置。

因此,这一目标克服了前两种目标的诸多缺陷,被认为是目前经济体制下相对较为合理并被普遍接受的一种理财目标。

5.2.2 影响园林企业财务管理目标实现的因素

园林企业利润受外部环境和管理决策两个方面因素的影响。外部环境对园林企业财务管理目标的影响,本书不进行讨论,这里只说明园林企业管理当局可以控制的因素。从园林企业管理当局可以控制的因素看,园林企业价值的高低取决于园林企业的报酬和风险,而园林企业的报酬和风险又是由园林企业的投资项目、资本结构和利润分配政策决定的。因此,投资报酬率、企业风险、投资项目、资本结构、利润分配政策等因素影响园林企业财务管理目标的实现。

1) 投资报酬率

投资报酬率可以用每股盈余指标来表示,即:

每股盈余
= 税后净利润÷流通在外的普通股股数 (5-1)

在风险相同的情况下,投资报酬率可以反映股东财富的大小。

2) 企业风险

任何投资活动都是面向未来的,会有或多或少的风险。园林企业在进行财务决策时,必须在报酬和风险之间进行权衡。

3) 投资项目

园林企业投资项目是决定园林企业报酬率和风险的首要因素。在市场经济中,一般是高风险、高报酬。报酬和风险的相互替代是园林企业财务管理中需要解决的核心问题。

4) 资本结构

所谓资本结构是指债权人权益和股东权益之间的比例关系,会影响园林企业的报酬和风险。当园林企业借款的利息率低于投资的预期报酬率时,通过负债会提高园林企业的每股盈余,但同时增加了预期每股盈余的风险,即如果市场不景气使得园林企业的实际报酬率低于园林企业借款的利息率时,将会大幅度地减小每股盈余的数额。选择什么样的资本结构仍然是收益和风险的转换问题。

5) 利润分配政策

对园林企业的员工来说,园林企业减少当前利润分配的数额,由园林企业将资金用于再投资,可以增加未来利润的分配数额,是一种高风险、高报酬的方案;园林企业如果加大当前利润分配的比例,减少了员工的风险,同时也牺牲了未来每股盈余增长的前景,是一种低风险、低报酬的投资方案。

综上所述,园林企业财务管理的核心问题是选择适当的投资项目、资本结构和利润分配政策,进行报酬和风险的转换,以实现园林企业价值最大化的目标。

5.3 园林企业财务管理的方法

园林企业财务管理工作是一项综合性的价值管理工作,要实现理财目标,就必须运用一定的方法才行。园林企业财务管理的方法通常包括财务预测方法、财务决策方法、财务预算方法、财务控制方法和财务分析方法等。

5.3.1 财务预测方法

财务预测方法是指根据财务活动的历史资料,考虑现实的要求和条件,对园林企业未来的财务活动和财务成果作出科学预计和测算的一种方法。其目的在于：

(1) 预测各项生产经营和投资方案的效益，为财务决策提供可靠的依据；

(2) 预测财务收支变化的情况，以确定经营目标；

(3) 预测各项收支定额和标准，为编制计划和分解计划服务。

财务预测主要包括明确预测目标，收集相关资料，建立预测模型，确定最佳预测结果等步骤。在实际工作中，财务预测方法主要用于园林企业资金需要量预测、各类成本费用预测、投资预测、营业收入和企业收益预测等方面。财务预测方法具体又分定性预测法和定量预测法，定量预测法通常有趋势预测法、因果分析法等。园林企业在进行财务预测时，应将定性和定量这两种方法结合起来使用。

5.3.2 财务决策方法

财务决策方法是指按照理财目标的总体要求，采用专门的手段，对多个备选方案进行比较分析后，从中选出最佳方案的一种方法。财务决策是财务管理工作的核心，财务决策的正确与否直接影响企业发展的兴衰成败。财务决策主要包括确定决策目标，提出备选方案，进行分析评价，选择最优方案等步骤。在实际工作中，财务决策方法主要运用于园林企业筹资决策、投资决策、营运资金管理决策和收益分配方案决策等方面。财务决策方法具体有优选对比法、数学微分法、线性规划法、概率决策法和损益决策法等。

5.3.3 财务预算方法

财务预算方法是指为了实现财务决策的目标，运用科学的技术手段和数量方法，以货币形式对未来财务活动的内容和结果所进行具体规划的一种方法。财务预算是财务决策的具体化，它是以财务决策的方案和财务预测所提供的信息为基础来编制的，它也是控制财务活动的主要依据。财务预算主要包括分析决策方案，确定预算目标，调整相关指标，实现综合平衡，组织预算编制等步骤。在实际工作中，财务预算方法主要运用于园林企业现金预算、各种成本费用预算、预计资产负债表、预计利润表和预计现金流量表等方面。财务预算方法具体有固定预算法、弹性预算法、增量预算法、零基预算法、定期预算法和滚动预算法等。

5.3.4 财务控制方法

财务控制方法是指在财务管理过程中，利用有关信息和特定手段，对园林企业财务活动施加影响或进行调节的一种方法。财务控制是实现财务预算目标的关键。财务控制主要包括制定控制标准，分解落实责任，实施追踪控制，及时调整对策，加强考核奖惩等步骤。在实际工作中，财务控制方法主要运用于园林企业财务风险控制、成本费用控制、销售和收益分配控制等方面。财务控制方法具体有预防性控制、指导性控制、补偿性控制等方法。

5.3.5 财务分析方法

财务分析方法是指根据有关财务核算资料，运用一系列财务指标，对园林企业财务活动的过程和结果进行分析和评价的一种方法。其目的在于了解企业财务预算的执行和完成情况，找出存在的差异及其原因，评价园林企业财务状况和经营成果。财务分析主要包括确定分析目标，掌握相关信息，进行指标对比，分析差异原因，提出改进措施等。在实际工作中，财务分析方法主要运用于园林企业偿债能力分析、营运能力分析、盈利能力分析和发展能力分析等方面。财务分析方法具体有对比分析法、比率分析法和因素分析法等。

5.4 园林企业筹资管理

5.4.1 园林企业筹资的动机

园林企业筹资是企业为满足生产经营和对

外投资等活动对资金的需要，通过一定的渠道，采取适当的方式，获取所需资金的一种行为。园林企业筹资的基本目的是为了自身的生存和发展。具体来说，园林企业筹资动机有以下几种：

1) 设立性筹资动机

设立性筹资动机是指园林企业为满足设立需要而产生的筹资动机。

2) 扩张性筹资动机

扩张性筹资动机是指园林企业为扩大生产经营规模或增加对外投资的需要而产生的追加筹资的动机。

3) 调整性筹资动机

调整性筹资动机是指园林企业为满足调整现有资金结构的需要而产生的筹资动机。

4) 混合性筹资动机

混合性筹资动机是指园林企业为同时满足扩大生产经营规模和调整资金结构的需要而产生的筹资动机。

5.4.2 筹资的分类

1) 按资金的来源渠道不同，筹资分为自有资金和负债资金

自有资金是指企业通过吸收直接投资，发行股票，内部积累等方式筹集的资金，它属于所有者权益，也称为权益资金。

负债资金是指园林企业通过向银行借款，发行债券，融资租赁等方式筹集的资金，它属于园林企业的负债，也称为借入资金。

采用自有资金筹集方式，园林企业承担的财务风险小，但资金成本相对较高；而采用负债资金的方式筹集资金，一般承担风险较大，但付出的资金成本也相对较低。

2) 按是否通过金融机构，筹资分为直接筹资和间接筹资

直接筹资是指园林企业不通过金融机构而直接以发行股票、债券或商业票据等方式向资金供应方筹措资金的一种筹资形式。目前，在园林企业中这种方法还不大常用。

间接筹资是指园林企业通过金融中介机构间接实现资金融通活动的一种筹资形式。银行借款是最典型的间接筹资形式。

3) 按资金的取得方式不同，筹资分为内源筹资和外源筹资

内源筹资是指园林企业利用自身的储蓄转化为投资的过程。它主要包括折旧和留存收益两部分。其中折旧主要用于重置损耗的固定资产的价值；留存收益是再投资或债务清偿的主要资金来源，以留存收益作为融资工具，不需要实际对外支付利息、股息及其他融资费用，因而不会减少园林企业的现金流量。故内源筹资具有原始性、自主性、低成本性和抗风险性等特点。

外源筹资是指园林企业吸收其他经济主体的闲置资金，使之转化为自己投资的过程，包括发行股票，发行债券，商业信用，银行借款等。外源筹资具有高效性、灵活性、大量性和集中性等特点。

4) 按资金使用期限的长短，筹资分为短期资金筹集和长期资金筹集

短期资金一般是指可供1年以内使用的资金，其主要用于现金、应收账款、存货等流动资产上。短期资金筹集方式主要有利用商业信用和取得银行流动资金借款等。

长期资金一般是指可供1年以上使用的资金，其主要用于新产品的开发和推广、生产规模的扩大、厂房设备的更新等。长期资金的筹集方式主要有吸收直接投资，发行股票，发行债券，取得长期借款，融资租赁和内部积累等。

5.4.3 筹资的基本原则

园林企业筹资受到筹资渠道、方式、数量、时机、结构和风险等诸多因素的影响。因此，园林企业筹资应遵循以下基本原则：

1) 规模适当原则

园林企业筹资规模受到注册资本限额、企

业债务契约的约束和企业规模大小等多方面因素的影响，且不同时期园林企业的资金需求量也不同。因此，园林企业财务人员要认真分析企业的科研与生产经营情况，采用一定的方法，正确地预测资金的需求量，合理确定筹资规模，以避免资金筹集不足或筹集过多等现象。

2) 筹措及时原则

园林企业财务人员在筹集资金时必须熟知资金时间价值的原理和计算方法，以便根据资金需求的具体情况，合理安排资金的筹集时间，适时获取所需资金。既要避免资金闲置，又要防止取得资金的时间滞后，错过资金投放的最佳时间。因为，筹资期限越长，筹资时效也就越差。

3) 来源合理原则

不同渠道的资金，其筹集的数量、条件等有所不同，从而对园林企业的收益和成本等产生影响。因此，园林企业应认真研究资金来源渠道和资金市场状况，合理选择资金来源。

4) 方式经济原则

园林企业筹资的方式有多种，不同的筹资方式其筹资成本也有所不同。因此，园林企业在筹资时必须认真研究各种筹资方式，对其成本进行对比、分析，最后选择经济可行的方案。

5.4.4 筹资渠道与方式

1) 筹资渠道

筹资渠道是指园林企业筹措资金的来源方向和通道。我国目前筹资渠道主要包括：

(1) 国家财政资金：国家财政资金是指以财政拨款、财政贷款、国有资产入股等形式向园林企业投入的资金。它是我国国有园林企业的主要资金来源。此外，国家对园林企业"税前还贷"或减免的各种税款也形成部分资金来源。以上资金，均属国家投入资金，产权归国家所有。

(2) 银行信贷资金：银行信贷资金是指商业银行和政策性银行贷放给园林企业使用的资金，它是我国目前各类园林企业最重要的资金来源。商业银行主要为园林企业提供各种商业贷款。政策性银行是为特定企业提供政策性贷款。

(3) 非银行金融机构资金：非银行金融机构资金是指信托投资公司、保险公司、租赁公司、证券公司、财务公司等为园林企业提供的信贷资金。除此之外，这些机构还为园林企业提供物资的融通以及承销证券等服务。非银行金融机构实力比银行要小，但资金供应比较灵活，因此也是园林企业资金的重要来源。

(4) 其他园林企业资金：其他园林企业资金是指这些园林企业在生产经营过程中，形成的部分暂时闲置的资金，并为一定的目的而进行相互投资，以及在园林企业购销业务中形成的债务人对债权人的短期信用资金等，这也是园林企业资金的一项来源。

(5) 职工和民间资金：职工和民间资金是指园林企业职工和城乡居民个人的结余货币。随着我国经济发展水平不断提高，这些"游离"于银行及非金融机构之外的社会资金，也可用于对园林企业进行投资，形成民间资金来源渠道。

(6) 园林企业自留资金：自留资金也称内部留存，是指园林企业内部形成的资金。主要包括从税后利润中提取的盈余公积金和未分配利润，以及通过计提折旧费而形成的固定资产更新改造资金。其特征是无需通过一定方式去筹集，而由企业内部自动生成或转移。

(7) 外商资金：外商资金是指外国投资者及我国香港特别行政区、澳门特别行政区、台湾地区投资者投入的资金。随着国际经济业务的拓展，利用外资已成为企业筹资的一个新的重要来源。

2) 筹资方式

筹资方式是指可供园林企业在筹措资金时选用的具体筹资形式。目前，我国园林企业筹资的方式主要有：吸收直接投资，发行股票，利用留存收益，向银行借款，利用商业信用，发行公司债券，融资租赁，杠杆收购。

以上筹资方式中，利用前三种方式筹措的资金属自有资金；利用后五种方式筹措的资金属负债资金。

5.4.5 适合园林小企业的筹资方式

资金作为一个特殊的资源，在整个园林企业发展过程中起着十分重要的作用。根据世界银行所属的国际金融公司的调查，中国私营小企业的发展资金，绝大部分来自于业主资本和内部留存收益，近年来一直保持在50%以上，而公司债券和外部股权融资等直接融资则不到1%，银行贷款大约在20%左右。目前，园林企业的筹资方式一般采用小企业的管理模式。

对于园林小企业而言，稳定的融资渠道将为园林小企业的成长壮大提供有力的保证。一般来说，园林企业的融资方式主要包括内源融资和外源融资两种形式。在园林小企业的初创阶段，由于其规模小，主要依靠个人投资或利润留存的方式来追加投资。但随着园林企业的规模不断扩大，有限的内源融资往往无法满足园林企业对资金的需求，外源融资逐渐成为园林企业主要的资金来源，如何筹集外部资金也就成为园林小企业的一项重要任务。外源融资具体包括信贷融资、风险资本融资、租赁融资、商业信用、科技型园林小企业技术创新基金等。

1) 信贷融资

信贷融资属于间接融资，是指各单位之间的资金转移以金融机构为中介媒体，资金供应者把资金提供给金融机构，再由金融机构向资金使用者提供资金。从目前来说，金融机构的信贷资金依然是园林小企业的主要资金来源。一般的融资程序是：

(1) 借款人提出贷款申请，填写《借款申请书》，并按银行提出的贷款条件和要求提供有关资料。一般情况下，银行要求提供的重要资料有：

① 借款人及保证人的基本情况；

② 经会计(审计)部门核准的上年度财务报告及申请借款前一期的财务报告；

③ 园林企业资金运用情况；

④ 抵押、质押物清单，有处分权人同意抵押、质押的证明及保证人；

⑤ 拟同意保证的有关证明文件；

⑥ 项目建议书和可行性报告；

⑦ 银行认为需要提供的其他资料。

(2) 银行收到贷款申请和有关资料后，对借款人的合法性、财务状况的真实性、借款用途等进行调查，了解借款人在本行所占的相关业务数据，核实借款人提供的担保形式是否可靠，预测借款人按期还本付息的能力，在完成贷款前的评估、审查工作后，向申请人作出正式答复。

(3) 银行同意贷款后，与借款人签订借款合同。借款合同应当约定借款的种类、用途、金额、利率、期限、还款方式，借、贷双方的权利、义务，违约责任和双方认为需要约定的其他事项；保证贷款还应由保证人与贷款人签订保证合同，或保证人在借款合同上写明与贷款人协商一致的保证条款，加盖保证人的法人公章，并由保证人的法定代表人或其授权代理人签署姓名；抵(质)押贷款应当以书面的形式由抵(质)押人与贷款人 [抵(质)押权人] 签订抵(质)押合同。

2) 风险资本融资

所谓风险资本，是指投资于未上市的、正处于发展中的、具有高成长性的园林企业或项目的资本。风险资本和风险基金管理者是资本提供者和资本使用者之间的中介机构。在多数情况下，这些机构是独立的基金，但也可能附属于银行、证券公司等经营机构。

一般来说，风险资本具有以下特征：

(1) 风险资本属于长期性权益资本，它靠企业增值后的股权转让获得收益，投资周期长，不需要定期的固定的资金偿还，使资金使用具有连续性、长期性。

(2) 风险资本追求高投入、高风险、高收益，一般不以园林企业分红为目的。风险投资机构运用组合投资的策略来规避风险。

(3) 风险资本是一种权益性资本，因此它与企业共担风险，共享利益。与其他一般性投资不同，风险资本管理者往往是具有高素质的职业金融家，通过他们的专业化的运作，帮助企业制定发展规划，提供咨询服务，并直接参与管理。因此它既不同于银行贷款，也不同于国家政策性贷款。

(4) 风险投资的成功运作需要整个风险投资体系的配合。

3) 租赁融资

租赁活动由来已久，它是指出租人以收取租金为条件，在契约或合同规定的期限内，将资产出让给承租人使用的一种交易行为。现代租赁已经成为解决园林企业资金来源的一种筹资方式。园林企业资产的租赁有经营租赁和融资租赁两种形式。

经营租赁，又称服务性租赁，是由园林租赁公司向承租单位在短期内提供园林养护设备、园林花卉，并提供维修、保养、职业培训等服务的一种租赁方式。经营租赁的主要目的，是解决园林企业短期临时的资产需求问题，但从园林企业可以不必立即支付设备款项即可享用设备使用权来看，也有短期筹资的作用。

融资租赁是租赁公司按照承租人的要求融资购买设备，并在契约或合同规定的较长时间内提供给承租人使用的信用性业务。它通过融物来达到融资的目的，是现代租赁的主要形式。其主要特点如下：

(1) 设备租赁期较长。按国际惯例，租赁期一般接近其经济使用年限的70%~80%。我国有关制度规定，其租赁期不应低于经济寿命的50%。

(2) 不得任意终止租赁合同和契约。一般认为，在租赁双方签订合同后，在规定的期限内，非经双方同意，任何一方不得中途终止合同，以维护双方利益。

(3) 租赁期满后，按事先约定的方式来处置资产，或退还、或续租、或留购。在多数情况下，一般由承租人支付少量价款，即留购资产取得其所有权。

(4) 租金较高。西方经验表明，融资租赁的租金总额一般要高于其设备价款的30%~40%。

在融资租赁下，承租企业尽管当前不需或只需支付较少的现金来达到取得设备的目的，但在设备有效使用期内或在租赁期内，企业必须按照契约规定支付租金。因此租金数额大小和支付方式直接影响企业的现金流量。可见，在租赁融资下，租金的确定极其重要。

4) 商业信用

由于商品交换中货与钱在空间和时间上分离，商品交易中产生了以延期付款或预收货款方式进行的购销活动，由此而形成的借贷关系即是商业信用，它是企业之间的直接信用行为。商业信用有应付账款、应付票据、预收货款等主要形式。商业信用的成本是一种机会成本，属于隐性的成本，现实中园林企业往往对此重视不够。

5) 科技型园林小企业技术创新基金

科技型园林小企业还可以通过"科技型小企业技术创新基金"（以下简称"创新基金"）来获取资金。这是经国务院批准设立，用于支持科技型小企业技术创新项目的政府专项基金。创新基金支持的项目需符合以下条件：

(1) 符合国家产业、技术政策，技术含量高，创新性较强，技术处于国内领先水平。

(2) 必须是以生产、销售和营利为目的，产品有明确的市场需求和较强的市场竞争力，可以产生较好的经济效益和社会效益，并有望形成新兴产业。

根据企业的不同特点和项目所处的不同阶段，创新基金分别以贷款贴息、无偿资助等不同方式支持科技型小企业的技术创新活动。所以，对于符合条件的园林小企业来说，应该充分利用国家的这一优惠政策，为自己争取发展用基金。

5.5 园林企业财务风险管理

5.5.1 园林企业风险管理概述

在日常生活中，如过马路、坐汽车、坐飞机，都存在一定的风险，园林企业也是如此。在园林企业经营过程中，从资本的垫支到最后资本的回收，其中每个环节都存在风险，如筹资过程中也许面临无法足额筹措资金的风险、投资中面临项目失败的风险、资金消耗过程中面临成本不能得到补偿的风险、销售过程又将面临积压库存的风险等等。所有这些风险，都客观存在于我们经济生活的方方面面，并对园林企业实现其财务目标产生重要的影响。所以，园林企业财务管理工作不能不考虑风险问题。

财务管理中的风险可以理解为预期收益的不确定性。从财务意义上分析企业面临的风险，一般认为，在市场经济条件下，园林企业的主要经济活动包括以下四种：计划、筹资、投资和经营活动，相应地，财务风险就可以分为计划过程中的风险、筹资风险、投资风险、日常经营活动风险。

1）计划过程中的风险

计划实际上是园林企业为自己制定的未来的行动计划。一个园林企业的目标可以在园林企业规划或园林企业宗旨、园林企业战略甚至园林企业预算中得到反映。园林企业计划或战略规划通常由园林企业的最高决策层来确定，如开发新产品，开拓新市场，投资新领域等。计划过程中的风险通常是因为企业领导层偏离企业实际能力贪大求全造成的，尤其在快速成长阶段，表面的繁荣常常会令人头脑发热，盲目进入不相关的业务领域。其主要表现是园林企业财务预测在较长时间不准确，如园林企业经常变更盈利的预期等。财务预测偶尔发生误差，是十分正常的，但是如果预测结果与实际状况长时间存在很大差距，这说明园林企业的预测基础不对，计划也就失去了它存在的意义。

2）筹资风险

筹资风险是因借入资金而增加丧失偿债能力可能性的风险。园林企业筹集资金的方式主要有权益资金和债务资金两种形式。如果园林企业通过发行股票等方式筹集资金，会增强园林企业的资金实力，风险相对小些。而一旦园林企业通过负债形式筹集资金，园林企业将面临还本付息的义务，风险相对较大。

《中华人民共和国企业破产法》规定，企业破产的界限不是企业资不抵债，而是不能清偿到期债务。如果园林企业债务数量过大或负债比重过大，一旦园林企业生产经营出现较大失误，投入资金不能及时回收，无力到期偿债，即使园林企业仍然具有良好的发展前景，园林企业也可能倒闭。判断园林企业是否存在筹资风险，可以参考资产负债率、流动比率及偿付率几个指标。偿付率是指一定时期内还本付息总额与收入总额的比率，比率越小，园林企业偿债能力越强，一般认为20%较适宜。

3）投资风险

投资风险是指园林企业投入一定资金后，因市场需求变化而影响最终收益与预期收益偏离的风险。园林企业的资金可以投资于园林企业的生产项目，也可以投资证券市场。然而，投资活动并不都能产生预期收益，如出现投资项目不能按期投产，或虽投产但不能盈利，反而出现亏损，或者虽没有出现亏损，但盈利水平很低的现象。园林企业资金的获取都是有成本的，资金成本也是园林企业投资利润率的最低限。所以，评判园林企业是否存在投资风险，可以将园林企业项目投资的收益或证券投资的收益与园林企业资金成本相比较，或者与同期银行利率和国库券利率对比，如果园林企业投资的结果连资金成本都无法收回的话，就是一个失败的投资活动。

4）日常经营活动风险

日常经营活动风险是园林企业在日常经营

活动中所面临的种种不确定性的风险，如研究开发新品种、采购、生产、销售等每个阶段，都会面临风险。由于经营活动的内容和范围很广，判别园林企业经营活动风险需要从园林企业的各个部门或各个角度进行分析。从销售的角度来看，如果园林企业存在销售的非正常下降或平均收账期延长，就应该引起有关部门的注意。从产品存储部门来看，如果存在非计划的存货积压，也可能是园林企业存在财务问题的早期信号。一旦发现有非计划的存货积压，就应当引起注意。从财务部门来看，如果会计记录和财务报表混乱，外部投资者根本无法从财务数据中获取园林企业的经营信息，或者上市公司的财务报表不能及时公开，也表明园林企业可能存在一定的财务风险。

园林企业财务风险的产生也不排除一些突发性风险事件的原因。国内外政治、经济环境的突然变化，重大政策的调整，各种自然灾害或其他突发性风险事件的发生，都有可能影响园林企业的正常经营活动，尽管这些风险事件对园林企业来说属于不可控因素，但对园林企业的危害性不可低估。

5.5.2 财务风险的防范

1) 财务风险防范的基本措施

防范财务风险最主要的还是加强日常的监督工作，即将风险化解在萌芽状态。园林企业可以通过以下基本措施来防范财务风险。

(1) 建立良好的会计核算系统：会计核算系统是按照复式记账的原则进行日常经济业务的处理，其本身具有反映和监督的功能。企业应当确保会计资料真实完整，要严格按照国家统一的会计制度规定进行会计核算，不设账外账，不做假账，使会计信息能够真实公正地反映资金运转情况、经济效益的提高及园林企业的发展前景。

(2) 建立良好的企业预算系统：经验表明，经营管理好的企业几乎都有完整的适合本企业实际的预算管理系统以及遵守预算的良好意识和习惯。

(3) 建立良好的内控制度：园林企业可通过规范内部制度，完善法人治理结构，设计合理的激励和约束机制来减少风险。管理团队之间一定要有相互制衡机制，决策层不能将权力过于集中在一个人或某方面人身上。

2) 防范财务风险的技术方法

(1) 自我保险：自我保险即由园林企业自身来承担风险，例如：园林企业预先提留风险补偿资金，实行分期摊销，以此降低风险产生时对企业正常生产经营的影响。目前，我国要求企业提取的各项准备金如坏账准备、存货跌价准备等，正是公司防范风险、稳健经营的重要措施。

(2) 适度多元化：适度多元化即通过企业的多种经营及对外投资多元化等方式分散财务风险。园林企业为分散风险应采用多种经营方式，即同时经营多种产品。对外投资多元化是指企业对外投资时，应将资金投资于不同的投资品种，以达到分散风险的目的。对外投资多元化可以在分散投资风险的情况下，实现预期的投资收益。对于园林小企业来说，虽然企业的资金有限，但企业在突出主业和核心竞争力的前提下，可以结合自身的人力、财力、技术研制和开发能力，适度涉足多元化的风险控制，分散财务风险。

(3) 风险转移：保险转移是风险转移的重要手段，保险转移即企业以通过向保险公司投保，缴纳保险金的方式实现风险的转移。保险是园林小企业转移风险的重要方法之一。但许多园林小企业并不重视保险的功能，经常在重大的损失发生后，才能认识到保险的作用。对于园林小企业来说，选择一个健全的保险方案是非常必要的，应该根据法律或合同的要求选择必要的保险，如职工赔偿保险、汽车责任保险、商业财产保险等。

除了通过保险的手段转移风险之外，园林

企业也可以通过某种手段将部分或全部财务风险转移给他人承担，如将一些特定的业务交给具有丰富经验和技能、拥有专门人员和设备的专业公司去完成；在对外投资时，企业可以与其他园林企业共同投资，组成合资企业，实现收益共享，风险共担，减少因项目失败对自己造成的损失，避免因企业独家承担投资风险而产生的财务风险；对园林企业闲置的资产，采用出租或立即售出的处理方式，可以将资产损失的风险转移给承租方或购买方。总之，采用转移风险的方式将财务风险部分或全部转移给他人承担，可以大大降低企业的财务风险。

(4) 风险回避：风险回避即企业在选择理财方式时，应综合评价各种方案可能产生的财务风险，在保证企业目标的前提下，选择风险较小的方案，以达到回避财务风险的目的。一般来讲，长期投资的风险大于短期投资风险，股权投资风险大于债权投资风险。所以，园林企业选择投资方式时，应从投资目的出发进行综合评价，尽可能采用风险低的债权投资和短期投资。当然，采用风险回避法并不是说园林企业不能进行风险性投资。风险大小往往与收益大小成正比，风险越大，可能获取的收益也越高。

3) 防范财务风险的具体措施

(1) 实行全员风险管理：财务风险除了与企业的负债规模和投资方式有关外，还与企业的经营有关。实行全员风险管理机制，就是将风险机制引入园林企业内部，使管理者、职工、企业共同承担风险责任，做到责、权、利三位一体。同时，对企业的全体员工进行风险意识教育，实行岗位风险责任管理，让全体员工了解其在整个财务体系中的重要地位，发挥团队防范效应。这在园林小企业中是极为重要的。

(2) 建立财务风险预警机制，加强财务危机管理：财务预警系统是在对企业过去与目前财务状况的分析与评价基础上，着重面向未来，关注和预测企业在可预见的将来可能面临的财务状况，为企业经营活动、财务决策提供有价值的预测信息。

(3) 加强园林企业间合作，实现资源共享：随着信息技术的普及，园林企业间的相互沟通与协作成为趋势。园林企业之间在遵守一定游戏规则的前提下合作，既可以实现信息资源的共享，也促使园林企业间合作与竞争的统一，增强双方的风险抵御能力。

财务风险无处不在。尤其在现代市场经济条件下，园林企业财务活动的风险程度远远超过以前。它在给企业经营活动造成威胁和压力的同时，又给企业发展创造了新的机遇。因此，园林企业对于财务风险和风险危机要有清醒的认识，要有监测风险的机制和应付风险的措施。唯有如此，园林企业才能在激烈的市场竞争中立于不败之地。

5.6 企业财务预算

5.6.1 财务预算的概念

预算是用于控制企业未来经济活动的计划，是园林企业经营决策所确定的目标的货币表现。预算是计划工作的成果，它既是决策的具体化，又是控制生产经营活动的依据。

财务预算是一系列专门反映园林企业未来一定预算期内预计财务状况和经营成果，以及现金收支等价值指标的各种预算的总称，具体包括现金预算、预计利润表、预计资产负债表和预计现金流量表等内容。做好园林企业财务预算，是制定年度收支总体计划的关键。

5.6.2 全面预算

全面预算是根据企业目标所编制的经营、资本、财务等年度收支总体计划，具体包括日常业务预算、特种决策预算与财务预算三大类内容。

1) 日常业务预算

日常业务预算，又称经营预算，是指与企

业日常经营活动直接相关的经营业务的各种预算。它主要包括：
(1) 销售预算；
(2) 生产预算；
(3) 直接材料预算；
(4) 应交增值税、销售税金及附加预算；
(5) 直接人工预算；
(6) 制造费用预算；
(7) 产品成本预算；
(8) 期末存货预算；
(9) 销售费用预算；
(10) 管理费用预算。

这类预算通常与园林企业利润表的计算有关，大多以实物量指标和价值量指标分别反映企业收入与支出费用的构成情况。

2) 特种决策预算

特种决策预算，又称专门决策预算，是指园林企业不经常发生的、需要根据特定决策临时编制的一次性预算。特种决策预算包括经营决策预算和投资决策预算两种类型。

3) 财务预算

财务预算作为全面预算体系中的最后环节，可以从价值方面反映经营期特种决策预算与日常业务预算的结果，亦称为总预算。其余预算则相应称为辅助预算或分预算。在现代企业财务管理中，财务预算必须服从决策目标的要求。同时，财务预算又能使决策目标具体化、系统化和定量化，能够明确规定企业有关生产经营人员各自的职责及相应的奋斗目标，做到人人事先心中有数。财务预算还有助于财务目标的顺利实现。

通过财务预算，建立评价企业财务状况的标准，以预算数作为标准的依据，将实际数与预算数对比，及时发现问题和调整偏差使园林企业的经济活动按预定的目标进行，从而实现园林企业的财务目标。由此可见，财务预算在全面预算体系中占有举足轻重的地位。

5.6.3 财务预算方法的种类

1) 按业务量基础的数量特征不同，财务预算方法可分为固定预算方法和弹性预算方法

固定预算方法，又称静态预算，是指在编制预算时只根据预算期内正常的、可实现的某一固定业务量（如生产量、销售量）水平作为惟一基础来编制预算的一种方法。传统预算大多采用固定预算方法。由于固定预算存在机械、呆板、可比性差的缺点，所以一般来说只能适用于那些业务量水平较为稳定的企业或非营利组织编制预算时采用。

弹性预算方法，又称为变动预算或滑动预算，是为克服固定预算的缺点而设计的。它是指在成本习性分析的基础上，以业务量、成本和利润之间的依存关系为依据，按照预算期可预见的各种业务量水平编制能够适应多种情况预算的一种方法。编制弹性预算所依据的业务量可以是产量、销售量、直接人工工时、机器工时、材料消耗量和直接人工工资等。弹性预算的优点是预算范围宽、可比性强。在实际工作中，主要用于编制弹性成本费用预算和弹性利润预算等。

2) 按编制成本费用预算出发点的特征不同，财务预算方法可分为增量预算方法和零基预算方法

(1) 增量预算方法

增量预算方法简称增量预算，又称调整预算方法，是指以基期成本费用水平为基础，结合预算期业务量水平及有关影响成本因素的未来变动情况，通过调整有关原有费用项目而编制预算的一种方法。传统的预算编制方法基本上采用的是增量预算方法，即以基期的实际预算为基础，对预算值进行增减调整。

增量预算比较简单，但它以过去的水平为基础，实际上是承认过去是合理的，无需改进，因循沿袭下去。这样一方面可能使原来不合理的费用开支继续存在下去，造成预算的浪费；另一方面也可能造成预算的不足。

(2) 零基预算方法

零基预算方法简称零基预算，又称零底预算。它是指在编制成本费用预算时，不考虑以往会计期间所发生的费用项目或费用数额，而是将所有的预算支出均以零为出发点，一切从实际需要与可能出发，逐项审议预算期内各项费用的内容及开支标准是否合理，在综合平衡的基础上编制费用预算的一种方法。

零基预算的基本做法是：

① 企业内部各有关部门，根据企业的总体目标和各部门的具体任务，提出预算期内需要发生的各种业务活动及其费用开支的性质、目的和数额。

② 对各项预算方案进行成本效益分析。即对每一项业务活动的所费与所得进行对比，权衡得失，以此判断各项费用开支的合理性及优先顺序。

③ 根据生产经营的客观需要与一定期间资金供应的实际可能，在预算中对各个项目进行择优安排，分配资金，落实预算。

零基预算的优点是不受现有费用项目和开支水平的限制，能够充分调动各部门人员降低费用的积极性；缺点是一切从零开始，预算编制工作量大。所以零基预算特别适用于产出较难辨认的服务性部门费用预算的编制。

3) 按预算期的时间特征不同，财务预算方法可分为定期预算方法和滚动预算方法

(1) 定期预算方法

定期预算方法简称定期预算，是指在编制预算时以不变的会计期间（如年度）作为预算期的一种编制预算的方法。

定期预算的优点是能使预算期与会计年度一致，便于实际数与预算数的比较，有利于预算执行情况和执行结果的分析和评价；缺点是远期指导性差、灵活性差、连续性差。

(2) 滚动预算方法

滚动预算方法简称滚动预算，又称连续预算或永续预算，是指在编制预算时，将预算期与会计年度脱离，随着预算的执行，不断延伸补充预算，逐期向后滚动，使预算永远保持为一个固定期间的一种预算编制方法。

滚动预算的基本做法是：每过一个季度（或月份），立即根据前一个季度（或月份）的预算执行情况，对以后季度（或月份）进行修订，并增加一个季度（或月份）的预算。这样以逐期向后滚动、连续不断的预算形式规划园林企业未来的经营活动。

滚动预算按其预算编制和滚动的时间单位不同，可分为逐月滚动、逐季滚动和混合滚动三种方式。

5.6.4 财务预算的内容

(1) 销售预算。销售预算是指为规划一定预算期内因组织销售活动而引起的预计销售收入而编制的一种日常业务预算。销售预算需要在销售预测的基础上，根据园林企业年度目标利润确定的预计销售量和销售价格等参数进行编制，它是整个预算的起点，其他预算的编制都以销售预算作为基础。

(2) 生产预算。生产预算是指为规划一定预算期内预计生产量水平而编制的一种日常业务预算。生产预算需要根据预计的销售量按品种分别编制，由于园林企业的生产和销售不能做到"同步同量"，必须设置一定的存货，以保证均衡生产，因此，预算期间除必须备有充足的产品以供销售外，还应考虑预计期初存货和预计期末存货等因素。预计期末存货通常按下期销售量的一定百分比确定，期末存货确定以后，各期预计生产量就可以按以下公式计算：

预计生产量

＝预计销售量＋预计期末存货量－预计期初存货量　　　　　　　　　　　　　　　(5-2)

(3) 直接材料预算。直接材料预算是指为规划一定预算期内因组织生产活动和材料采购活动预计发生的直接材料需用量、采购数量和采购成本而编制的一种经营预算。该预算的编制

依据是生产预算、材料单耗和材料采购单价等资料。通常，直接材料预算的编制，是在生产预算的基础上，结合材料期初、期末的库存情况来确定采购数量，然后按照预计的材料单价计算出所需要的采购资金数；同时，考虑前期应付购料款的偿还和本期购料款的支付情况，预计预算期间材料采购现金支出额。其中，预计材料采购量可以以下公式计算：

预计材料采购量
= 该材料当期预计生产需用量 + 该材料预计期末库存量 - 该材料预计期初库存量   (5-3)

(4) 直接人工预算。直接人工预算是指为规划一定预算期内，人工工时的消耗水平和人工成本水平而编制的一种经营预算。该预算是以生产预算为基础编制的，根据生产预算中预计的生产量和生产单位产品所需的工时计算出各期所需直接人工小时数，乘以小时工资率，计算出各期预计的直接人工成本。单位产品所需的直接人工小时数，可根据规定的劳动定额和历史资料来确定。

(5) 其他生产费用预算。其他生产费用预算是指为规划一定预算期内，除直接材料和直接人工预算以外预计发生的其他生产费用水平而编制的一种日常业务预算。

当以变动成本法为基础编制其他生产费用预算时，可按变动性其他生产费用和固定性其他生产费用两部分内容分别编制。变动性其他生产费用预算根据预计生产量和预计变动费用分配率计算；固定性其他生产费用可在上期的基础上根据预期变动加以适当修正进行预计，并作为期间成本直接列入利润表内作为收入的扣除项目。其中，变动费用分配率可按以下公式计算：

变动费用分配率
$= \dfrac{变动性其他生产费用}{相关分配标准预算} \times 100\%$ (5-4)

式5-4中，分母可在生产量预算或直接人工工时总额预算中选取，在多品种条件下，一般可按后者进行分配。

其他生产费用项目，大部分是需要在当期以现金支付的，但也有一部分是非付现成本，比如固定资产折旧费等。因此，为了便于编制现金预算，在编制其他生产费用预算时也应包括一个预算现金支出的部分。

(6) 产品成本预算。产品成本预算是指为规划一定预算期内每种产品的单位产品成本、生产成本、销售成本等项内容而编制的一种日常业务预算。本预算需要在生产预算、直接材料预算、直接人工预算和制造费用预算的基础上编制，同时，也为编制预计利润表和预计资产负债表提供数据。

(7) 销售及管理费用预算。销售及管理费用预算是指为规划一定预算期内企业在销售阶段和日常行政管理活动中预计发生的各项费用水平而编制的一种日常业务预算。该预算类似于制造费用预算，一般按项目反映全年预计水平，它的编制依据主要是销售预算及其各费用项目的具体情况。

(8) 资本预算。资本预算是指企业涉及长期投资极其重大资本经营举措的财务预算，这种预算通常是企业不经常发生的、一次性的业务预算。

(9) 现金预算。现金预算是指预算期现金收入与现金支出安排平衡的预算，是全部经济活动有关现金收支方面的汇总反映。现金预算重点包括现金收入、现金支出、现金余缺、资金筹措及运用四个方面。

5.7 必备财务会计基本知识

企业的会计系统提供了对经营活动加以挑选、计量并汇总为财务报表数据的机制。从园林企业的经济活动到企业的财务报告，这是一个通过一定程序和方法，进行记录、计算、分类、汇总的过程，也是将经济活动的内容转换为会计信息的过程。因此，要想了解园林企业财务管理的内容,并对园林企业财务活动进行有效地管理,就必须具备必要的财务会计知识。

5.7.1 会计核算

会计核算又称会计假设,是指为了保证会计工作的正常进行和会计信息的质量,对会计核算的范围、内容、基本程序和方法所作的限定。会计核算是会计的基本环节,对会计对象(会计要素)进行完整的、连续的、系统的反映和监督。

1) 会计核算的基本前提

会计核算的基本前提包括会计主体、持续经营、会计分期和货币计量四个方面。会计主体是指会计所服务的特定单位。持续经营是指会计核算应以持续、正常的生产经营活动为前提,而不考虑园林企业是否将破产清算。会计分期是指把园林企业持续不断的经营活动过程,划分为较短的会计期间,以便分期结算账目,按期编制报表。货币计量是指企业的生产经营活动及经营成果都通过价值稳定的货币予以综合反映,其他计量单位虽可使用,但不占主要地位。

2) 会计核算的内容

《中华人民共和国会计法》规定,下列事项应当办理会计手续,进行会计核算:

(1) 款项和有价证券的收付;

(2) 财物的收发、增减和使用;

(3) 债权债务的发生和结算;

(4) 资本、基金的增减和经费的收支;

(5) 收入、费用、成本的计算;

(6) 财务成果的计算和处理;

(7) 其他需要办理会计手续、进行会计核算的事项。

3) 会计核算的程序

会计核算主要包括以下七个程序:

(1) 设置会计科目。设置会计科目的目的,就是对会计对象的具体内容进行分类核算。

(2) 复式记账。应用复式记账方法,就是对每一项经济业务,都要以相等的金额,同时记入两个或两个以上的有关账户。这样处理的好处主要表现在两个方面:一是可以通过账户的对应关系,了解有关经济业务的来龙去脉;二是通过账户的平衡关系,可以检查有关业务的记录是否正确。

(3) 填制和审核凭证。会计凭证是记录经济业务,明确经济责任的书面证明,是登记账簿的依据。

(4) 登记账簿。账簿是用来全面、连续、系统地记录各项经济业务的簿籍,是保存会计数据资料的重要工具。登记账簿必须以凭证为根据。

(5) 成本计算。成本计算是指在生产经营过程中,按照一定对象归集和分配而发生的各种费用支出,以确定该对象的总成本和单位成本的一种专门方法。

(6) 财产清查。财产清查是指通过盘点实物、核对账目,保持账物相符的一种方法。

(7) 编制会计报表。会计报表是根据账簿记录定期编制的、总括反映企业和行政事业单位特定时点和一定时期财务状况、经营成果和成本费用等的书面文件。

由此可见,会计报表的形成过程是从填制和审核凭证到登记账簿,再到编出会计报表的一个相互联系的完整的会计核算方法体系。通过分析园林企业的财务数据,我们可以了解到园林企业的主要经营活动过程及其成果。

5.7.2 财务报告及其组成

1) 财务报告及其结构

财务报告是根据会计的概念、假设、程序和方法,定期或不定期地反映单位财务状况、经营成果、现金流量及经营业绩和前景等内容的书面文件,包括主要报表、附表、报表附注和财务情况说明书。

(1) 主要报表

主要报表(简称主表)是指反映企业财务状

况和经营成果的会计报表。按照现行规定，主要报表包括资产负债表、利润表和现金流量表三张报表。

①资产负债表。资产负债表是企业运用资产以及与资产相联系的瞬时记录，它是与某一时点相联系的静态文件。由于资产负债表反映的是企业资产、负债和所有者权益账户的期末余额，所以，资产负债表的作用主要体现在：反映企业的融资状况以及负债情况；反映企业所拥有或控制的经济资源及其分布情况；反映所有者权益的构成情况以及企业累计盈余的增长情况。简化的资产负债表的结构，如表5-1所示。

资产负债表　　　　　表5-1

编制单位：××公司　　　　　20××年×月×日

资产	金额(元)	负债与权益	金额(元)
流动资产		流动负债	
存货		短期借款	
应收账款		应付账款	
现金		长期负债	
短期投资		长期借款	
固定资产		长期应付款	
减：累计折旧		所有者权益	
无形资产		实收资本	
长期投资		资本公积金	
		未分配利润	
总计		总计	

②利润表。利润表是反映某一会计期间财务成果的报表，是收入扣除支出费用后的余额，反映了企业一定时期的经营规模和全部成果。通过分析利润表，可以了解企业一定时期的销售收入、营业利润和利润总额，了解企业的获利能力，从而评价企业经营活动的效率和效果。利润表的结构，如表5-2所示。

③现金流量表。现金流量表是以现金收付制为基础，反映一定时期内现金流入和流出的会计报告，可以使报表使用者直接从现金角度来观察、分析企业各类经济活动的收支状况，借以了解企业的变现能力、偿债能力和支付股利的能力。衡量企业经营情况是否良好，除了资

利润表　　　　　表5-2

编制单位：××公司　　　　　20××年×月

项　目	金额(元)
一、主营业务收入	
减：主营业务成本	
主营业务税金及附加	
二、主营业务利润	
加：其他业务利润	
减：销售费用	
管理费用	
财务费用	
三、营业利润	
加：投资收益	
营业外收入	
减：营业外支出	
四、利润总额	
减：所得税	
五、净利润	

产、负债、权益、收入、成本、利润等指标外，现金流量也是一个非常重要的指标。

对园林企业财务管理人员而言，"经营活动现金流量"是最为值得关注的财务信息，是现金流量表分析的核心所在。而投资活动与融资活动现金流量实际上是园林企业财务决策的结果。投资活动现金流出（如固定资产投资）的目的是追求营业活动现金流入的最大化，而融资活动现金流入（如债务融资）的发生又是为了满足投资活动对资金的需求。现金流量表的结构，如表5-3所示。

(2) 附表

附表指为了保持财务报表的简明易懂而另行编制一些反映其构成项目及年度内的资金增减来源与金额的表格。它实际上是财务报表某些重要项目的明细表。我国《企业会计制度》规定的附表有：

①资产减值准备明细表；

②股东权益增减变动表；

③应交增值税明细表；

④利润分配表；

⑤分部报表（业务分部）；

现金流量表　　　表 5-3

编制单位：××公司　　　　　20××年度

项　目	金额(元)
一、经营活动产生的现金流量	
现金流入	
现金流出	
经营活动现金净流量	
二、投资活动现金流量	
现金流入	
现金流出	
投资活动现金净流量	
三、融资活动现金流量	
现金流入	
现金流出	
融资活动现金净流量	
四、汇率变动对现金的影响	
五、现金及现金等价物净增加额	

⑥分部报表(地区分部)。

(3) 报表附注

按我国的会计准则规定，报表附注的内容主要包括：园林企业所采用的主要会计处理方法；会计处理方法的变更情况、变更原因及对财务状况和经营成果的影响；非经营性项目说明；会计报表中有关重要项目的详细资料。按照国际会计惯例及国际会计准则的规定，报表附注主要包括以下五个方面：一是会计基本假定的遵守情况；二是所采用的主要会计政策，会计政策既包括综合政策，也包括会计要素政策，在附注中要清楚地说明企业所采用的全部重要会计政策；三是会计政策的变更，如果会计政策变更对本期或列报以前任何一个期间有重大影响，或者可能会对以后产生重大影响，则企业应该披露变更的原因及相应调整额；四是会计估计的变更情况；五是对会计报表某些项目提供补充说明。

(4) 财务情况说明书

财务情况说明书的主要内容是企业财务经营情况的说明，包括四个方面：一是客观财务情况说明，即生产经营情况、利润实现和分配情况、资金周转和增减情况、税金缴纳情况、各种财产物资的变动情况；二是对本期或者下期财务状况发生重大影响事项的说明；三是资产负债表日后至报出财务报告前发生的对企业财务状况变动有重大影响事项的说明；四是需要说明的其他事项。

2) 财务报告要素

(1) 财务状况要素

所谓财务状况是指经济组织资产构成及其权益结构，它总括反映企业的财务素质，具体包括：

①资产。资产是企业拥有或控制的，能以货币计量并能为企业提供未来经济利益的经济资源。资产按其流动性，分为流动资产、长期投资资产、固定资产、无形资产、递延资产和其他资产。

②负债。负债是园林企业所承担的，能以货币计量，需以资产或劳务偿付的债务。负债按其流动性，分为流动负债和长期负债。

③所有者权益。所有者权益是企业投资人对企业净资产的所有权。所有者权益按其构成来源，分为实收资本、资本公积、盈余公积和未分配利润。

(2) 经营成果要素

所谓经营成果是指企业一定时期实现的收入、发生的成本，以及两者相抵后的盈亏状况，具体包括：

①收入。收入是指企业由于销售商品、提供劳务及提供他人使用本企业的资产而发生的或即将发生的现金(或其等价物)的流入，或债务的清偿。广义的收入包括营业收入、投资收益和营业外收入。狭义的收入一般是指营业收入，营业收入按其经济性质可分为基本业务收入和其他业务收入。

②费用。费用是指通过配比方式确定的，为取得收入而发生的各种耗费。这个定义主要指狭义的费用，仅限于与提供商品和劳务有关的资产耗费。广义的费用还包括投资净损失、营业外支出和所得税费用。经营费用按其构成

内容可分为生产经营成本和期间费用。

③ 利润。利润是企业在一定期间内的经营成果,是各种收入扣除各种费用后的盈余。利润按收入与费用的构成和配比的不同层次可分为营业利润、利润总额和净利润;按其构成内容可分为营业净收入、投资净收益等。

以上各要素之间存在着密切的关系,其基本会计等式为:

$$资产 = 负债 + 所有者权益 \quad (5-5)$$

基本会计等式反映资产的归属关系,它是设置账户、复式记账和编制会计报表的基本依据。由于收入和费用变动的经济业务会对会计等式产生影响,因此基本会计等式可转化为下列扩展的会计等式:

$$资产 = 负债 + 所有者权益 + 利润(收入 - 费用) \quad (5-6)$$

5.7.3 财务与会计的区别

会计与财务本是两种不同性质的管理活动。会计是以提供财务信息为主的一个信息系统,其主要职能是对经济活动的反映和监督。而财务是指企业为了达到既定目标所进行的资金的筹集、运用和分配活动。也正因为如此,西方国家企业的会计机构是与财务机构分开设立的,并受财务部门副总经理的统一领导。会计机构和财务机构的设置情况,如图5-2所示。

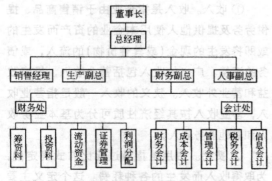

图5-2 会计机构和财务机构的设置

在我国,长期以来财务与会计是不分设机构的,一般只在会计机构中作适当的内部分工。例如:我国企业单位的会计机构一般分设会计主管、出纳、存货核算、固定资产核算、投资核算、工资核算、成本核算、往来核算、总账报表、内部审计、综合分析等岗位,可以一人一岗,也可以一岗多人或一人多岗。小企业由于规模小,会计人员人数也少,一人身兼数职的现象很多。但无论是从遵守会计制度的要求出发,还是从维护企业资产安全的角度出发,会计机构内部应当建立稽核制度,出纳人员不得兼管稽核和会计档案保管以及收入、费用、债权债务账目的登记工作。

5.7.4 小企业会计制度的特色

1) 小企业的主要标准

在我国,小企业数量多,且规模大多数较小。据不完全统计,目前在全国工业企业法人中,按新的小企业标准,小企业占工业企业法人总数近95%;小企业的最终产品和服务的价值占全国GDP(国内生产总值)的近50%。但在实际工作中,相当部分小企业会计机构不够健全,各项管理制度不够规范,实施《企业会计制度》对小企业来说存在着较大的困难和障碍。《小企业会计制度》的制定和实施,结合我国小企业的实际情况,充分体现了小企业自身的特点及其会计信息使用者的需求。

按照《小企业会计制度》的规定,在中华人民共和国境内设立的不对外筹集资金、经营规模较小的企业,自2005年1月1日起,应执行《小企业会计制度》。按照规定,同时具备以下两个标准的为小企业:

(1) 不对外筹集资金,即不公开发行股票和债券;

(2) 经营规模较小的企业,即按照原国家经贸委、原国家计委、财政部、国家统计局等四部门联合发布的《关于印发小企业标准暂行规定的通知》(国经贸中小企 [2003] 143号)一文所确定的小型企业。

另外,以下三种情况的小企业,不执行或

可以不执行《小企业会计制度》：

(1) 以个人独资及合伙形式设立的小企业。这类企业在业主权益方面的特殊性，决定其既无法适用《小企业会计制度》，又无法适用《企业会计制度》。这类企业的会计规范，目前尚处于空白状态。

(2) 集团公司内部的小企业。集团公司内部的小企业如果执行《小企业会计制度》，则会使集团公司无法统一会计政策，无法进行报表合并。因此，只要集团母公司执行《企业会计制度》，集团公司内部的小企业也必须执行《企业会计制度》，而不能再选择执行《小企业会计制度》。

(3) 选择执行《企业会计制度》的小企业。符合《小企业会计制度》规定的小企业，按照制度规定可以执行《企业会计制度》。若选择执行了《企业会计制度》，就不能同时选择执行《小企业会计制度》的有关规定。也就是说，符合《小企业会计制度》规定条件的小企业，要么执行《小企业会计制度》，要么执行《企业会计制度》以及相关的配套核算办法，不应该再把原来执行的会计制度作为选择性制度。

2) 小企业会计制度的特点

考虑到小企业的特点，《小企业会计制度》对有些业务处理做了适当简化。与《企业会计制度》相比，其不同之处主要体现为：

(1) 资产减值准备

考虑到长期资产的可收回金额较难确定及计提长期资产减值准备过程中需要较多的职业判断等情况，《小企业会计制度》中仅要求对短期投资、存货和应收款项计提减值准备，不要求对固定资产、无形资产等长期资产计提减值准备。

(2) 长期投资的核算

考虑到小企业投资的情况比较少，完全运用《企业会计制度》中关于长期股权投资的核算规定可能存在困难，因此，仅要求按照简化的权益法核算。

(3) 借款费用的核算

要求小企业在固定资产开始建造至达到预定可使用状态之前所发生的专门借款费用均可资本化计入固定资产成本，而不必与资产支出数挂钩。

(4) 融资租赁固定资产

由于在计算最低租赁付款额过程中涉及职业判断及对未来现金流量折现等困难，《小企业会计制度》中对于符合融资租赁条件的固定资产，以合同或协议约定应支付的租赁款及使固定资产达到预定可使用状态前发生的其他有关必要支出来确定其入账价值。

(5) 会计报表

从会计报表体系来看，考虑到小企业信息使用者的需求，仅要求小企业提供资产负债表和利润表两张基本报表。

(6) 其他

对于《企业会计制度》中提供的一些可供选择的会计处理方法，结合小企业实际，选择了其中比较符合小企业特点的方法，如要求小企业采用应付税款法核算所得税等，对非货币性交易、债务重组等都做了一系列的简化和调整。

简化的处理方法对小企业业绩的影响，主要表现为损益在哪个时期记录以及记录多少等方面，一般不会影响其业绩总量。不过，这些影响对于小企业而言，因其数额不大，因而对各期损益的影响也不会很大。

3) 对小企业的要求

要实行新制度，小企业也面临一些新问题，最典型的问题是实行新制度肯定要进行清产核资。清产核资是一项牵涉面较广的活动，如果企业规模相对比较大，不妨请专业的事务所来做，但如果规模太小，又没有这方面的人员，则做起来就会很难。在选择和具体实施新制度的过程中，小企业至少应做好以下四个方面的工作：

(1) 及时学习了解《小企业会计制度》

小企业需要认真学习和领会《小企业会计制度》、《企业会计制度》的精神和所规定的会计方法，详细分析不同的会计方法对企业财务状况、经营成果的影响，以便从会计管理角度正确选择会计制度，并为适应会计制度而改进相应的管理工作，如加强预算管理、应收账款管理、存货管理、投资管理和信息化建设与利用等。

(2) 合理选择会计制度

小企业要站在企业成长角度，合理选择会计制度。预计不久的将来会成长为中型企业或大型企业的，最好选择执行《企业会计制度》；预计在较长时间内规模不会有较大变化的，可以选择执行《小企业会计制度》。

(3) 制定适宜的内部核算办法

小企业必须抓紧制定适宜本企业特点的内部核算办法，为会计制度的有效实施做好方法准备工作。

(4) 建立详细的内部分析报告制度

《小企业会计制度》主要还是针对企业对外报告的成本效益而进行的制度简化，但简化的做法可能对企业内部管理产生负面影响。因此，企业应建立比较详细的内部分析报告制度，为企业管理提供翔实的分析材料和改进建议。

复习思考题

1. 什么是园林企业财务管理？它有何特点？
2. 什么是财务活动？它包括哪几个方面？
3. 什么是财务关系？园林企业的财务关系体现在哪些方面？
4. 园林企业财务管理的基本目标是什么？主要有哪几个代表性的观点？
5. 影响园林企业财务管理目标实现的因素有哪些？
6. 什么是园林企业的理财环境？影响企业环境的外部因素主要有哪些？
7. 园林企业管理有哪几种方法？
8. 什么是筹资，它有哪几种分类？
9. 适合小企业筹资的方式有哪些？
10. 财务风险的种类及防范措施有哪些？
11. 什么是财务预算？财务预算的方法及种类有哪些？
12. 简述会计核算的内容与程序。
13. 财务报告要素有哪些？
14. 简述园林企业会计制度的特点。

第6章 园林企业的营销管理

内容提要：营销是为适应市场经济的发展而产生的，在社会经济的各个方面都起到广泛的作用。市场调研，选择目标市场，产品开发，产品定价，销售渠道选择等都是营销活动。面对全球经济和知识经济时代的全面挑战，营销的理论与实践正在不断创新。营销就是以顾客需要为出发点，有计划地组织各项经营活动，为顾客提供满意的商品和服务而实现企业目标。本章简要介绍了园林企业营销管理的作用和任务、园林企业营销信息管理，还介绍了园林企业营销的组织、营销计划管理以及园林企业营销方式与方法。

6.1 园林企业营销管理的作用和任务

6.1.1 市场营销的概念

市场营销于20世纪初创建于美国，后来流传到欧洲、日本和其他国家。从20世纪30年代起，资本主义国家市场明显进入买方市场，企业广泛关心的首要问题已经不是扩大生产和降低成本，而是如何把产品销售出去。一个企业如果要生存、发展和盈利，就必须有意识地根据用户和消费者的需要来安排生产。

市场营销，就是在动态变化的市场环境中，企业或生产组织以满足消费者需要为目的而进行的一系列营销活动，包括市场调研，选择目标市场，产品开发，产品定价，销售渠道选择，产品促销和提供服务等一系列与市场有关的企业经营活动。市场营销是企业以顾客需要为出发点，有计划地组织各项经营活动，为顾客提供满意的商品和服务而实现企业目标的过程。现在有关市场营销的定义很多，我们可以归纳出以下几点：

（1）市场营销是一个综合的经营管理过程，贯穿于企业经营活动全过程；

（2）市场营销是以满足顾客需要为中心来组织企业经营活动，通过满足需要而达到企业获利和发展的目标；

（3）市场营销以整体性的经营手段，来适应和影响需求。

6.1.2 园林企业营销管理的作用

园林企业营销管理的作用，主要表现在以下几个方面：

1）提高企业经济效果的重要手段

通过科学地组织产品营销活动，如开展市场调查和营销预测，把用户的意见迅速地反馈到生产输入过程，可以使企业更加具体地了解社会对产品的各项要求。从而使企业明确自己的产品在质量、品种、成本等方面的改进方向，促进企业不断地采用先进的生产技术，加强经济核算，努力提高产品质量，生产出更多的质优适销对路产品，增强企业的竞争能力，提高企业的经济效果。另一方面，加强营销管理，如选择适当的营销方式，讲究一定的营销策略，可以缩短流通时间，提高资金利用率。营销费用是产品成本的组成项目之一，节约营销费用，分摊到单位产品上的费用就减少，就能降低成本，增加利润。所以加强营销管理，是提高企业经济效果的重要手段。

2）开拓市场的重要途径

市场是交换的场所。营销属于商品交换和流通过程的活动，商品交换和商品流通是离不开市场的。因此，加强营销管理是深入研究市场的出发点。一般来说，园林企业的产品取得的市场占有率不高，拥有的市场范围有限，市场的范围一般较窄。而要扩大再生产，要求产品迅速地销售出去，实现它的价值，没有日益扩大的市场是不行的。园林企业为了自身的发展，一定要走出本地区某一狭隘市场的圈子，走向全国性市场，并逐步地进入国际市场。不加强营销管理，是不可能真正了解市场，熟悉市场，及时地掌握市场动态来为生产服务的。所以，加强营销管理便成了开拓市场的重要途径。

3) 提高企业竞争能力的重要措施

商品、市场、竞争是不可分割的经济范畴。对于园林企业而言，重要的问题是从营销活动中对同行业的竞争能力作出正确的判断，逐步地提高本企业在产量、品种、质量、价格、信誉、交货期、技术服务等方面的竞争能力，提高市场占有率。另外，加强营销管理，能更好地促使产需结合，只有按社会的需要来组织生产，产品才有竞争能力。因此，搞好营销管理，是提高企业竞争能力的重要措施。

4) 企业实现再生产过程的必要条件

企业的产品，有包销、订购代销和企业自销三种形式。园林企业自销占的比重相当大。无论哪一种销售方式，都要求产品能够迅速销售出去。用换回的资金补偿过去的劳动消耗，购进新的生产资料，支付工资和其他费用，再生产过程才得以进行。而要做到产品迅速地销售出去，不加强营销管理，是难以实现的。

6.1.3 企业营销管理的任务

营销管理的基本任务，就是要深入调查研究市场的需要，搞好市场预测，编制营销计划，并做好定货的承接和管理，积极推销产品，使企业的生产更好地满足用户的需要，提高企业的经济效果。具体来讲就是：

1) 开展市场调查，做好营销预测

园林企业的生产任务，基本靠走向市场，根据市场的需要来组织生产。因此，市场调查的效果，对园林企业的产品是否适销对路关系极大。企业在销售管理工作中存在的问题，一是市场调查不够自觉；二是市场调查缺乏一套科学的方法。应该采取措施积极改进，做好市场调查和销售预测，作为经营决策、组织生产的根据。

2) 签订和管理合同

合同是企业与外单位之间，为了实现某种经济事务而缔结的具有法律性质的经济契约。它反映了企业之间在再生产过程中的物质联系、经济关系和经济责任。营销部门管理的合同主要是销售合同，它是企业与用户为合理组织产销而直接签订的购销业务合同，是生产与销售衔接的重要形式，是编制生产计划的重要依据。

签订合同要按照规定的程序进行。合同一经签订，则具有法律效力。要十分重视合同的管理，如果管理不善，不仅影响到本企业的声誉，而且影响到外单位的经济活动。

3) 会同有关部门，安排营销计划

经过市场调查和营销预测，可进一步编制营销计划。营销计划是营销工作的行动纲领，是安排生产和其他计划工作的重要根据。制定营销计划是一件很复杂的工作，不仅要考虑社会需要，而且要考虑企业的生产能力，技术能力，设备能力，原材料、燃料和动力的保证程度以及资金的来源和经济效果等。因此，营销部门必须会同生产、财务、供应等部门认真地分析研究，编制营销计划草案，提交企业领导批准后，作为营销工作的正式计划。

4) 组织营销业务

签订了销售合同的产品，要严格按销售合同办事。因此，应该督促生产部门按照合同规定的要求出产产品，并做好产品的包装和发货工作。对于自销的产品，要积极组织推销和委托代销，如开设自销门市部，做好广告宣传工作、商标设计工作等等，保证按期完成销售计划。

5) 做好产品销售后的技术服务工作

做好技术服务工作是对用户高度负责的具体表现，是扩大销售业务的一项重要措施。技术服务工作的范围包括：编写产品使用说明书，向用户介绍产品的性能、使用和维修的方法，提供配套，安装调试和提供技术培训等。

园林企业应当从销售量的大小出发，进行必要的分工。如设置市场调研、营销业务、技术服务等小组或人员，使干部、职工的业务知识朝着专业化发展，有利于提高销售管理工作水平。

6.2 园林企业营销信息管理

6.2.1 营销信息系统

今天,园林市场竞争日益激烈,园林企业市场营销部门在准确掌握市场需求信息方面有不可推卸的责任。详细的营销信息是营销人员进行营销环境和市场分析的依据,并由此选择营销机会和目标市场。同时,营销信息也是营销战略战术规划和控制评估的基础。因此,营销信息系统已经成为园林企业科学经营管理的基础。企业营销信息系统由内部报告系统、营销情报系统、营销调研系统、营销决策支持系统等四个子系统组成。

企业营销信息系统能很好地帮助营销工作的开展,降低营销风险,节约营销成本。同时提高了对营销因素的可控能力,通过对营销所需信息的筛选,决定哪些是营销决策人员所需要的,哪些是不需要的,并对其进行详细地分析。营销信息系统还可以预测到各因素对营销影响概率的大小,并研究其对策。

6.2.2 关键市场数据库

所谓的数据库是系统地记录信息的资料库。而营销用的数据库是一个有组织地全面收集关于顾客(游客)与潜在顾客(游客)信息的资料库。关键市场数据库则是重要细分市场顾客(游客)或中间商的资料库。这些数据应是当前的、可接近的和为营销目的所用的。根据这些数据,营销经理可以制定销售策略或服务的计划,或者用于维持顾客(游客)关系。数据库为以后进行数据挖掘和进行数据库营销奠定了基础。

例如:在主题公园的营销管理中,数据库不是一张简单地记录游客名字和通讯方式的纸,它跟一般的游客邮寄单是有区别的。在游客数据库中,不仅仅有游客的通讯地址和联络方式,它还包含着个人的人口统计资料(年龄、收入、家庭成员、生日)、心理统计资料(活动、兴趣和意见,这是与一般的游客邮寄单的明显区别)、过去的游玩记录和其他相关的信息。通过对数据库的分析,可以确定预期的游客,并为对关键客户实行个性化服务提供依据。

6.2.3 营销情报系统与市场调查

1) 营销情报系统

营销情报系统是为营销决策人员获取日常有关营销环境及营销活动进展的各种信息的来源,为企业决策人员提供目前外部正在发生的情况的各种信息。营销决策人员获得营销情报的途径主要有:

(1) 通过市场营销人员来获得信息;
(2) 通过中间商收集情报;
(3) 向专业公司购买情报;
(4) 从大众或专业媒体摘录、筛选、整理情报资料。

2) 市场调查

市场调查,就是运用科学的方法,有目的、有计划、系统地搜集、记录、整理和分析企业的产品或劳务在经营活动方面的资料,为企业进行销售预测和经营决策提供依据的一种经济活动。

(1) 市场调查的内容

市场调查的内容极为丰富,几乎包括了企业经营活动的所有方面。其中最主要的有:

① 市场需求调查。通过市场需求调查,弄清楚自己的用户在哪里;哪些是现有的用户;他们需要什么样的产品和服务;需要量有多大;什么时候需要等。

② 购买能力调查。进行购买能力调查,是了解和预测产品需要量的一个必不可少的步骤。不仅要调查现有的购买能力,还要调查消费水平的构成和购买趋势的变化,及时地捕捉市场的动向,作为企业制定和修改经营策略的参考。

③ 竞争形势调查。调查竞争形势,首先,调查市场上有多少竞争伙伴;其次,调查竞争伙伴在生产、经营、技术等方面有哪些特点;

第三，调查竞争伙伴在市场上取得的占有率如何；第四，调查竞争伙伴竞争的策略和手段等。只有知己知彼，才能正确地进行决策。

④ 产品调查。是指向用户了解产品品种、规格、型号、性能、质量、外观、包装、零配件和维修等方面的意见和要求。

⑤ 价格调查。产品定价是市场经营中一个十分重要的问题。所谓竞争，就是价格的竞争。越便宜，越能吸引用户。因此，定价应该十分谨慎。价格定得偏高，势必把用户推到竞争伙伴一边，使企业失去市场；价格定得偏低，企业和国家则蒙受不必要的损失。当然，产品定价，必须以国家的价格政策作为依据，企业只能够在国家规定的范围内上下浮动。

⑥ 流通渠道调查。产品生产出来以后，总是要经过一定的流通渠道才能送到用户手里。流通渠道的环节越多，产销距离越远，流通的时间越长，资金的周转就越慢，产销之间的信息也就越不容易沟通。因此，研究产品的合理流向，尽量缩短产销距离，加快流通速度，迅速地将用户的意见和要求反馈到企业里来，就是市场调查的一个重要任务。

⑦ 供货单位与协作关系的调查。现代每个企业都有它的供货单位和协作单位。仅仅调查市场的需求量和购买能力是不够的，还必须充分了解资源能否充分供应，协作单位在数量、品种、质量、价格、交货时间等方面是否符合企业的要求。一个环节的失误，会造成全局被动。供货单位、协作单位和本企业互为用户，彼此利害关系甚大。所以，特别要把他们的能力调查清楚。

(2) 市场调查的方法

市场调查的方法很多，有重点调查和抽样调查等。一般的调查方法有以下十种：

① 函调。企业精心设计一张调查表，或是意见表，或是征求意见信，甚至列一份提纲，请用户作出回答。

② 面调，即当面调查。它是通过与被调查者面对面地直接交谈，提出询问，征求意见，获取所需调查资料。

③ 开座谈会。把重点用户或有代表性的用户、经销人员组织到一起，深入地进行讨论，得出比较明确的结论，这是一种比较经济又易取得成效的方法。

④ 自销。企业通过自设一个门市部或是不定期地开展自销活动，征求用户的意见。

⑤ 企业派出有关人员在销售中心站柜台，直接搞销售，与消费者见面。它与自销的共同之处都是一种实验调查，前者只是了解用户对企业的意见和要求，后者还可以了解同行业和竞争伙伴的情况。

⑥ 同行业的经验交流会。同行业之间的经验交流，是向对方作调查的极好机会。这种调查，针对性强，容易取得实质性的资料和情况。

⑦ 参观或互检活动。这是竞争伙伴之间的调查，以便相互学习，共同提高。

⑧ 各种学术会议。参加各种学术会议，易于了解各方面的动态，有利于制定中、长期的经营计划。

⑨ 技术交流会。通过技术交流会作调查，可以及时发现本企业在技术上的薄弱环节，及时采用新技术、新工艺和新设备，掌握产品变化的运动趋势。

⑩ 展览会或展销会。本企业和竞争伙伴的商品摆到一起，接受用户的检验，这种方法的直观性很强，效果非常显著。

以上方法，在实际应用中不是相互排斥的，往往是几种方法综合起来运用，效果更理想一些。

(3) 市场调查的步骤

市场调查大致可分四个步骤：调查准备、现场调查、分析整理调查资料、编写调查报告。

① 调查准备。其主要任务是确定调查题目和任务。在对企业生产经营活动的现状进行全面分析的基础上，找出需要解决的问题，再根据问题的轻重缓急提出调查任务，然后编制调

查提纲。调查提纲包括：调查目的、调查对象、调查项目和调查方法。

② 现场调查。按照调查提纲的具体要求搜集资料。为了搞好现场调查，应该加强调查人员的组织和管理。

③ 分析整理调查资料。即对调查资料"去粗取精、去伪存真、由此及彼、由表及里"地加工，得出明确的结论。

④ 编写调查报告。将调查的结果写成简明扼要的报告，作为决策的依据和参考。

6.3 园林企业营销的组织

6.3.1 营销人员的能力

1) 组织能力

市场营销工作需要周密地计划，系统地组织，较强的组织能力对市场营销人员来说是十分重要的。

2) 社交能力

市场营销人员应具备与各式各样的人交往沟通的能力。善于交际除了要具有经验和阅历外，还要掌握大量的信息。社交能力是市场营销人员能做出业绩的必要条件。因此，市场营销人员必须懂得各种社交礼仪，熟练掌握社交技巧，善于与各界人士建立亲密的社交关系。

3) 表达能力

推介产品是市场营销人员的基本职责。表达能力包括口头表达能力和文字表达能力，是推介产品必备的基本技能。

4) 创新能力

现代市场营销面临的市场经营环境、市场需求、竞争对手的市场策略都在不断的变化，要使自己在市场竞争中出奇制胜，市场营销人员必须善于创新，在市场营销中发挥创新精神，善于采用新方法，走新路子。

5) 管理能力

(1) 有效执行的能力。市场营销系统的正常运作和市场营销计划的有效执行要求营销人员具备资源的使用与调配、执行市场营销流程和市场营销计划的能力。

(2) 坦诚地沟通与交流。优秀的市场营销人员对一些较敏感的问题不应采取回避的态度，要敢于面对，善于坦诚地沟通与交流。在处理此类问题时，应具有既谨慎又高超的技巧。

(3) 懂得利益关系。把握市场营销人员的工作业绩与个人利益关系，市场营销人员的成长与公司的发展关系，创造性地从事市场营销工作。

(4) 危机处理能力。市场营销人员在市场营销的日常工作中，经常会遇到一些困难，甚至危机，这时要有足够的能力克服困难，解决危机，走出困境。

(5) 决策能力。市场营销人员要有面对市场、经营、竞争环境的变化迅速决策的能力。这就要求市场营销人员应具备深厚的专业知识，熟练的专业技能，敏感的市场反应，正确决策的素质与能力。

6.3.2 营销人员的素质培养

优秀的销售人员是完成销售工作的重要保证。对于销售人员，应该注意对他们的素质进行培养。对销售人员素质的基本要求是：

(1) 熟悉国家规定的有关销售方面的政策和法令。

(2) 具备一定的业务知识：

① 熟悉本企业产品的主要生产过程和产品的技术性能、用途；

② 熟悉本企业产品的销售规定，如售价、交货方式、运输条件等；

③ 了解本企业产品在市场上的地位和竞争能力；

④ 了解本企业的传统市场及其分布情况等。

(3) 热爱本职工作，有良好的修养。

所谓热爱本职工作，指工作责任心强，任劳任怨，不甘人后，善于服务，富于进取；所谓良好的修养，指能够做到文明经商，礼貌服务。此外，还要求遇事反应灵敏，有一定的分析判断能力。

(4) 具有一定的推销艺术，懂得一点心理学的知识，能适时地选定推销对象，善于分析了解和判断消费者的心理特性，完成和超额完成交易额。

销售人员的素质，不是天生的，需要经过一定的实践锻炼和专业培训。企业应该定期举行销售人员培训，学习专业知识，放手让销售人员参加实践活动，积累经验。只有这样，才能胜任销售业务工作。

6.3.3 销售业务组织

1) 承接订货，管理合同

根据企业下达的任务和生产计划，销售部门要代表企业与用户签订合同并组织执行。生产部门按合同组织生产。

在签订合同的过程中，要对产品的品种、规格、质量、数量、价格、配套要求和交货期限以及双方应该承担的经济责任等，通过充分协商，在合同中作出明确的规定。合同具有法律的约束力，企业必须切实遵守。

企业要有专职机构和专人负责合同的登记、检查、分析，做好履约率的考核。履约率是企业信誉的一个重要标志。由于特殊原因不能履行合同时，应及早主动提出，双方协商解决。

2) 产品的包装

园林植物产品发运之前，一般都要进行包装。包装分为运输包装和销售包装两大类。

运输包装要充分考虑到植物产品的外形、体积、生命特征等因素，选择合适的包装材料和包装方法，保证产品能够安全地送到消费者手中；根据运输工具的特点，运输距离的长短和装卸方法等因素，尽可能做到合理包装，实现包装的标准化；同时做好包装标记，包括发货人与收货人，生产地或输出地，收货地或到达地，等级、批数、件数、号码、重量、体积，有的还要标上醒目的警告性标志。

销售包装是为了便于销售和使用而专门设置的。销售包装要讲究装饰，装饰造型应当美观、醒目、新颖、大方，便于消费者识别、选购、携带和使用，应注明商标、品种、规格、数量、用途和有效期限等。文字要简明，说明要实事求是。

包装与装饰，是实现商品的使用价值和增加商品价值的一种重要手段。它直接影响到销路和价格，这是园林企业当前经营管理中的一个薄弱环节。

3) 商标

商标一般由文字、符号和图案构成，它实质上是一种特殊的工艺美术作品。商标设计应注意国内外有关商品注册的规定，避免文字或图案有可能引起的误解等。此外，商标又是一定质量的标志，对企业来说，申请商标注册，是一种义务，也是一种权利。企业必须遵守商标管理的规定，凡是发生以下情况都属于禁止行为：

(1) 使用未经注册的商标；
(2) 仿冒其他单位已经注册的商标；
(3) 未经批准自行变更商标图样；
(4) 把这一类商品的注册商标使用在别类商品上；
(5) 在同一品种、同一规格并在同一地区销售的商品上使用多种商标；
(6) 故意改换商标，用换牌子的办法，掩盖粗制滥造，变相提价的实质；
(7) 自行转让注册商标或者买卖商标纸，乱用别人的商标等。

4) 广告

广告是企业销售产品的重要手段。广告制作之前，需要对产品的可能购买者和竞争者，产品销售和消费的趋势，以及市场的其他有关情况做一次大体的调查分析，以便正确地解决广告的对象、内容。制作广告要具有针对性、真实性和艺术性。

5) 发货运输工作

按照合同规定的时间、地点、品种、规格

和数量向用户发货,是一项重要的销售业务工作。高质量的发货运输工作,应该符合及时、安全和经济的要求。为此,要研究合理的运输工具和运输路线,对运量、运行速度、运费等进行全面的权衡,保证以最低费用将产品送到用户手中。

在实际工作中,也有由订货单位来组织产品的运输工作。在这种情况下,企业应该按照合同的要求,及时通知用户提货。

6) 产品销售后的技术服务

园林企业应重视产品销售后的技术服务工作,以利于进一步开拓市场,维护企业的信誉和提高企业的竞争能力。企业应该努力做到产品销售到哪里,服务工作就跟到哪里。技术服务的内容很多,主要有:

(1) 编好产品说明书,指导用户正确地栽培、使用和养护;

(2) 帮助用户代培操作人员,使之掌握产品的有关知识;

(3) 供应产品的配件、营养液或肥料、农药等;

(4) 在有关地区设立技术服务站,就近开展技术服务;

(5) 开展技术咨询活动,为用户当好参谋等。

7) 销售反馈

销售反馈是企业销售机构在产品销售过程中将用户的反映返回到企业的一种管理活动,是销售部门的一项重要业务工作。它主要包括:

(1) 通过各种渠道和方式,主动收集用户对产品的意见和市场需求变化情况;

(2) 对收集到的情报进行整理和分析;

(3) 及时准确地写出报告,并送给企业有关部门。报告包括产品需求数量的变化;购买意向如何;对产品品种有什么要求;对产品质量有什么反映;对产品包装、装饰有什么要求;对产品交货期有什么要求;对技术服务有什么要求等。

6.4 园林企业营销计划管理

6.4.1 市场营销计划的主要内容

市场营销计划是指在研究目前市场营销状况(包括市场状况、产品状况、竞争状况、分销状况和宏观环境状况等),分析企业所面临的主要机会与威胁、优势与劣势以及存在问题的基础上,对财务目标与市场营销目标、市场营销战略、市场营销行动方案以及损益表的确定和控制。市场营销计划主要由以下八部分组成,如表6-1所示。

一个营销计划的内容　　　　表6-1

内　容	目　的
1. 执行概要和要领	它为使管理层迅速了解而提供所建议计划的概要
2. 当前营销状况	它提供与市场、产品、竞争、分配和宏观环境有关的背景数据
3. 机会和问题分析	它概述主要的机会和威胁、优势和劣势,以及在计划中必须要处理的产品所面临的问题
4. 目标	它确定计划中想要达到的关于销售量、市场份额和利润等领域的目标
5. 营销战略	它描述为实现计划目标而采用的主要市场营销方法
6. 行动计划	它回答应该做什么? 谁来做? 什么时候做? 它需要多少成本?
7. 预计的损益表	它概述计划所预期的财务收益情况
8. 控制	它说明将如何监控计划

资料来源:菲利普·科特勒著. 市场营销管理. 梅清豪译. 亚洲版第2版. 北京:中国人民大学出版社,2001:94.

6.4.2 产品销售数量与销售收入指标

1) 销售计划数量指标

销售计划数量指标应建立在科学的市场调查和销售预测基础上。确定销售数量指标不仅要考虑社会需要,还要考虑企业的生产能力及企业的经济效益。

一般来说,销售量扩大,生产数量增长,就能降低成本,增加盈利。但是涉及到某一具体产品时，应该具体地进行分析。

产品的销售数量指标同产品生产量指标的关系可用下列公式表示：

计划期产品销售量
＝计划期产品生产量＋计划期初产品结存量－计划期末产品结存量 　　　(6-1)

所谓产品结存量，包括产品库存量和在途商品两部分。产品库存量指产品虽然进入成品仓库，但由于分类、配套及组成整批以便发运等原因而暂存仓库的数量。在途商品是指已经发运，但尚未收到货款的那部分产品。由于未收到货款，销售过程还没有完成，所以同样应该看成库存产品。

计划期初的产品结存量，是在上期已经生产出来而在计划期内销售出去的，所以应包括在计划期产品销售量之内。反之，计划期末的产品结存量，是要在计划期内生产出来而留待下期销售的，所以不应该包括在计划期产品销售量之内。

产品成本包括固定成本和变动成本两部分。固定成本一般不随产量的增加而增加，变动成本随产量的增加而成比例的增长。在固定成本不变的情况下，销售量越大，分摊到单位产品上的费用就越少。当产品达到一定销售量时，出现销售收入等于销售费用额的情况就叫做盈亏平衡点，又叫盈亏界限量。企业的销售额高于盈亏平衡点，则盈利，低于这个点，则亏损。计算公式如下：

$$盈亏界限量 = \frac{固定费用}{销售价格-可变费用} \quad (6-2)$$

如果要求用企业的利润计划来协调销售数量计划，则两者之间有如下的关系：

利润计划要求下的销售量

$$= \frac{固定费用+目标费用}{销售价格-可变费用} \quad (6-3)$$

这种方法只适用于单一品种生产的企业，对于生产品种较多或是产品结构经常变动的企业则不适用。

【例6-1】某企业生产的产品，单位产品的销售价格为100元，可变费用为70元，固定成本为300000元，试计算盈亏界限量。如要争取150000元的利润，需销售多少单位产品？

【解】　　$盈亏界限量 = \frac{300000}{100-70} = 10000$（单位）

利润计划要求下的销售量

$= \frac{300000+150000}{100-70} = 15000$（单位）

2) 计划销售收入指标

确定了产品销售量指标，就可按下列公式计算出计划期销售收入：

计划期销售收入
＝计划期产品销售量×单位产品销售价格 (6-4)

一般企业的产品有如下几种销售价格：

(1) 国家统一规定的价格。凡有价格规定的产品，计算销售收入时一律按规定价格计算。

(2) 浮动价格。某些产品价格按规定可在一定范围内浮动。

(3) 合同价格，即产销双方在签订合同时双方协商的价格。

(4) 企业自销价格，即企业对新品种自行确定的销售价格。

在某种情况下，销售方式和销售地点等因素也会影响到销售价格。因此，在编制销售计划时，应该适当地考虑这些因素，正确地确定销售价格，保证销售收入的准确性。

园林企业编制销售计划时，应该从实际出发，要视市场的需要和企业的能力而定。一般园林企业大多要有一个长期限的销售计划。根据编制年度的销售计划，再编制季、月的销售计划，再把年度销售计划具体化。企业编制产品销售计划的格式，如表6-2所示。

产品销售计划表　　　表6-2

产品名称	计量单位	单价(元)	计划销售量	销售收入	期初结存量		期末结存量		产量
					产品库存	在途商品	产品库存	在途商品	

6.5 园林企业营销方式与方法

企业营销方式与方法很多，这里只介绍几种。

6.5.1 会议营销

会议营销是一种通过运用数据库管理方法和现代先进的信息技术，收集目标销售对象的数据，并对这些数据进行分析、归纳和整理，筛选出特定的销售对象，然后利用组织会议的形式，运用心理学、行为学等理念，进行有针对性销售的一种营销模式。会议营销的操作要点如下：

1) 建立顾客数据库

一个要着手进行会议营销的企业，首先面临的任务就是建立顾客数据库，因为建立顾客数据库是会议营销的前提，没有数据库，后面的一切工作都将无法开展。采集数据可以通过广告及促销活动反馈，专卖店收集，到相关部门购买等途径进行。

2) 建立营销队伍

会议营销的价值主要体现在，消费者不仅能享受到厂家的产品，还能享受到超过产品价值的多方面服务。建立一支由优秀的人才组成的营销队伍，为消费者提供服务直接关系他们为顾客创造价值的大小。

3) 全程性周到的服务

企业要想提高顾客对企业的忠诚度，就需要把消费者的价值观念贯穿于企业的整个经营过程中，为顾客提供全程性周到的服务。企业必须认识到，一笔交易的完成不是意味着与顾客关系的结束，而只是意味着与顾客关系的开始和介入。企业应着眼于与顾客建立长期的、互动的情感联系，使之体现在营销会议之前、之中和之后的各个环节。

6.5.2 主题营销

主题营销是指企业为了实现经营目标而有意识地发掘、利用或创造某种特定主题去实施营销活动的营销方式。节假日主题就是节假日活动的主要目的和意义所在，也是消费者在节假日进行特定消费的原因所在。但是，节假日主题并不是节假日特有的营销方式，只要人们在生活和生产活动中存在特定的主题，就可以采取主题营销。如在国庆节期间，可以利用喜庆主题进行营销。此外，对企业而言，针对企业成立庆典或企业成立周年等主题进行营销也属于主题营销。

1) 主题产品营销

主题产品营销即改进原有主题产品，发掘新主题商品或通过其他营销手段，尽可能把更多的产品销售出去，其主要目的是提高销售额或利润。主题产品是主题营销的重点，例如植树节时，园林企业可以卖出更多的园林产品等。主题产品营销是第一层次的主题营销，这种纯粹以产品销售为目的的市场竞争非常激烈，因此越来越多的企业不得不在产品之外付出更大的努力。

2) 主题品牌营销

主题品牌营销不再仅仅着重产品的销售，而是注重主题品牌的建立和发展。通过对主题品牌的塑造，可以提高企业的声誉和企业产品的顾客忠诚度，一个优质品牌不仅意味着顾客固定持续地购买，还意味着较高的利润。

3) 主题文化营销

主题文化营销是更高层次的主题营销方式，其营销重点不再是具体的产品或某一个品牌，而是主题中所蕴含的文化。它是指导消费者节假日活动和购买行为深层次的东西，自觉或不自觉地影响着人们节假日的消费行为和内容。主题产品是主题文化的一部分，或者说是物质上的载体之一，主题文化还可以通过其他方式表现出来，如礼仪、制度、行为方式、消费程序、通过颜色和声音形成的文化氛围等。主题文化营销关注的不再是消费者的购买行为或物质利益，而是精神上的满足，这在人们越来越重视精神生活的今天具有十分重要的意义。

6.5.3 E-mail营销

随着网络普及率的迅猛提高，购买力极强的网民会越来越多地融入网络生活，在促进互联网发展的同时，也给E-mail营销带来更大的发展机遇。E-mail营销是指企业通过E-mail向用户或顾客发送邮件，推销商品和服务的一种营销方式。在日常生活中，人们经常在自己的电子邮箱中发现一些令人较为心动的商品推介，那便是E-mail营销的结果。

一般而言，实施E-mail营销的策略，应该首先确定目标。对企业来说，这一步很简单，除非有直接反应目标，否则一定会按照这条思路进行下去；其次，找出定位目标最关注的方面。在现实生活中，不同的人有不同的喜好，不同性别、不同年龄的人所关注的东西也不一样。所以，对各种各样的对象都要做相应的市场需求分析，以便为下面的具体方式作出较为正确的选择：

1）文本标志

E-mail最通常的方式是文本标志，它是E-mail最通常的作用方式。文本标志是一些有特定意义的字符，大约5行左右，一般放置在新闻邮件或经许可的E-mail中间。这些文本标志也可以设置一个URL，链接到广告公司主页或提供产品或服务的特定页面。

2）标志广告

标志广告的放置都必须事先征得许可。HTML格式的E-mail和新闻邮件可以设置与一般网页上显示一样的标志广告，不过并不是要在整页都放置广告，而是在特定目标受众HTML格式的E-mail和新闻邮件中放置标志广告。

6.5.4 差异化营销

差异化营销指企业凭借自身的技术优势和管理优势，生产出在质量上、性能上优于市场上现有水平的产品，或是在产品销售、与消费者沟通等方面独有特色，通过各种灵活的推销手段、周到的售后服务等，在消费者心目中树立起不同一般的良好形象，凸显企业的特色。

一般对任何商品来讲，差异总是存在的，只是程度不同而已。差异化营销所追求的"差异"是产品的"不完全替代性"，即产品功能、质量、服务、营销等方面，企业为顾客所提供的是绝大部分对手不可替代的或在短时间内不能做到的。所以，独具特色是差异化策略追求的最高目标。

1）差异化营销的常用策略

（1）渠道差异化。在同类产品中，根据自己的特点和优势，采用合适的销售渠道可以取得事半功倍的效果。采用灵活的分销渠道策略，能够为顾客提供获得产品的便利。分销渠道根据生产者与消费者之间环节的多少，有宽渠道与窄渠道之分。

（2）服务差异化。随着买方市场的到来，相同功能、相同质量的产品越来越多，要想消费者舍别人而取己，就必须在服务上做文章。售前、售中、售后的服务差异就成了战胜对手的利器。

（3）价格差异化。产品的价格有高、中、低之分，企业是选择高价还是选择低价策略，或是选择中间价策略，最关键的是要根据产品的市场定位、本企业的实力和产品的生命周期来确定。

2）差异化营销的操作要点

（1）调查。详细周密的调查是实施准确的市场定位，实行差异化营销的基础。

（2）沟通。为了强化以市场为导向的运作方式，建立利益共享、风险同担的紧密合作关系，企业必须加强与经销商的沟通。而厂商和经销商通过合作求生存，通过创新求发展，以营造健康的市场，迎接全球化经济的全新挑战，满足消费者的真正需要同样离不开双方的沟通。

（3）管理和控制。顾客的反馈是企业加强对营销过程控制的关键。因为任何营销策略实施成功与否，最终进行裁决的是作为上帝的顾客，如果得不到顾客的认可，再完美的策略也只能是纸上谈兵而已。只有通过顾客的反馈，才能准确地判定是保持、强化还是加速实施企业的营销策略。

复习思考题

1. 企业营销管理的作用主要表现在哪几个方面？
2. 企业销售管理的基本任务是什么？
3. 企业经营活动中市场调查的内容包括哪些方面？
4. 怎样进行市场调查？
5. 市场营销人员需要具备什么能力？
6. 企业销售业务组织工作包括哪些方面的内容？
7. 怎样确定销售数量指标？
8. 一般企业的产品有几种销售价格？
9. 简述园林企业营销方式与方法。

第7章 园林企业科技管理

内容提要：技术创新与应用管理是企业管理中的一项重要内容，对于提高企业的经济绩效，增强企业的竞争优势具有重要的意义。本章根据园林企业的特点，说明了园林技术管理的意义、特点以及园林绿化事业对科技管理的要求，介绍了企业技术开发的内容、特点、途径以及开发成果的应用，简要介绍了企业技术引进和科技人才管理等内容。

7.1 园林科学技术管理概述

7.1.1 科学技术在发展园林事业中的意义

社会主义建设的发展和人民生活水平的提高，需要更多质量更高的园林绿地，实现高水平的养护管理，提供更多的园林产品。而要实现这些要求，只有依靠先进的科学技术，加强企业对园林科学技术的管理，更好地把园林科学技术转化为生产力，才能充分发挥人力、物力、财力的作用，促进园林事业现代化的发展。

科学和技术，二者的概念是有区别的。前者包含了自然科学、社会科学和思维科学的知识体系，是潜在的生产力；后者是人类科学知识、劳动技能和生产经验的物化形态，表现为生产过程中的劳动手段或工艺方法。科学技术在发展我国园林生产和实现园林事业现代化中具有重要意义。

1) 科学技术是发展生产力，实现园林事业现代化的强大动力

在相当长的历史时期内，我国始终保持着自然经济的特色。传统的园林生产不过是供少数人美化环境，点缀生活的一种享受而已。从事园艺生产的劳动者在劳动实践中积累了许多经验和技艺，也都是靠父子相传、师徒相传保留下来的。历史上虽然有园林技艺的典籍，但为数不多。园林技艺表现出来的依然是生产力水平低，依赖于人力资源、手工工具与各种自然因素的"小农经济"。

现在，随着国民经济的发展，园林企业的经营范围打破了封闭的产品生产方式，作为商品渗入到了市场体系之中。现代园林生产，园林劳动者的劳动内容、劳动方式以及在生产过程中的分工协作关系必然会发生深刻的变化，广大园林劳动者将会由体力型转变为智力型，劳动强度减轻，劳动生产率提高。最显著的特点是科学技术走在生产前面，必须采用先进的设备和技术，把工业生产部门的能量和物质加入到园林生产的循环系统中，才能大幅度提高土地利用率和劳动生产率。因此，科学技术是发展生产力，实现园林事业现代化的强大动力。

2) 加强科技管理是使科学技术转化为生产力的重要因素

长期以来，由于受小生产经营方式的影响，存在着：要体力，不要技术；靠经验，不靠科学；用行政措施，不用技术措施；宁愿花费人力、物力、财力，在低水平上循环，不愿在科技进步上谋取出路等，不重视科学技术的价值的现象，影响着园林科学技术水平和园林经济效益的提高。从国内外园林事业发展的情况来看，单纯依靠正常的劳动时间和增加劳动强度来提高经济效益，毕竟是有限的，而依靠科学技术来提高经济效益才是无限的、根本的。只有将科学技术应用于园林生产，提高广大园林劳动者的科技水平，不断发展新产品，改革生产工艺，充分利用各种资源，提高经营管理水平，就可以用较少的劳动消耗生产较多的符合社会需要的产品，才能真正提高园林经济效益。

科学技术这种潜在的生产力，要变成现实的生产力，有个转化问题。科学技术只有与生产力的各个要素相结合，同生产的主客观条件相结合，才能转化为现实的生产力。在园林科学技术转化为生产力的过程中，由于受到社会、经济和技术等多种因素的影响，既有生产力问题，又有生产关系乃至上层建筑的决策问题。这就有必要建立专门的管理机构，组织专门的人员来协调社会力量，决策和指挥园林科技工作，能动地使科学——技术——生产有机地联系起来，以尽快实现这个转化。只有健全园林科技管理体制，加强管理工作，适应园林生产的需要，才能提高园林科技转化为生产力的效率，加快科研成果的推广。

3）加强科技管理是提高园林科技经济效益的重要手段

园林科技同其他领域的科技工作一样，必须遵循其固有的内在规律。现代园林技术不仅脱离了观察描述和经验记载，而且也超出了孤立实验，分门别类探索个别特殊本质的阶段，已深入到园林生产体系，表现了明显的相关性、整体性、系统性。它涉及多学科、多领域，并且彼此相互渗透，相互交错。因此，组织协作攻关是园林科技工作的客观要求。从我国国情来看，发展园林任务大，内容广，人才缺乏，资金不足，物力有限，客观上要求加强科技管理，以便集中力量，分工协作，提高园林科技的经济效益。与其他部门相比，园林科技工作具有较强的地域性和时宜性，推广周期长，难度大，稳定性差，这些特点给组织管理提出了更高的要求。

目前，我国的园林科学技术正处在以传统技术为主，传统技术与现代技术相结合，逐步向现代技术转化的过程中。总的情况是科学技术还比较落后，在这种形势下，园林科技管理具有双重意义：一方面是发展、提炼和推广传统的园艺技术；另一方面是要研究和推广现代技术，使传统技术和现代技术、有机技术和无机技术结合起来。在今后相当长的历史时期内，园林技术改造应侧重于生物技术，如培育和推广优良品种、改良土壤、改进栽植方法等等。但是，生物技术和机械技术并不是对立的，两者应结合起来，协调发展。从某些方面来说，生物技术的改造难度较大，周期较长。因此，加强我国园林科技工作具有特殊重要的意义。

7.1.2 园林技术的特点

园林技术是人们根据植物的自然规律，在园林生产建设中所采用的方法和技能。它是科学技术在园林绿化事业的具体应用。衡量园林生产建设中的技术效果，要从园林的特点出发，以优质、快速、低耗的要求为标准，把技术效果和经济效果密切地结合起来进行研究。

园林生产建设不同于社会其他的物质生产部门，园林科学技术也不同于其他生产部门，有其本身的特点。

1）技术与艺术相结合的综合性

提高园林科学技术水平的目的是为了提高园林绿化生产建设、养护管理水平，促进植物材料的生产，提高环境效益、社会效益和经济效益。园林产品除了发挥它绿化环境的功能以外，同时又要发挥供人们欣赏的艺术功能，满足人们文化生活的需要，这些要求同样需要通过技术手段来实现。因此，在园林生产中采用先进的科学技术，逐步形成独特的园艺技术体系，掌握自然规律，利用自然规律，达到最好的经济效果和艺术效果。例如植物品种的培育，除了它的一般生物学特性外，同时要考虑它的姿态、色彩、花型、花期、季节变化等多种因素。因此，园林科学需要把比较复杂的技术与人们生活的艺术要求结合起来。

2）园林技术的相关性

在园林生产过程中，各项技术措施是密切相关的：在协调妥当的情况下，可以相互促进；在协调失当的情况下，可能相互矛盾，而得到相反的效果。由于不同的品种对客观条件有不同的要求，而优良品种只有在合理的技术条件下，才能表现出优良的效果。各项技术条件需要相互协调配合才能奏效。各项技术措施之间有横向关联，如水、肥、土、种，同时在季节和年度之间还存在着纵向关联，如扦插、定植、出圃。左、右、先、后，任何一方的失调和脱节，都不能达到预期的技术效果。园林科学技术的研究要注意掌握技术的相关性和协调性。

3）园林技术的长期性、持续性

园林技术的效果不是立即可以反映出来的，有的表现在当季，有的表现在当年，有的甚至表现在以后的生产周期中，所以，园林技术措施更需要采取慎重的态度。而且园林植物产品与其他产品不同，它不可能在较短的时间内进行多次重复，失掉一次成功的机会，便需要用较长的时间才能获得另一次成功的机会。这是由植物生长规律所决定的。园林技术的持续性还表现在一旦获得某项技术的成功，可以在一定时期内持续地发挥效果，如优良品种可以参加若干个生产过程。

园林生产不能离开土地和自然环境。由于自然环境的变化是比较缓慢的，在我们现有技术条件下，短时间内不容易被人们所察觉。一项技术措施的改革，对树木特别是成年树木的影响，不可能立即表现出来。

所以，在研究园林科学技术问题时，要注意它的长期性和持续性。同时，还要从这一特点出发，来考虑它的经济效益和艺术效果。

4）园林技术的多变性

园林生产受自然因素的影响较多，同时又有明显的地区性和季节性，可变因素较多。所以，园林技术效果往往受客观因素的影响而表现出不稳定性。同样的技术措施在不同的地区，甚至在不同的小气候条件下，都可能表现出不同的效果。这就要求各项园林技术措施要进行多点、多项的重复试验，防止片面性。在运用某项技术措施时，要因时、因地制宜，从实际出发，不能生搬硬套。

5）园林是涉及多学科的综合性学科

园林科学涉及到许多学科，在自然科学方面，如农学、林学、生态学、地理学、城市规划学、建筑学、土木工程学等；在社会科学方面，如经济学、社会学、心理学、法学等，以及文学、美学、绘画等文化艺术领域里的学科。现代园林科学的发展，将突破自然科学和社会科学之间的界线，而在各个学科之间互相渗透，综合性越来越强。前人没有遇到的许多问题，现在却放在园林工作者面前，需要去实践，去回答。

7.1.3 园林绿化企业对科技管理的要求

园林科学技术需要研究解决的问题很多，但重点应该为园林生产、建设事业的发展服务，解决园林生产建设中的关键问题，促进园林事业的发展和提高。在基础理论研究的基础上，企业的重点是应用技术的研究，要特别重视适合本地区、本单位应用技术的研究，在应用技术上逐步提高。综合园林绿化科学技术的特点，结合我国的实际情况，园林绿化企业对科技管理的要求是：

1）园林科技管理要适应企业生产的发展和改造的需要

管理是一门科学，没有经营管理的科学化，就不能实现科学技术现代化，要借鉴现代科学管理的原理，建立园林企业科学管理体系，提高决策科学化、民主化、法制化水平。为了企业自身的稳定和发展，企业在每个阶段都有一个明确的奋斗目标。园林企业的科技管理必须从企业的现状和将来发展要求出发，有计划有步骤地开展各项工作。如了解企业的生产发展规模，包括生产能力的发展、固定资产的增减、企业的改建扩建任务等；掌握产品发展方向，包括老产品的升级换代和新产品的发展，产品质量的改善和产量的增长，生产专业化和协作水平的提高等。园林企业科学技术管理应走在园林建设、生产和管理的前面，充分发挥科技管理在企业发展中的作用。

我国的园林具有悠久的历史，传统的造园技法值得继承和发扬。许多企业有一大批老园林技工，他们掌握着精湛的园林技艺，但随着时代的进步和发展，园林绿化需要在保持生态平衡，保护环境，美化环境和防治环境污染等方面发挥作用。这样，原有传统技法就不适应现代城市发展和改善环境质量的要求了。园林科技管理在满足企业生产发展需要时，要把握园林绿化生态要求的大方向，做到科学管理与经济管理的统一，关注新工艺、新技术的研究和引进，如加强园林专用机械的设计、制造、维修管理，植物品种的开发和利用等。

科学技术是生产力，园林科技管理要克服不注意经济效益的现象。建立适用园林部门的各项技术经济指标体系，通过科学管理的途径，进一步调动园林企业职工的积极性。科技管理中有大量属于经济管理范围的工作，如果调整不好，也不可能创造出先进的科学技术成果。

2）园林科技工作必须坚持科技与生产相结合，为生产服务的原则

企业为了增强自己生存和发展的能力，为了赶超国内外先进水平，必须大力开展科学技术研究，充分发挥科学技术在生产中的作用，加强科学技术管理。园林企业由于各方面条件较差，开展科技研究和管理工作有一定困难。科学研究要为企业的发展提供强有力的科学理论储备和技术储备。一个企业如果没有一定的科学研究作基础，没有一定理论储备和技术储备，技术上就不可能有重大的进展和突破。因此，园林企业应该有自己的科学研究机构，小型企业可以联合建立科学技术机构，配备必要的研究人员和技术人员，配置相应的试验仪器、设备，并制订出企业的科学技术发展规划。

目前，园林企业可以先开展一些科技管理的基础工作，如建立健全日常各项技术管理制度，及时为生产提供先进合理的技术文件，教育职工严格按照设计图纸、工艺规程、技术标准进行生产，保证设备经常处于良好状态，保证安全生产、文明生产等等。为生产顺利进行提供一切技术条件，也是科技管理的一项重要任务。企业的科技工作必须坚持科技与生产相结合的原则，为生产服务的原则，学习与独创相结合的原则，更好地发挥园林科技工作的作用，摆脱多年来园林行业里繁重体力劳动的束缚，切实提高园林劳动生产率。

3）园林科技管理要搞好科研项目的安排

企业要有新的技术成就，必须要有适应社会需要和企业发展的科研项目。注意单项技术的组装和成套技术研究。不同的园林企业应有不同的技术发展方向，有着力于园林工程设计、施工、管理的成套技术；植物育种、栽培、养护的成套技术；动物饲养、繁殖、医疗的成套技术；机具研制、开发、销售的成套技术；科技的研究、开发、推广的成套技术。园林企业应运用先进的管理技术，加强技术装备和政策的配套以及科技力量、种质资源、技术设备的组织协调，从而使园林行业的整体技术水平提高。

目前，先进的园艺技术促进园林植物的生产向工厂化、温室化方向发展。运用生物工程、遗传学等的基础原理繁育新品种，才能大幅度地增加数量，提高质量，提高劳动生产率，降低劳动消耗。工厂化、温室化就是根据植物的生长习性，研究其最佳的生长条件，采用现代化的技术装备来调节温度、湿度、光照、养分、酸碱度和二氧化碳含量等，使植物的生长不受季节和自然条件变化的限制，而达到加快速度、提高质量的目的。在温室化、工厂化的同时，还有容器化，即在容器中培育园林植物，与温室化、工厂化相结合，更加促进产量、质量的提高。

园林植物的种子和苗木是园林生产建设的重要物质基础。要在研究和掌握植物遗传规律的基础上，培养和推广优良品种，提高良种化水平。一方面，要采取多种育种途径，培育新品种；另一方面，要有整套良种繁育和推广制度。在广泛引种、选种的基础上，有目的地培育和推广优良品种。良种化是园林现代化十分重要的标准。国外把育种工作称为"绿色革命"。根据绿化事业发展的需要,培育理想的植物品种,如抗病虫、抗污染、抗盐渍等品种,这对发展园林绿化事业有重要意义。

7.2 园林企业技术开发管理

7.2.1 技术开发的意义

技术是人类在生产实践和科学实验中,通过认识自然和改造自然积累起来的经验、知识、技能以及体现这些经验、知识、技能的劳动资料。技术包括生产技术和管理技术两个组成部分。生产技术是根据自然科学原理和生产实践经验而发展形成的各种操作方法、技能和相应的生产工具及其他物质装备。管理技术是指组织、管理生产的技术。技术是介于科学和生产之间的中间环节,它以科学理论为指导,以生产实践为基础,是物化的科学,是劳动技能、生产经验和科学知识相结合的产物。

技术作为联系科学与生产的纽带,起着直接推动生产发展和促进科学研究的双重作用。一个企业的技术发展水平和特点,对其经济效益有很大的影响,如生产能力的大小、劳动生产率的高低、成本水平的高低等等,首先取决于机器设备的组成和质量,即取决于技术。园林生产的劳动生产率较低,这与技术的相对落后有密切的关系。

技术开发是指人们在科学技术的基础研究、应用研究的基础上进行发展研究,将新的科技成果应用于生产实践的开拓过程。通过技术开发,可采用先进的科学技术,提高生产力三要素以及企业组织和管理的现代化水平,从而推动企业的发展,提高企业的经济效益。

技术开发的表现形式是用新技术代替旧技术。所谓新技术是在一定的时空范围内首次出现的技术,或者是已经有过的而现在经过改进革新,在性能上有所突破、有所进步的技术。它不仅包括各种新工艺、新设备、新材料,还包括与之有关的新系统、新管理技术。新技术一般可分为:全新技术、换代技术和改进技术。

7.2.2 技术开发的对象

在企业中,技术开发的对象是多方面的,主要有:

1) 产品的开发

产品开发包括改革老产品与发展新产品。生产社会需要和用户欢迎的产品,即适销对路的产品,是企业生存和发展的前提条件。企业的技术开发必须围绕产品这个重要目标来进行。

产品开发一方面要大力研究、设计、生产新产品,发展新产品。发展新产品必须要有战略眼光,努力做到生产第一代,研制第二代,构思第三代,寻找第四代。另一方面也要注意对老产品的改造。产品的改造,既要提高产品的使用价值,又要尽可能降低活劳动和物化劳动的消耗;既要简化产品的结构,又要提高产品标准化、通用化、系列化水平。

2) 设备与工具的开发

设备和工具是企业的生产手段,是现代化园林生产的重要物质技术基础。对企业的生产设备和工具进行技术开发,是提高企业生产现代化水平和经济效益的重要环节。

设备和工具的开发主要包括:改造原有的设备,根据生产的不同要求,对设备进行结构改装或增加附件,扩大设备使用范围;开发简易设备,革新生产工具;将手工操作改为半机械化、机械化操作,不断提高机械化、自动化水平;开发气动、电动、液动、组合、自动、半自动工具。以满足新产品的发展,提高生产效率,保证和提高产品质量,节约能源和原材料消耗等方面的需要。

3) 生产工艺和操作技术的开发

生产工艺和操作技术是指在生产过程中以一定的劳动资料,作用于一定劳动对象的技术组合的加工方法。这方面的开发主要包括:改革旧的工艺和缩短加工过程;用先进的加工方法代替旧的加工方法；创造新的加工、操作方法等。对生产工艺和操作技术的开发，可以迅速提高劳动生产率，缩短生产周期，改善劳动条件，减少劳动消耗，节约与合理使用原材料，降低成本，提高产品质量和经济效益，促进生产发展。

生产工艺的开发与生产设备的开发是密切联系的，先进的工艺总是要以一定的设备和工具来实现。例如：种苗生产工厂化代替传统的育苗生产，就需要完整的育苗生产流水线，需要配套种子播种、种子孵化、灌溉、施肥、移植等相应的设备，以适应工厂化育苗的工艺要求。但是，并不是只有在对新设备或原有设备进行大规模改造的情况下，才能实现新的工艺。在某些情况下，同样也可以采用新工艺。

4) 能源和原材料的开发

能源是企业实现产品生产的重要条件，原材料是构成产品生产的主要物质要素。能源和原材料在生产过程中，把它们自身的物质消耗价值转移到产品价值中，成为产品价值的主要组成部分。因而，能源与原材料用量多少、质量好坏，对产品的价值和使用价值都有重要影响，是降低产品成本的重要途径。尤其是对于那些能源和原材料消耗量大的企业，更应当从生产、工艺、设备改造等方面着手，提高能源与原材料的利用率，降低消耗，积极开发新能源、新材料，开发代用材料。

5) 改善生产环境的技术开发

改善生产环境的技术开发是指在消除污染、改善职工的劳动条件等方面的技术开发。随着科学技术的飞速发展和人民生活水平的不断提高，解决环境污染等公害问题越来越迫切。因此，有效地利用各种先进技术，改善企业生产环境，是企业生产的必要条件。良好的生产环境，对社会有益，对企业有益，可以调动职工的积极性，提高生产效率。

综上所述，技术开发的对象是十分广泛的。一般情况下，产品开发应是最主要的内容。因为产品是企业在市场上竞争能力的集中体现，同时产品开发可起到"龙头"作用，围绕着开发新产品，改革老产品，必然会带动生产设备与工具、生产工艺、能源和原材料、生产环境等各项技术开发内容的开展。当然，每个企业应根据自己的情况准确地选择技术开发的重点，以使技术开发取得最好的经济效果。

7.2.3 技术开发的特点

1) 技术开发的不连续性

任何一种新产品的开发和加工技术的变革，常常会经历从渐变到突变的过程，即一种技术或产品更新的时候，脱离原来的技术基础而发生突变，如机械表发展为电子表，机械秤发展为电子秤，螺旋桨飞机发展为喷气式飞机，算盘发展为电子计算器，真空管发展为晶体管，普通机床发展为数控机床等等。研究这些演变过程，可以发现，它们都有一个鲜明的共同点，这就是新产品所依据的技术与原来的技术根本不同，所依据的科学技术原理也与原来的完全不同，所以产品在开发研制的时候就发生了突变，这就是技术开发的不连续性。

2) 技术开发的杂交性

现代高新技术本身具有强大的渗透力和结合力，几种技术交叉、嫁接、融合的情况日益增多。实践证明，杂交能够出良种，化合才能变新质，这就是当代技术开发的杂交性。

现在已经很难看到所谓的"纯机械产品"，机、电、液、光、声、磁综合应用于机械产品的例子日益增多。由于多种技术的杂交范围不断扩大，技术转移速度明显加快，其结果既防止了原有技术由于近亲繁殖带来退化，又使杂交后得到的新一代复合技术再次杂交、移植、融合，从而急剧扩大了原有技术的应用范围。同样，园林企业只要善于运用技术杂交、综合创新的方法去开发产品，就一定能生产出竞争能力较强的品种，从而拓宽经营范围，大幅度提高经济效益。

3) 技术开发的软化性

现代产品的技术密集程度越来越高，软件的作用也日渐突出，软件的比重不断增加，劳动投入量迅速增长，因而使产品价值更多地取决于软件的功能和软件技术的质量。技术开发软化性的中心思想是，让软件在更大程度上去发挥硬件功能，让产品逐步智能化。

7.2.4 技术开发的途径

在企业中，技术开发的途径主要有以下几种：

1) 独创型技术开发

独创型技术开发是指以科学技术为先导，在企业独立地进行科学研究的基础上创造、发明新的技术。

现代科学技术的重要特点是技术的科学化。当代许多新兴技术和尖端技术，如计算机技术、宇航技术、核技术等，既不是生产经验的概括和总结，也不是传统技术的改造与提高，而是在基础科学有了重大突破以后产生和发展起来的，完全是现代科学的产物。

独创型技术产生的途径，都是从基础研究或应用研究开始，通过应用研究取得技术上的重大突破，再通过发展研究提出生产性样品、样机等，经过试生产后投入批量生产，使新技术得到推广和应用。由于独创性技术开发的成果常常代表着科学技术发展的趋势，表现为全新的技术、全新的产品、全新的工艺、全新的材料。企业要想在激烈的斗争中始终保持技术领先地位，就要重视独创性技术开发。

但是，独创性技术开发要从基础研究做起，科研难度大，所需时间长，耗费投资多，对科研技术人员的要求高，这不是一般企业所能办到的。对于有条件的大型企业，为了保持技术上的领先地位，可在独创性技术开发上投入较大的力量。而对于大多数的中小型企业则主要是从企业外部获得应用研究的成果，进而在企业内组织成果的推广和应用。

2) 引进型技术开发

引进型技术开发是指从企业外部引进与转移新技术。从国外引进先进技术，可以缩小我国科学技术水平与发达国家的差距，加快我国现代化进程；从企业外部引进先进技术，可以加快企业的技术进步，提高企业竞争力。

由于引进的技术已得到应用，技术的先进性和经济性已得到证实，技术开发所承受的风险小，容易较快地取得效果。引进的内容可以是技术知识，包括产品设计、生产工艺、测试技术、材料配方、聘请专家、培训人员、技术咨询、合作科研、合作生产等；也可以是技术装备，包括单机、成套设备、成套工程等；或是获得产权（如专利、商标）的使用权等。从近代园艺发展的历史来看，世界各国都在相互引进技术，以谋求园艺现代化的发展。技术引进的方式主要有：

(1) 移植。引进成套或关键技术（或设备），由本企业工程技术人员掌握使用。

(2) 嫁接。将从企业外部引进的新技术成果同本企业的有关技术成果结合运用。

(3) 扦插。从外部引进初步技术成果，在企业内进一步完善、发展，最后形成产品。

(4) 交配。同外部有关单位协作研究开发，以取得共同的技术成果。

企业应根据自身需要和条件灵活使用，注意要把引进技术的吸收、消化工作放在首位，在此基础上，使引进技术得以发展和创新，建立或纳入本企业的技术体系。

3) 综合与延伸型的技术开发

综合与延伸型技术开发是指通过对现有技术的综合与延伸进行技术开发，形成新的技术。

综合型的技术开发是指技术的综合，即把两项或多项现有技术组合起来，由此创造和发明新的技术或新的产品。技术的综合可分为两种方式：一是单向移植，相互组配。一般是以某项技术或产品为主体，从而产生性能更为优越的新型技术或产品。如以机械设备为主体，把电子技术移植到机械设备上，通过技术开发形成生产自动化。二是多学科的综合。一般指工艺难度大，技术规模大的高层次的技术综合，其成果常常是一些大型的复杂技术或产品。如集机械、光学、电学、计算机、信息传递、能源介质以及环境保护等多种学科于一身，技术高度综合的技术开发。

延伸型的技术开发是指对现有技术向技术的深度、强度、规模等方向的开发。如园林生产的机械化，开发高效率、高质量、综合性的设备等。

综合与延伸型的技术开发虽然是在现有技术基础上进行的，但也是一种创新，相对于从基础研究工作开始的独创型技术开发而言，具有开发难度小、耗费资金少、时间短、见效快的明显优势。因此，一般企业在从事技术开发中应注重综合与延伸型的技术开发。

4）总结提高型的技术开发

总结提高型技术开发是指通过生产实践经验的总结、提高来开发新技术。一般是指以小革新、小建议、小发明等为主体的技术开发。

虽然现代技术的原理是在科学指导下形成的，但实践经验在技术开发中依然是不可缺少的。随着企业职工文化科学知识水平的不断提高，在群众性的小革新、小建议、小发明中所涌现出来的技术成果必将会逐渐增多，达到一定程度必将带动企业整体技术水平的提高。因此，总结提高型的技术开发是企业不可忽视的一条开发途径，它还有利于激发企业员工的积极性，锻炼并提高企业员工的创造能力。

7.2.5 技术开发的条件

企业进行技术开发，要取得预期效果，应具备以下条件：

1）科技人员队伍

科技人员是开展技术开发的最基本条件。一支合格的科技队伍应具备两个基本要求，即要有一定的数量和一个合格的队伍结构。

（1）科技人员应在企业全体职工中占有一定比例

一般大型企业中科技人员数量较多、专业门类较全、条件较好。但一般中小企业科技人员数量较少，技术开发比较困难。因此组建一支技术开发队伍是众多企业当前面临的迫切任务。企业专门从事技术开发的科技人员的主要来源，一是从企业外部招聘；二是从现有技术人员中抽出一部分人员，主要从事技术开发活动；三是从有实践经验的"能工巧匠"中选拔、培养使之成为专门从事技术开发活动的人员。

（2）科技队伍结构要合理化

构成科技队伍的诸要素及其组成之间的相互关系只有结构合理，才能有效地发挥科技队伍的集体作用，取得较好的效益。企业科技队伍结构的合理化可以从以下几方面进行考查：

① 学科结构：学科结构主要是指科技队伍中各类专业人员的比例。由于现代科学技术有着高度综合和高度分化的发展趋势，学科之间相互渗透、相互交叉，很多技术开发项目常常需要各种专业人员共同研究才能开展。因此，企业的科技人员就需要由多种专业人员构成，并需要有一个合理的专业结构。

② 职能结构：职能结构主要是指从事不同性质科研的劳动人员的比例，主要包括：有较深厚理论功底的科学研究人员；有较丰富工程技术专业知识的工程技术人员；有专门从事技术开发管理业务的科技管理与经济管理人员等。在科技队伍结构中，这三类人员应有适当比例，以保证技术开发工作协调进行。

③ 能级结构：能级结构主要是指不同知识水平和能力水平的科技人员比例。在技术开发中，需要有高级科技人员（高级工程师）作为学术带头人和指挥者；也要有中级科技人员（工程师）作为技术骨干；还要有一定数量的初级科技人员（助理工程师）和辅助技术人员作为助手。若高、中级科技人员不足，科技队伍水平就难以提高；若初级科技人员不足，高、中级科技

人员的精力消耗在一般技术工作中，就造成人才浪费。因此，高、中、初级三类科技人员要有合理比例，才能保证各类人员的能力得到充分发挥。

④ 年龄结构：年龄结构主要是指老、中、青三类科技人员的比例。不同年龄的人具有不同的特点和优势，科技队伍应在年龄上进行合理组配，以使不同年龄人的特长和优势得到发挥，从而提高整个企业技术开发的效率。

为了适应现代科学技术的发展，还要对在职的科技人员进行有计划地培训，使科技人员能够及时获得新的知识，不断地提高业务水平。

2）技术开发的经费

在技术开发活动中，总是要消耗各种人力、物力、财力资源。这些资源的货币表现就是技术开发经费。技术开发经费的多少是反映企业技术开发实力大小的重要标志。我国企业普遍资金不足，因而技术开发的需要同经费之间的矛盾是长期存在的，妥善处理它们之间的矛盾是技术开发管理中的重要课题。企业技术开发的经费应从多方面筹集，一般有以下几种来源：

(1) 国家和地方财政拨款。这部分经费主要用于重大的、综合性的技术开发项目。能够得到这类经费的企业是有限的。

(2) 从企业内部筹措经费。这是技术开发经费的主要来源。这部分来源，随着企业经营自主权的扩大和效益的提高，将会越来越多。

(3) 科技合同收入。科技合同收入主要包括科研合同收入；技术转让收入；批量试生产产品收入；技术服务性收入（包括测试费、检验费、为外单位代培人员费、出售图纸资料的收入等）；各种专项业务收入，如固定资产转让、废旧物质利用和处理的收入等。

(4) 向银行申请贷款。

综上所述，企业在技术开发管理中，一方面要从多方面开辟经费来源，以增强科研实力；另一方面也要注意节约开支，实行经济核算，使有限的经费获得更多的效益。

3）技术开发的装备

现代科学技术是依靠先进的技术装备，并在强大的物质技术基础上发展起来的。先进的技术装备可以扩大和提高科技人员的认知能力，提高技术开发效率。因此，技术装备是开展技术开发活动的必要条件。技术装备水平也是衡量技术开发能力的重要标志。在技术开发管理中，应从技术先进性、质量可靠性、研究实用性、经济合理性等方面对设备作出综合评价，以便保证为技术开发提供优良的装备，并能随时根据研究的需要和技术发展的动向，对现有装备进行改造和更新，以不断提高技术开发装备的现代化水平。

4）技术开发场所

具有一定数量的实验场所，对于企业技术开发是十分必要的。因为一项新技术、新产品正式投入正常使用或大批量生产前，必须经过各种试验，以解决设计和生产中的技术和工艺问题，为生产提供可靠的科学依据。

在企业的技术开发中，虽然可以利用生产部门的设备、装备、加工条件、场地等现有条件，但是完全依靠生产部门是不行的。因为企业生产有一套正常的生产流程、生产秩序和生产任务，若不断加入试验任务，则一方面可能会打乱正常的生产秩序；另一方面在生产部门任务饱和的情况下，也难以为试验提供条件。因此，企业应根据技术开发的任务和长远目标，在自身能力允许的条件下，建设专门的技术开发实验场所，以保证技术开发工作的进行。

5）科学技术情报

科学技术情报是技术开发活动的原料和基础。任何一个科技人员都是在前人已经取得成就的基础上进行探索和再创造。从这个意义上讲，技术开发是继承情报和发展情报的过程。其次，科技情报是提高创造力的重要因素，有效的科技情报可以使科技人员开阔视野，启迪思维。另外，科技情报又是提高技术开发管理水平的重要条件，企业技术开发的每一个阶段、每一个方面，都必须具备充分、有效的情报。如在开发新产品时，要进行市场调查，获得用户需要的情报，包括反映用户购买力水平的情报、市场供销情报、价格变动情报、顾客心理情报等；在新产品成果推广阶段，又需要市场供销情报、用户评价情报、同类产品对比情报等。情报来源的范围、速度、准确程度，都会严重影响技术开发管理工作水平。因此，企业应建立和健全情报工作机构，提高情报工作人员水平，采用现代的情报手段，做好收集、整理、分析情报的工作。

7.2.6 园林生产技术开发的特点

园林生产的技术开发，应根据园林生产的特点来考虑。在我国目前的园林生产过程中，繁重、费力的手工操作还占着主导地位，从采种、育苗、抚育、栽植、养护管理到成景这一生产过程中，各生产阶段均需要投入大量的劳动力，加之园林生产过程中的各项作业与季节密切相关，常因劳动力紧张及季节矛盾而导致误工，给生产带来一定的损失。因此，在园林生产的技术开发中，首先应考虑解决园林工程中的机械化问题。

园林生产的机械化是指能够代替人们劳动或者能够减轻和节约人类劳动的机器或机器体系来进行园林的生产，从而提高劳动生产率。机械化分为半机械化和机械化。半机械化是把原来完全用人力进行的手工操作，改用机器，但仍旧用人力作为动力，即用人力来推动机器工作。机械化就是连动力也改用机器来供给，生产过程中的基本工序已经不用人力，但还需要人来操纵和控制机器，进行一些辅助工序的劳动。

园林生产的自动化是机械化进一步发展的必然趋势。它是指用自动控制、自动调整装置来操纵机器，人只是间接地看管和监督机器的正常运行。自动化又分为半自动化和自动化。半自动化就是采用部分自动控制，部分由人工操作机器。自动化是指生产过程的全部工序，包括上料、下料以及装卸等都不需要人直接操作，人只是间接地看管和监督机器，即使是不连续的生产，也能由机器连续地、重复地自动生产出一批产品。自动化发展的更高阶段则是总和自动化、全盘自动化。

我国园林生产的机械化进步十分缓慢，一些主要繁育草花的大型现代化种苗场，其机械设备主要是从国外引进，但与机械化、自动化、系统化地生产还有一定的差距。而繁育木本植物大苗的生产，机械化程度则较低，翻地、播种、栽苗、除草等，还是以手工作业为主，劳动强度大、劳动生产率低，尤其是育苗的幼苗阶段，以及在高大挺直枝叶繁茂的树上进行采种、苗木的移植或栽植、植物的整形修剪等方面均是费工而且不易实行机械化作业的，这与实现园林现代化极不相适应。

实现园林生产机械化的困难主要在于这种机械是处理活的植物，而且由于植物种类不同，其分枝习性和高度又不相同。因此，在同一块土地上，在不同的苗木培育时期或植物的不同养护时期，应根据行株距、树龄、树高和分枝习性等不同情况，选择适用于该时期的不同的作业机械为宜。

根据园林生产的特点，要很好地解决生产方面的机械化，所选用的机械不但要能减轻劳动强度，而且还必须符合园林生产的要求，应考虑如下一些基本条件：

(1) 小型轻便，适于移动，且马力要大，牵引机车逐渐趋于大型；
(2) 性能要好，并且要坚固耐用；
(3) 运用容易，修理简单；
(4) 要标准化。

为了使园林生产逐步向机械化、自动化、信息化、标准化过渡，还必须有一个完整的生产周期的工艺过程，以便为不同的工艺提供不同的技术和装备；还应充分利用现有的技术能力,加强对生物学规律和经济规律的研究,推行机械化作业,推行化学除草和广泛应用生物化学的方法促进苗木生长,以缩短生产周期,提高生产率。

7.2.7 技术的评价

技术的评价是指对技术开发的过程及成果,进行全面审查、综合分析和比较鉴别。其目的主要是为新技术的采用、改进、应用和推广提供科学依据。技术的评价是技术开发管理中的一个重要内容,贯穿技术开发的全过程。

1) 技术评价的原则

(1) 技术先进性、经济合理性与生产可行性相结合

技术先进性就是技术创新性。只有创新才能保证所开发的技术成果具有先进水平。创新是技术开发中选题与成果评价的重要依据。经济合理性包括保证用户在使用技术成果过程中的经济合理,以及能够为生产企业带来生产经营的经济效益等。生产可行性是指能够预计到推广应用的可能性。因此,对新产品或新技术要考虑到使用部门与地区对新产品、新技术吸收和消化的能力,操作使用习惯等。

(2) 当前需要和长远需要相结合

在进行技术开发的课题选择与成果评价时,不仅要考虑到当前本企业发展生产、提高技术水平、提高经济效益的作用,还要有长远观念,要考虑到今后对本企业较长时间的影响。

(3) 局部利益与整体利益相结合

这个原则包含两个含义:一是指新技术成果的效益分析,不仅要求能为本企业带来效益,而且能为本行业、本地区,乃至整个国民经济的发展带来效益。在处理局部效益同整体效益关系时,原则上局部效益应服从整体效益。二是指规模较大的技术开发项目与其中的若干较小课题,前者与后者之间是整体与局部的关系。因此,要求局部与整体之间实现最佳配合。

2) 技术评价的内容

(1) 技术价值的评价

技术价值评价主要是从技术角度作出评价,包括两项内容:一是技术的先进性,如技术的指标、参数、结构、方法、特征,以及对科学技术发展的意义等;二是技术的适用性,如技术的扩散效应,相关技术的匹配、实用程度,形成的技术优势等。

(2) 经济价值的评价

经济价值评价主要是对技术的经济性作出评价。其评价是多方面的,可以从市场角度进行评价,如市场竞争力、需要程度、销路等;也可以从效益上进行评价,如新技术的投资、成本、利润、价格、回收期等。

(3) 社会价值的评价

社会价值评价主要是对技术从社会角度上作出评价。如新技术的采用和推广应符合国家的方针、政策和法令;要有利于保护环境和生态平衡;有利于社会发展,劳动就业,社会福利,人民生活、健康和文化水平的提高,以及合理利用资源等。

3) 技术评价的方法

(1) 经济评价法

经济评价法的基本原理是对技术开发项目的预测收益(或盈利)同开发该项目的预计费用(或成本、投资)进行对比,计算项目收益率。计算公式如下:

$$E = \frac{M}{C} \times P \qquad (7-1)$$

式中 E——项目收益率;

M——项目的预计收益额;

C——项目的预计开发费用;

P——项目开发的成功概率。

式中 M 值和 P 值一定,C 值越小,或者 C 值与 P 值一定,M 值越大,则 E 值越大,说明技术开发的经济效果越好,就越可取。

(2) 综合评价法

综合评价法就是在定量分析的基础上,从系统的整体概念出发,综合各种因素的评价方法。评价的因素,依据技术开发的情况而定。

评价的方法是加法评价法,即将评价因素的得分,用加法计算总分,依据总分决定项目的优先顺序或应用的可能(表 7-1)。

加法评价表　　表 7-1

评价因素	评分等级	评分	评价分
项目开发的重要程度	1. 非常重要 2. 重要 3. 一般	15 10 5	
成果先进性	1. 达到世界先进水平 2. 达到国内先进水平 3. 达到本地区先进水平 4. 创企业先进水平	20 15 10 5	
成果适应性	1. 适应 2. 努力后才适应 3. 非常努力才适应	15 10 5	
成果危害性	1. 无 2. 基本没有 3. 有	15 10 5	
成功概率	1. 大 2. 中 3. 小	15 10 5	
经济效益	1. 年创利百万元以上 2. 年创利 50 万元左右 3. 年创利 10 万元左右	15 10 5	
开发周期	1. 短 2. 中 3. 长	15 10 5	
总　计			

4) 评定技术经济效果的范畴

技术的发展和新技术的采用,应具有一定的经济效果。在技术不断进步的过程中,一切劳动手段经常要更新,其中有一些陈旧和不适用的,被同种类型的、生产效率更高的工艺、设备和工具所代替,另外一些是由于出现技术上更完善、经济上更有效的工艺、设备和工具而提前退出生产领域。在采用新的技术时,应注意考核它的经济效果,也就是对新技术的经济效益要进行评定。

(1) 评定技术经济效果的范畴

在采用新技术或者实现下列的技术措施时,均需要计算其经济效果:

① 创造新的和改造旧的机器、设备和仪器,以及使现有设备现代化;

② 创造各种新型的材料、燃料和动力;

③ 试制新产品或提高产品的使用性能,降低单位产品原材料、燃料、电力的消耗定额;

④ 产品、部件、零件的标准化、规格化和通用化;

⑤ 制定新的工艺流程和先进的组织方法;

⑥ 生产过程的机械化和自动化。

(2) 评定园林机械经济效果的内容

要实现园林生产现代化,首先应实现园林生产机械化,这就必须有适合园林生产各个过程的机器,而且应选择经济效果好的机械类型。为了使投资发挥最大的效果,就必须对所选择的机械的技术性能和经济效果作出评定。

一个新的机械的主要经济效果,应该是劳动生产率提高,就是要保证单位劳动消耗量的产量的增加,或者保证单位产品劳动消耗量的减少,或二者兼而有之。在一般情况下,劳动生产率的提高,则意味着成本的降低,减轻体力劳动,体现出技术进步的效果。

评定园林机械的经济效果,可以从以下几个方面进行考核:

① 适合生产要求的程度。园林生产具有复杂性,必须根据各地区的自然特点和使用目的,看其是否适合生产要求来进行考核评定。

② 单位工作的劳动消耗。在实际工作中可采用技术定额测定法测定。在比较若干种机械的效益时,必须注意其可比性,要条件相同。减少单位工作劳动消耗量的主要途径,是提高机械工作效率和减少工作人员数量。

③ 单位工作的成本。通过工作成本可以说明全部活劳动和物化劳动的消耗。

④ 购置机械的投资。采用新的机械,往往引起投资的增加。评定机械经济效益时,要求投资少、经济效益高。

⑤考虑时间因素。要缩短基建周期，加速资金周转，尽早动用新的生产能力，这样会带来好的经济效果。

上述几个因素是相互联系的，不能以任何一项作为惟一依据，需根据具体情况，综合分析确定。

7.2.8 技术开发成果的应用

技术开发成果是一种新的技术成果，具有技术先进、生产可行、经济效益和社会效益显著的特点。但这些特点是否能实现，是否能使技术成果迅速转化为现实的生产力，还取决于技术成果是否能迅速推广和应用。技术成果的推广和应用是发展生产，实现技术进步，提高经济效益的重要环节。一项技术成果的推广应用，取决于很多条件，其中重要的有两点：一是成果具有技术成熟性。这是指该技术的试验数据完整，原理设计、工艺设计、计算方法合理完善，性能稳定可靠，配套技术齐全，在正常条件下成果应用单位能重复生产。二是成果具有技术适应性。这是指技术开发成果对使用单位的适应性要强，即能够适应使用单位的资源和能源状况，工艺、设备状况，职工的技术水平状况，以及企业的管理水平状况等。

在技术开发成果的推广应用中要做好以下工作：

1) 认真细致地做好推广应用中的思想工作

对于成果使用单位的使用人员来讲，要树立起正确对待新事物的概念，大力支持新技术、新工艺的采用和推广，积极参加学习和接受技术培训。技术开发部门则应采取一切有效措施，向使用部门传授新技术，耐心进行技术辅导。

2) 技术成果投产后，要从制度上、组织上巩固成果的推广应用

在技术管理方面，要依据新技术、新工艺编制新的工艺流程，修订质量标准和检验方法等；在物质供应方面，要依据成果投产后的技术要求，修改原材料目录，制定原材料等的消耗定额；在设备管理方面，要依据成果投产后的要求，制定或修改设备保养修理规程；在劳动组织方面，要根据成果投产后的技术要求，及时调整劳动组织，正确定员，合理安排分工和协作，修订岗位责任制等。

此外，技术成果投产后，还要注意改进和提高。

7.3 园林企业技术引进管理

技术引进在本部分仅指为实现企业技术进步有计划、有重点、有选择地输入外国先进科学技术成果的行为，其中也包括先进的管理方法和手段。技术引进可以减少重复研究，节约费用，加速技术进步，提高生产水平，增强自力更生的能力。建国以来，我国先后从国外引进了一些先进技术和设备，对我国的科学技术水平提高，促进国民经济发展，促进园林事业的发展起了重要作用。随着现代化建设的需要，以及国际间交往的增多，如何利用外资、引进先进技术，促进技术进步，提高企业竞争能力，已成为企业管理的重要内容。当今，世界新技术革命迅猛发展，科学技术日新月异，对于我国企业来说既是严峻的挑战，也是难得的机遇。

7.3.1 技术引进的原则

技术引进涉及政治、经济、技术、生产、贸易、外交、法律等各个方面；做好技术引进工作，应遵循国际技术转移的一般原则，并应从我国的国情和企业实际出发。

1) 技术对口原则

即技术输出方能够提供先进、适用的技术和技术服务，同时技术输入方有吸收该项目新技术的条件和能力。

2) 能力对称原则

这是指技术输出方的技术提供能力与输入方的资金偿付能力相对称。

3) 效益原则

技术引进项目应符合社会需要、技术发展方向和提高经济效益的目的，并有资源保障。引进项目的实施，应有利于综合利用资源及提高资源利用效率；有利于维护生态平衡，防止环境污染；有利于企业技术改造；有利于企业取得最佳经济效益。

4) 技贸结合原则

国际技术转移应与国际技术贸易相结合。从技术转移的角度看，就是把转移"硬件"和转移"软件"相结合。从技术贸易的角度看，就是把买卖设备同转让管理技术结合起来。

5) 公平守法原则

国际技术转移应按照有关国际准则和技术转让双方所在国的有关法规进行，应特别注意有关知识产权问题。

在技术引进过程中，要把技术引进工作建立在有偿还能力的基础上，量力而行；引进的技术要同我国的资源情况、技术水平和管理水平相适应，即引进"适用技术"；引进的技术和设备，要与我国产品的系列化、标准化相结合，逐步形成自己的产品系列，并注意技术的连续性、先进性。在技术引进过程中，要坚持实事求是、积极慎重的方针，坚持学习与独创相结合的方针，将引进的先进技术进行认真的消化、吸收、发展，并力求创新。

7.3.2 技术引进的影响因素

1) 政治因素

国家的外交政策、外贸政策、技术政策、技术转让政策与法规，以及管理体制等都在很大程度上影响和制约着技术引进。

2) 经济因素

一国的经济结构，国家与企业的经济实力，直接影响着技术引进的具体项目与转移方式。

3) 技术因素

技术的先进性、使用性，以及对该项技术的消化吸收能力，是引进方必须考虑的中心问题。

4) 生产因素

是否具有应用引进技术进行生产的可能性，这将直接影响技术引进的进行。这主要是指是否具备必要的资源、能源、配套工程、技术条件等。

5) 贸易因素

主要指技术引进与进出口贸易的关系，以及市场因素对技术引进项目的影响与制约。

6) 社会因素

主要指环境保护、民族传统、社会习俗、劳动就业等。

7.3.3 技术引进的程序

技术引进必须遵循科学合理的程序，大致上包括四个循序渐进、有机联系的阶段。

1) 规划阶段

(1) 制定目标：明确技术引进的目的，制定技术目标和经济目标。

(2) 选定对象：选择确定由何处输入技术。

(3) 决定内容：根据目标要求和所需的技术，提出并商定引进技术的内容。

(4) 商定方式：在确定了技术引进的对象和内容的基础上，双方商定技术转让方式。

(5) 编制项目建议书：归纳上述各项内容，编制项目建议书。这是规划阶段的工作成果，也是继续下一阶段工作的依据和基础。

2) 准备阶段

(1) 可行性研究：依据项目建议书，在进一步深入细致调查研究的基础上，进行技术引进项目的可行性研究，提出技术经济论证报告。

(2) 项目决策：依据可行性报告进行项目决策。

(3) 协议、合同：通过与技术输出方谈判，取得协议，签订合同。这是整个技术引进工作的实质性、关键性环节。

(4) 制定实施计划：依据合同内容制定实施计划，计划中必须规定实施步骤和时间进度，提出具体组织措施，明确准备条件。

3）组织实施阶段

这一阶段的中心任务是履行合同，完成技术引进的实务工作。在这一阶段，一方面要督促技术输出方按合同要求交付转移技术和提供有关服务；另一方面要做好技术引进及改进、提高与推广工作，组织消化吸收引进技术，做好生产准备。

4）总结阶段

进行该项技术引进的总结评价，对引进的技术进行改进提高和推广应用。

7.3.4 技术引进的方式

技术引进的方式大体分为两大类：

1）引进先进设备

包括整个项目的进口成套设备、进口单机（关键设备）等。这类引进的方式常被形象地称为"硬件"。严格地说，这类引进主要是引进设备，还不是真正引进技术。其优点是：花费时间短，形成生产能力快，能迅速填补空白或克服薄弱环节。但费用高，且只是解决了生产手段，还未解决该项目设备的制造技术，易产生对外国技术的依赖性，不利于提高我国的设计和制造能力。

2）引进先进技术

即引进先进的生产工艺技术、设备制造技术和经营管理技术。相对于第一类而言，这类引进被称为引进"软件"。其具体形式很多，如购买设计流程、配方、设备制造图纸和工艺技术资料，聘请专家，培训人员，技术服务，或为引进技术而进口关键设备、样机和仪器等。

在国际上，把引进技术称为"许可证贸易"。许可证贸易就是指技术的输出方将技术的使用权许可证出售给输入方的一种交易方式。许可证贸易是国际技术贸易的一种基本形式，它主要解决产品制造权和制造技术的转移问题。它是将制造技术和"工业产权"作为商品，实行作价交易的技术转让，其核心是技术使用权、产品制造权和产品销售权的许可。许可证贸易中重要包括三方面的内容：

(1) 购买专利使用权

专利，是发明人自己的发明、创造，在一定时间内独自享有其利益。这种权利要在本国或外国的专利机构申请，经登记批准后，在一定的年限内，受批准国法律保护。购买专利，就是买使用专利的权利，不一定取得什么图纸资料。这是国际保护售价专利权的《巴黎公约》和《马德里协议》成员国之间及国内企业之间处理工业产权问题的方式，不参加这个公约和协议的国家不受此约束。

(2) 购买产权制造权

购买产权制造权一般是指未申请专利的专门知识。它可以使引进方知道怎样去设计、制造某产品或经营管理相应的工业企业。由于制造技术属于秘密，别人不易学到，因此，它在国际上的售价比技术专利高，其贸易额超过了专利的买卖数额。同时，也有一些制造技术是申请专利的。

(3) 购买商标使用权

商标使用权是指在按外国技术生产的产品上，可以钉上外国厂家的名牌并支付一笔费用，即可利用该厂的销售网、技术服务网和零配件供应网。它能促使引进方产品质量的提高和在国际市场上打开销路。

除了以上几种主要方式外，还有合作研究和合作生产，技术咨询和技术服务，人员、学术及情报交流等。

7.3.5 技术计价原则与支付方式

1）技术价格的决定因素

(1) 技术的有效价值：技术的有效价值，即技术的引进方使用这项技术所能得到的经济效益。

(2) 市场的大小：使用这项技术所生产的产品，预计有多少销售量，能生产多少年。这也是直接影响技术有效价值的因素。

(3) 技术的水平：技术水平越高，其科研费用越高，技术价格也就越高。输出方研究开发该项技术费用的多少，是技术输出报价所要考虑的重要因素。

(4) 技术的来源：转让独家掌握的技术，价格必然很高。较多企业掌握的技术可以形成竞争，价格就比较低。

(5) 合同的条件：包括合同使用权的范围和年限；给予引进方独占权的程度；要求输出方保证的程度和提供技术培训、技术服务的内容；引进方支付合同价格的时间和方式等。

2) 一般支付方式

(1) 一次总算：将技术转让的一切费用，都在签订合同时一次算清。这笔金额可以一次付清，也可以分期支付。

(2) 提成支付：技术引进投产后，按合同对产品的产量、销售额或利润，在一定年限内提取一定百分比的技术转让费用。这使得技术引进方和技术输出方的经济利益紧密联系。

(3) 两者结合的方式：即先付一笔入门费，以后在一定年限内逐年按一定的基数提成支付。入门费在总合同价格中所占的比重，一般占合同总价的 10%～15%，但有越来越少的趋势。

3) 技术经济效果分析

由于影响技术价格的因素很多，目前尚无定型、完善的技术转让价格分析方法，通常可以采用的技术价格分析方法有：

(1) 经济效果系数法

$$经济效果系数(R) = \frac{自己研究开发所需的总费用}{引进这项技术所需的总费用} \quad (7-2)$$

R 值的大小是引进方决定所需技术是否引进的重要决策依据，一般认为 R 值在 2～3 之间比较合适。

(2) 利润分析法

技术价格问题实质上是引进方引进技术所取得的利润如何在输出方和引进方之间进行合理分配的问题。一般来讲，一次总算的合同总价或逐年提成支付的累计总额，不应超过引进方全部利润的 10%～30%。

其他方法还有对比分析法、因素分析法等。

7.4 企业科技人才管理

7.4.1 科技人才管理的特点

随着科学技术的飞速发展，经济全球化进程加快，人类社会正处于从传统的工业经济向知识经济转变的过程中，企业技术创新已成为促进经济增长和产业结构优化的重要推动力，传统依赖资金和人力投入的粗放型经济增长方式正逐步被科技、知识推动的集约型经济增长方式所替代，作为企业技术创新的主体——企业科技人才起到关键作用。

为了促进科技人才的健康成长，充分发挥科技人员在现代园林建设中的作用，这就要求对科技人员进行科学地管理。要管理好科技人才，首先要了解科研劳动的特点。

1) 科研劳动的特点

探索性、创造性、继承性是科研劳动最根本的特点。

探索性是科研劳动的本质。不管研究什么问题，都必须是人们尚未解决或未完全解决的问题。探索，意味着开拓、变动和失败。因此，要鼓励科技人员大胆探索，勇于开拓。变动是探索的必然结果。要给科技人员一定的自主性，支持科研人员及时抓住新的苗头。要允许失败，鼓励科研人员总结失败的原因，继续研究。

创造性是科研的灵魂。从探索到取得成果，要通过创造来实现。衡量科研成果水平的高低，实质就是看其中创造性成分的多少。科研劳动中的创造性包含发明和创新两个概念。发明是指有史以来第一次提出来的，创新是本地方第一次应用的。创新是对旧观念的否定，不仅会受到现有理论的回击，还会受到习惯势力和传统看法的歧视。对于勇于创新的人要给予保护。

继承性是科研劳动的前提。科研劳动既是在前人的基础上进行的，又是在同今人的相互交流中进行的。而且，科研劳动中的创造性也是在继承中实现的。因此，要注意对科技人员的选拔和培养，注意国内、国际间的学术交流。

科研劳动是一种艰苦复杂、难度较高的脑力劳动。科研劳动的长期性、精确性和细致性不是人多就能代替的。对科技人员的使用、管理和考核一定要充分考虑科研劳动的特点。

2) 科技人员和科技领导人员的素质和品质

人与人之间在素质上、智力上和品质上都有所不同。了解个体差异对科技人才的培养和使用都有重要意义。

科技领导人员要具有强烈的进取心、勇于创新的精神、广泛的兴趣、乐观和稳定的情绪、坚强的意志、正确的判断能力、较强的工作能力和组织能力等品质，还要具有高尚的道德品质和一定的知识水平与健康水平。尤其是对科技人员要知人善任，要了解科技人员的智力结构特点（包括观察力、记忆力、思维能力、想象力、操作能力等）与非智力结构特点（如意志、情绪、兴趣、气质、性格等），做到扬长避短。

对从事研究工作的科技人员应具备建设性的不满、独创性、勇气、专业知识、一般知识、分析能力、综合能力、热情、表达力、耐久力、精力、乐观、协调性、反应性等知识和才能。这些知识和才能，一个人是难以全都具备的。因此，大发明需要由许多人的共同智慧来完成。

西方很多学者专门研究科研领导人和科研人员、工程技术人员的各种不同要求，以便根据他们的不同要求采取相应措施调动他们的积极性和正确使用人才。美国有一个调查，通过这个调查可以看出科技领导人同科技人员之间要求的差别（表7-2）。

科技领导人和科技人员要求的差别 表7-2

项 目	多数情况	
	领导者	科技人员
选定计划的权利	80	6
威 信	78	5
提拔的可能性	78	5
薪 金	64	3
实现自己想法的可能性	73	10
亲自参加鉴定	50	22
对重大技术问题作出决定的可能性	44	38
焦急的心情	42	27
表现自己能力的可能性	22	26
工作兴趣	23	52
根据个人兴趣工作的可能性	22	60
科研能力的应用	15	61

注：此表的每一项都以100为满分。

这一统计尽管没有把人的觉悟考虑进去，但也能说明一些问题，那就是科技人员重视他们在科技工作中的自主权。

人的素质是有差异的，但后天培养也很重要，如专门知识、研究经验等都是后天获得的；创造力、研究能力和推理力等都与经历、环境等有很大关系。所以，加强对科技人员的培养，有计划地对科技人员进行培训，为科技人员学习新知识、新技术创造良好的工作环境，对发挥科技人员的工作积极性是十分重要的。

3) 管理科技人员的指导思想

行为科学强调人的行为动机，主张采用多种方法来协调各种人员之间的关系，充分调动人的内在动力来提高工作效率；重视如何处理人与人之间的关系，发挥人的自觉和自我实现的精神。社会主义制度下的管理，实质是在社会主义原则下协调人与人之间的关系。科研劳动是一种特殊的、复杂的智力劳动。它的最大特点是高度的探索性和创造性。科学研究的主体是科技人员。科技人员在探索尚未被认识的客观世界的过程中，通过发挥自己的创造才能，去认识客观世界的规律，从而使科学得以发展。如何调动科技人员的积极性，发挥科技人员的创造性，是科技管理的中心环节，也是衡量科技管理水平的首要标志。对科技人员在工作中的要求，既要从整体情况出发，又要从个人具体情况出发，充分发挥科技人员的主动精神和作用，提高工作效率。

7.4.2 管理科技人员的准则

1) 让科技人员掌握科学研究的主动权

在加强管理的前提下，在具体的研究工作中，让科技人员掌握主动权，即让科技人员在在工作时能够掌握自己的行动。要做到这一点，必须使科技人员在国家需要的前提下，根据本单位的实际情况，选择和确定研究方向、方法，安排时间和选择助手。作为领导，应以平等的态度、协商的方法，提出建议性的意见，切忌行政命令式的包办代替。这就比较符合科技人员的工作特点和规律，有利于发挥科技人员的积极性和创造性，避免出现"吃大锅饭"的现象。

2) 建立激发科技人员献身园林现代化建设自觉性的激励机制

这是调动科技人员积极性，发挥创造性的根本措施。要善于用伟大的事业来凝聚人才，坚持用崇高的精神来鼓励人才，努力用真挚的感情来关心人才，注意用适当的物质待遇来吸引人才；要遵循人才成长规律，处理好精神鼓励与物质鼓励的关系，尤其是要注意在新形势下引导科技人员把个人的事业与社会理想、社会责任、企业利益有机结合起来，珍惜同志间的合作，心情舒畅地工作；要尊重科技人员的个性，使科技人员充分享有实现自身价值的满足感，贡献社会的成就感，得到社会承认和尊重的荣誉感。同时，要更新分配观念，体现知识的价值，使科技人员的贡献得到相应的物质回报。要认真落实知识、技术、信息等生产要素参与分配的政策，通过适当的方法，使收入符合其所创造的价值和所做出的贡献。

3) 创造良好的人才竞赛环境

竞赛也是调动积极性的一项有效激励措施，是促进生产发展、科学昌盛、文化繁荣的一种力量，是促进人才成长的重要推动力。人才竞赛是客观存在的。竞赛不仅对调动科技人员的积极性与创造性有着重要的作用，还能提供科技人员之间了解与交往的机会。集体竞赛能够加强集体内部的团结，提高工作质量、产品数量与科技水平。竞赛有利于出成果、出人才，并起着鉴别人才、保护人才的作用。

4) 要按不同科技人员的不同特点进行管理

企业的技术进步需要发挥科技人员的激情和灵感，而科技人员由于所从事的工作性质、学科和分工不同，在管理上也不能完全一样，更不能要求他们每天完成具体的研究任务，不能给他们派活，但没有管理则会带来混乱，没有压力就很难出成果。要尊重科技人员的专业特点，了解并掌握科技人员的需要，在力所能及的条件下，满足他们正当的、合理的需要，建立适合管理对象性质和特点的管理措施，才能收到良好的效果。尤其是对科技人员的职效考评，应主要以其论文和技术成果来衡量。

5) 优化人才组合，充分发挥人才资源的潜力

这是用好、开发好人才的重要手段。科学、艺术地使用科技人员，能激发科技人员的能动性和创造性。企业对科技人员的结构匹配应充分体现因岗配人和优化人才组合。

因岗配人即因人适用，就是把一个人安排在最合适的职位，使他能完全发挥自己的才能。有利于减少冗员，提高生产率；有利于人尽其才，发挥出科技人员的积极性。在进行匹配时，要避免大材小用，而应给予科技人员具有挑战性的工作和信任，信任和重用可以激发人的工作热情。

在发挥科技人员的作用时，还必须考虑科技人员之间的相互配合，而优化人才组合是现代人才资源开发的重要内容。人才组合就是要在分工合作时，考虑个人的长处与短处，取长补短。企业对科技人员的使用，既要充分考虑专业技术的合理匹配，还要注意专业科技人员之间以及其他相关岗位骨干人员的思维方式、性格特点、学历层次、年龄梯次、工作经验等方面的合理搭配。人才组合合理，就会使团队产生巨大力量，更能激发科技人员的工作热情和无限的创造力，产生 1+1>2 的效果。

6) 建立技术责任制

城市园林绿化是一门技术性很强的工作，要充分发挥技术人员的作用，明确他们的技术职权，使他们有职、有权、有责；尽可能地减少他们的行政事务，保证他们从事技术业务工作的时间；支持和尊重他们的正确意见，并为他们提供必要的工作条件和学习条件，以不断地吸收新的科学技术知识，防止知识老化。

7) 沟通科技人员与管理人员之间的思想

经济待遇与感情联络虽然是稳定人才的重要方法，但并非全部，更谈不上深入。要使科技人员能在企业中安心工作并不断创造财富，一方面应不断改善企业政策环境的缺陷；另一方面应加强企业管理人员与科技人员双方的思想沟通，消除双方存在的误会和偏见，为科技人员创造宽松、舒心的工作环境。

总之，在人才的使用管理中，要处理好用人才、勤考核、抓监督、严指导的关系，促进人才队伍建功、育才并举，形成重效率、讲效益、出成果、建功绩的人才务实新机制，形成科技人才集聚优势。

此外，在管理科技人员的同时，还应注意发挥技术工人的作用。要特别重视有特殊技能的工人的技术经验，如堆山叠石、花卉栽培、盆景制作、古建筑修缮等，认真总结他们的经验，配备青年工人向老技工学习，继承他们的技艺。

7.4.3 调动科技人员积极性的策略

对科技人员的管理最根本的问题就是如何调动科技人员的积极性。科技人员的积极性主要表现在为实现社会主义现代化建设而热爱本职工作、情绪高涨、埋头苦干、富有创造精神、工作效率高。而科技人员积极性的高低，对于科研成果的数量与质量都有着重大的影响，是科研获得成功和提高科研效率的关键因素。具体策略是：

(1) 要有积极的具体目标和计划，使每个研究人员能为此而奋斗。

(2) 给科研人员有吸引力的，并与他的能力相当的课题。要十分尊重研究人员的意见，使他的研究与企业的发展方向一致。

(3) 对研究人员的评价与他的成果评价一致。

(4) 研究小组的成员不能单从专业考虑，还要注意人的关系，亲密合作，气氛融洽。

(5) 将研究人员从形式主义管理下解放出来。研究人员要在一定的环境、气氛下创新。领导者要充分了解科技工作的特点，对科技人员提出的设想、方案，不要轻易下结论，而应所谓"且慢批评"。

(6) 研究所需的设备、资料、费用等要得到保证。

(7) 领导者要为科技人员提供各种信息，并组织各研究室、组之间充分交流，互相启发。

(8) 事务性工作、图书资料等的服务工作要充分保证。

(9) 研究辅助人员工作主动、好学、称职。

(10) 尽可能不打断研究人员的脑力劳动，以提高效率。一般来讲，中断脑力劳动将使效率大为降低。

复习思考题

1. 科学技术对发展园林事业有什么意义？
2. 什么叫园林技术？园林技术有什么特点？
3. 园林绿化企业对科技管理有什么要求？
4. 企业技术开发的内容主要包括哪些方面？
5. 企业技术开发主要有哪些途径？

6. 企业进行技术开发需要具备什么条件?
7. 从事园林生产技术开发应考虑哪些方面?
8. 评定园林机械的经济效果时,应从哪些方面进行考核?
9. 企业技术引进应遵循什么原则?
10. 技术引进应遵循怎样的程序?
11. 企业科技人才管理有什么特点?
12. 如何调动科技人员的积极性?

第8章 园林绿化工程项目管理

内容提要：工程项目管理具有市场性，园林施工企业对工程的管理，要实现科学化、规范化、程序化和制度化，主要是实现生产要素在园林工程项目上的优化配置，为用户提供优质产品。施工项目管理的核心内容是项目目标控制，包括施工项目的进度控制、质量控制、成本控制、安全和现场控制。本章主要介绍了园林绿化工程项目管理的特点与程序、园林工程项目物资管理、园林工程施工的机械设备管理、质量管理和进度管理。

8.1 园林绿化工程项目管理的特点

园林绿化工程项目属工程建设项目系列，它与其他建设项目一样，包括计划、设计和实施三大阶段。但园林绿化建设由于它所处地位和功能不同，又存在着其特有的特点，要熟悉它的特点，掌握它的规律性，按照客观规律办事，才能做好园林绿化建设工作。

1) 园林绿化工程项目管理的系统性和复杂性

城市是园林绿化的主要载体。随着城市的发展，城市建设设施的配套和美化，园林绿化建设被提到了一个新高度。园林绿化工程项目的实施，只有与城市建设各部门密切协作、紧密配合，才能为园林绿化建设创造条件，才能保证园林绿化的稳定性。

生态园林是人类精神文明和物质文明发展的必然结果，保持生态平衡、保护环境是园林绿化的首要任务。园林企业应以生态理论为指导，把植树栽花与社会生产力发展对环境的要求联系起来，并与保护人们的生存环境、生产环境联系起来，做到生态、功能、艺术、经济四个要求的统一，发挥园林绿化的社会、生态和经济效益。

从园林艺术与生态效益出发，要求管理工作覆盖建设全过程。园林绿化工程建设管理不仅限于施工阶段，工程立项、选址定址、设计创意、后期养护的管理均很重要。在工程选址时就要考虑"相地适宜，造园得体"、"借景随形，景到随机"等造园艺术与选址环境之间的密切关系，为充分发挥绿化的生态效益，要考虑绿化的服务半径及"环、楔、廊、园"的联系性，立项阶段的专家评审也是项目管理的重要组成部分。

园林绿化工程的主要材料是有生命的树木花草，依据艺术和美学要求，对不同的树木花卉品种的姿态，有不同的标准，雪松要呈挺拔的宝塔形，五针松却崇尚几曲几弯的"云片"或"悬崖状"；龙柏以小枝盘旋紧抱为佳；而垂柳以枝条飘逸婀娜称优。苗圃的苗木生产不仅有指标，还应该形成专门的指标体系，要有丰富的品种，包括：常绿、落叶、乔木、灌木、地被、攀缘、观花、观叶、观果等不同的种类，并且要有相应的比例。园林植物（以及动物）布局调整，不能像建筑工程、市政工程等以"随机抽样"、"封样备查"的方法来检查树木花草的质量，而必须采用各种定性与定量、直观与内涵相结合的综合检验手段。

由于园林建设都在露天下进行手工操作或半机械化操作，受风、霜、雨、雪、土壤、地形等因素影响很大，常常难以制定普适的标准定额，因此提高劳动生产率的主要措施常是以承包责任制或目标管理为主，无论实施标准定额制还是承包定额制，都可能因为执行过程中的条件变化而出现误差，还必须对园林建设实际进度进行有效管理。尤其是对于关键工序应定期检查进展情况。如果发现进展迟缓应及时采取补救措施，如增加人员、设备、奖金，组织新的建设队伍等。

影响园林绿化工程的因素较多，这决定了管理工作的难度，以树木成活率和生长势为例，其主、客观的影响因素就很多：如树木本身的质量和长势、挖掘质量、运输过程中的保护、种植时间衔接紧密与否、种植地的土壤质量、排水与供水条件、气候因素及小气候条件、人为影响等。这样，就使园林工程项目管理工作十分复杂。

同时，由于园林绿化的两重性（公益性、商品性）决定了园林绿化工程项目管理的复杂性。园林业的效益不能简单地以金钱化的利润与成本之比来衡量。不宜笼统地提倡"以园养园"，这不但对于绝大多数的园林来说办不到，而且也与园林业的特点不相容，因为公共产品之所以存在，就是由于公众产生了要"养"它的需求，它不能也不应该自己养自己。

2) 园林绿化工程项目管理的动态性

园林绿化工程项目管理要经历一个从概念阶段到收尾阶段的完整生命周期，不同的阶段影响管理的因素不同，要不断调整。

园林绿化工程项目管理的基本要素是园林植物，特别是现代园林种植所占比重越来越大，植物造景已成为造园的主要手段，由于栽培植物受自然条件的影响较大，一般只能在春秋两季施工，这一季节性对在北方进行园林绿化工程建设显得尤其重要。同时，在具体的施工季节，可变因素又较多。因此，园林工程施工技术效果往往受客观因素的影响，而表现出不稳定性，同样技术措施在不同地区、甚至不同的小气候条件下，都可能表现出不同效果。这需要管理者在运用技术措施时要进行多点、多项目的重复试验，防止片面性。要因地制宜，从实际出发，不能生搬硬套。为了保证园林植物的成活、成长，达到预期设计效果，栽植施工时就必须遵守一定的操作规程，并采取有力的养护措施，使得园林绿化工程具有明显的生物性、季节性特征。

园林绿化建设质量不是一成不变的，而是随着时间和养护管理的技术而变化的。所谓"三分种七分养"的说法，说明了它的效果不是短时间内所能反映出来的，要有一个逐步提高和逐步完善的塑造过程。树木、花草种植后，要保证达到树木、花草预定的成活率，直到能够正常发育生长，这个过程可以称为基础质量阶段，然后，不断地加工干预、养护管理，逐步体现艺术构思，这个阶段可称为质量发展阶段；经过长期调整、加工直到基本定局为止，可以称为定型质量阶段。

园林绿化工程项目的进度控制要强调季节性。绿化建设者在工期管理中首先要抓好"不误林时"。树木花草有严格的发育周期，一般落叶树在休眠期易挖、易运、易栽、成活率高；常绿树和草本植物也都有栽植适期，适期种植能达到事半功倍的效果。在控制园林绿化工程进度时，首先要严格审查施工进度计划是否科学，人才、机具等资源是否与工程量适应，施工进度保证措施是否切合实际，有无应变措施；种植季节到来之前必须做好一切种植准备，如土方到位，树林来源落实，备足栽培介质，灌溉用水、用电落实，木桩、草绳等辅料运到工地、仓库等等，不允许有任何一个环节上的失误。

园林绿化工程在发生设计的苗木无货供应或现场情况有变的情况而必须变更设计时，管理者应在品种相近、景观效果相似几种植物中，要求选用价格相对较低的乡土品种；现场情况变化，除非面积或工作量有较大增加，否则也不允许因设计变更而增加投资。

园林绿化工程项目管理的动态性主要反映在进度控制中。但不能以进度来牺牲质量，不能为抢时间而马虎、草率。需要注意的是，在树木介质使用中不实行一般建设工程中材料"紧急放行"的制度。

3) 园林绿化工程项目管理的不可逆性

园林绿化工程建设可分为园林筹建、设计、审批、组织、施工、验收等六个阶段，其中每个阶段又可进行更细致的程序制定，直到最后的操作过程。这一系列的过程，具有不可逆性，园林绿化项目复杂，难以重复和检验，不存在一成不变、普通适用的"最好的"管理模式和方法，必须由有关人员把已有知识灵活地运用到具体的环境条件中。园林绿化工程项目建设完成后，还要经过多年的生长、养护才能发挥预期的环境功能和观赏效果。

园林绿化要在城市规划指导下，积极主动地落实规划中的绿化用地。只有主动规划在前，才能达到与城市建设同步发展的要求。否则，待到其他项目建成以后，再去动手规划，安排建设去填补园林绿化，必然是事倍功半，应避免重复过去只抓城市建设不抓绿化建设酿成的恶果。

园林工程建设有两个紧密相连的阶段，即建设阶段与养护阶段，它们是不能分开的环节。建设工程的结束即是养护工程的开始。可以说，建设要为养护打好基础，通过养护逐步使建设臻于完善。

园林绿化工程建设不可避免地要不断地接受各界人士的品评，所以要特别注意它的社会效果。在园林绿化建设的规划设计中，除了遵照一般的程序进行规划设计外，要注意倾听专家、学者及其他各界人士、各有关方面的意见。园林绿化工程项目管理的不可逆性决定了要广泛听取他们的建议，并认真研究加以吸收，一般都能收到较好的效果。

8.2 园林绿化工程项目建设的程序

8.2.1 园林绿化工程项目的论证和决策

科学地论证和决策是实现园林绿化工程项目建设科学化的关键，是达到理想的经济效益和社会效益的重要手段。科学决策要求各级领导者提高科学素养，掌握科学的决策理论和工作方法。正确地确定建设项目和建设内容，是发挥投资的关键。原国家计划委员会早在1983年就颁布了关于建设前期工作的重要内容，是建设程序的组成部分。

其中，可行性研究就是根据国民经济长期规划、地区规划、行业规划的建设项目在技术、工程和经济上是否合理与可行，而进行全面分析、论证，做多个方案的比较，进行评价，为编制设计任务提供可靠的依据。园林绿化建设项目计划的提出与确定，要进行详细的调查研究和比较论证，一般应进行如下的调查研究，作为决策依据：

(1) 与城市规划和城市园林绿化规划中所规定的发展前景是否一致，目前与城市建设、市政设施有何联系，又有何矛盾；

(2) 当地人口密度、人口结构、人文状况、居民需要等社会资料的综合分析；

(3) 市政建设进展情况和城市公用设施建设进展情况，如交通、水电供应、通信、下水道及污水处理设备状况以及解决上述需要的可能性；

(4) 建设用地的拥有者及其性质，取得地权和必要的征地拆迁、工作量的调查，包括：征地、拆迁、补偿、劳动力安置等问题；

(5) 临近地区的历史、文物、古迹、传说、风土人情、土特产；

(6) 临近地区的环境调查，包括：环境质量、污染源的性质及危害的情况；

(7) 建设地区的自然地形、标高、水位、河湖、沼泽的状况，土壤的物理及化学性质；

(8) 建设地区的潮汛、气温、日照、风力、风向；

(9) 临近地区常住人口和流动人口情况、收入水平、文化水平，临近地区主要企、事业单位的状况。

(10) 建设地区的绿化基础、名贵树、古树、大树的分布情况。

在掌握了以上十个方面大量数据和第一手资料的基础上进行论证，应依次确定以下五个问题：

(1) 是否需要建设，是否可能建设；

(2) 建设规模；

(3) 建设性质；

(4) 服务对象；

(5) 规划设计思想。

同时，要综合多方面的信息，进行比较分析，得出最佳决策。因此，在决策管理工作中一般应注意如下几个问题：

(1) 要善于倾听各方面的意见，所谓善于用"外脑"就是这个意思，不仅靠自己头脑的内储存，还需要充分吸收来自各方面有关决策的信息，进行综合考虑；

(2) 要注意按照决策程序办事，要先占有材料，进行前后、左右、里外、上下、广泛联系、多方比较，还需要先决策、后论证，防止主观臆断；

(3) 决策要掌握数据，不但要定性，而且要定量，尤其要注意对临界数据的分析和研究；

(4) 要注意在不同意见和比较中选择正确意见，从争论中探索正确意见，不因个人好恶而影响正确决策；

(5) 要特别注意倾听和自己意见不同者的意见，要勇于承认决策可能存在的错误和过失，并及时纠正不完善之处；

(6) 要提高政策水平和科学技术水平，提高认识客观事物的能力。贯彻辩证唯物主义观点，是科学决策的保证。

根据《关于建设项目进行可行性研究的试行办法》规定：凡进行可行性研究的单位，要对工作成果的可靠性、准确性承担责任。同时，要为可行性研究单位客观地、公正地进行工作创造条件，任何单位和个人不得加以干涉，并且规定需要编制可行性研究的建设项目，如果不附有可行性研究报告审批意见，不予以审批设计任务书。进行建设项目可行性研究是我国为了更好地进行建设采取的一项主要措施。这样可以加强对建设项目的管理，提高投资的准确性和可靠性，提高建设项目的综合效益。在已往的建设项目中，由于事前的调查研究不周或凭主观臆断，使有的建设项目的决策缺乏科学依据，造成损失的教训不少。

园林绿化建设项目的论证和评价要结合园林绿化事业的特点，对建设项目的经济效果要进行静态和动态的分析。不仅要看眼前，而且要看发展；不仅计算项目本身的微观效果，还要衡量对国民经济发展的宏观效益和对社会的综合效益。

8.2.2 园林绿化工程项目建设的程序

1) 编制计划任务书

在调查、论证、决策的基础上，编制计划任务书，报送上级主管部门，经批准后才能正式成立建设项目。以此为依据，才能编制计划，申请投资，进行建设。计划任务书经国家批准后，如果在建设规模、建设地点、主要内容等方面有变动时，应报请原审批机关同意。

由于园林绿化建设工程的特点，除了具有技术要求外，还有相当的艺术要求、社会要求和服务管理上的要求。在计划任务书的编制过程中，建设单位要与规划部门密切结合起来，没有明确的规划构思和初步的规划蓝图，不可能编制出切实可行的计划任务书。因此统一计划与规划的指导思想，加强配合，减少矛盾，提高工作效率是十分重要的。计划任务书一经批准不得任意改动。

2) 规划设计

规划设计的主要依据是经政府有关部门批准的计划任务书。没有经过批准的计划任务书，设计部门不得接受设计任务。在设计文件中要体现计划任务书中规定的规模、内容等基本要求，不得更改和增减。在具体规划设计中难免会发现技术上、经济上的问题，对确定不合理的地方，需要变更时，应按照一定的程序变更。

设计是组织工程建设的主要依据。建设项目一般采用两段设计，即初步设计和施工图设计。在设计方法上应积极实行以设计单位为主，有施工单位和建设单位参加进行设计。同时，广泛征求人民群众和各界人士的建议和意见。

设计单位要严格保证设计质量，力求做到方案可行、技术先进、经济实用、数据准确，能指导工程施工。

设计文件的审批权限,要遵照国家的规定执行。大型建设项目的初步设计和总概算,要报送上级主管部门审批。小型项目的初步设计和总概算,如果不超过计划任务书规定的控制数,由各主管单位进行审批;超过计划任务书规定的控制数时,则要报送上级主管部门批准。

3) 安排计划

园林绿化建设项目,一般都必须有批准的初步设计和概算,列入年度建设计划。有些小项目或已有标准设计的项目,可以从简。对那些国家虽已安排了年度投资而没有批准初步设计和总概算的新项目,只能作为预备项目,待批准了初步设计和总概算后,再转入年度计划。

建设单位要依据上级下达的年度计划编制工程项目表,经主管单位审核后报上级备案,并通知有关单位,争取各有关方面的配合协作。包括:施工单位、物资供应部门及建设银行等。

4) 施工

所有建设项目要列入施工计划内才能施工。列入施工计划的绿化工程项目必须列入年度建设计划,取得工程许可证等文件,具备开工条件后才能施工。设计单位要向施工单位进行技术交底,施工单位要根据设计文件编制施工组织设计,施工如果突破设计概算,应由建设单位会同设计单位,由施工单位讲明理由,报请原批准概算部门批准。

施工单位和建设单位要签订施工合同(协议),明确分工和职责。施工单位在施工中要按照施工图纸和工程质量要求进行施工。如发现施工图纸有差错,必须修改时,应取得设计单位的同意。

5) 竣工验收

园林绿化工程建设项目和工程竣工后都要按照施工技术质量要求,进行实地竣工验收、评定质量等级。工程竣工后发现因施工造成的质量问题要负责包修,因设计问题造成的质量问题,设计单位也要认真处理。

为了严格遵守园林绿化建设项目竣工验收制度,正确核定新增固定资产的价值、考核分析投资效果,建立健全经济责任制,园林绿化工程建设项目竣工后都应编制竣工决算。竣工决算是反映施工项目成果的文件,是办理验收和交付使用的依据,是竣工验收报告的重要组成部分。在竣工项目办理交付使用验收后,要及时编好竣工决算,报上级主管部门,并送开户建设银行进行审查签证。

建设单位编制竣工决算时,施工单位应当负责提供所需施工资料。每一项园林绿化工程项目完工后,施工单位应向建设单位提供有关技术资料和竣工图纸,办理竣工验收和财务决算。在竣工验收时,技术档案和有关资料要齐全,否则建设单位可以拒收,建设银行有权拒付工程尾款。

工程项目验收后交付使用前,应迅速办理固定资产交付使用转账手续,有利于加强固定资产的管理。

8.3 园林工程施工项目物资管理

园林企业要进行施工,除了要有一定组织形式下的劳动者这个要素外,同样也必须拥有相应数量的机器设备、工具、原材料和燃料等生产要素,并把它们结合起来,才能形成生产力。

园林工程施工中,各种物资占工程造价的比例很高。由于一般施工的区域大、涉及面广、干扰因素多、工作复杂,物资供需能否衔接,物资节约或浪费,在很大程度上取决于物资管理工作的好坏。因此,物资管理的基本落脚点是管好、用好物资,其能够直接反映施工管理水平的高低。

8.3.1 园林工程施工项目物资管理的内容

园林工程施工项目物资管理,是指以一个

工程的施工现场为对象，对物资供应管理的全过程进行计划、组织、指挥控制和协调等管理工作的总称。它包括施工前的物资准备工作、施工阶段的物资管理、施工收尾阶段的物资管理、周转材料管理和工具管理等工作。

物资是合理组织生产的前提条件。合理组织生产，就要求施工过程的各阶段、各工序之间具有连续性、比例性、节奏性和平行性。取得它们的协调平衡，跟物资管理是密切相关的。物资是企业提高劳动生产率的物质基础。劳动生产率能否提高，不仅取决于员工的文化技术水平和熟练程度，也取决于是否为他们配备了性能好、效率高的生产工具，是否及时地为他们提供了品种丰富、规格多样、数量准确、质量优良的物资。

企业物资管理是依据企业的经营目标，统筹企业的整个物资流转过程，并对其进行计划、组织、指挥和调节，保证生产的顺利进行，以提高企业挖掘物资的潜力，充分发挥物资效用，加速物资运转、降低物资运转费用，提高经济效益。其主要内容有：

(1) 物资的计划管理；
(2) 物资的料源组织；
(3) 物资消耗管理；
(4) 存货管理；
(5) 仓库管理；
(6) 供料组织。

施工过程和物资业务是相互制约、相互促进的两个方面，要把物资管理工作放在企业管理中重要的位置上。物资管理是围绕着企业的施工建设目标进行的，为了提高管理水平，做好对物资业务过程的原始记录和统计，正确地评价和分析物资工作，也是十分重要的内容。

8.3.2 施工准备阶段的物资管理

施工准备工作中的物资准备，将直接影响到施工生产的速度和工期，施工物资准备不仅开工前需要，而且随着施工各个阶段的进行事先都要准备好，一环扣一环地贯穿于施工全过程，物资准备是施工的物质基础，是完成施工任务的必要条件，开工前的物资准备得好，是争取施工生产掌握主动权，按计划顺利组织施工完成任务的保证。

1) 施工准备阶段物资准备的主要内容

(1) 做好调查和规划。施工前要全面了解施工任务、内容和要求，现场条件，当地物资材料价格等情况。

(2) 查施工图预算和施工预算，计划主要材料用量，结合施工进度分期、分批组织材料进场并为定额供料作好准备。规划材料堆放位置，按先后顺序组织进场，为验收保管创造条件。

(3) 建立健全物资管理制度，做好各种原始记录、单据、卡片、账表及各种台账的准备。

2) 现场物资与材料的验收

现场材料验收，要做到进场材料数量准确，堆放合理，质量符合设计施工要求。所收材料品种、规格、质量、数量必须与工程的需要紧密结合，与现场材料计划吻合，为工完场清创造条件。

在验收之前要处理好质差、量差和价差问题，将"三差"损失解决在验收之前。

(1) 大宗材料的现场验收与保管

大宗材料主要是指砖、砂、石、石灰等用于砌筑、粉刷的材料和园林植物材料。这些材料往往是现场直接验收，同时也是导致质差、量差及现场混乱的重要因素，是现场管理的重点，必须引起足够重视。

(2) 经济签证

经济签证是一种经济责任划分的文件。如按合同规定经济损失由责任一方签证，给损失方补偿其损失。对这种情况的材料来说，一般是先签证后接收，一事一单逐项办理，以免时过境迁，给补签或结算造成困难。

8.3.3 施工阶段的现场物资管理

施工阶段的现场物资管理，主要是研究物

资的消耗规律，制定相应的管理措施及办法，消除不合理的因素，达到降低消耗、提高经济效益的目的。主要内容包括：

（1）根据工程进度的不同，施工阶段所需的各种物资应及时、准确、配套地组织进场，保证施工顺利进行；合理调整材料堆放位置，尽量做到分部、分项工程工完料尽。

（2）认真做好物资消耗过程的管理，健全现场材料领（发）退料交接制度、消耗考核制度、废旧回收制度，健全各种材料收发（领）退原始记录和单位工程材料消耗台账。明确分工负责的工作责任制及工作程序，并定期检查。培训队组兼职材料员的业务能力和管理方法。

（3）认真执行定额供料制，积极推行"定、包、奖"。即定额供料、包干使用、节约奖励的办法，促进降低材料消耗。

（4）建立健全现场场容管理责任制，实行划区、分片、包干负责，促进施工人员及队组作业场地清，消灭"三底"、"三头"；搞好现场堆料区、库房、料棚、周转材料及工具的管理。

8.3.4 施工收尾阶段的现场物资管理

施工收尾阶段是工程项目物资管理的最后阶段，其主要任务是控制进料，积极组织收尾缺料配套供应，减少余料转移，做好工完场清、余料转移处理，认真组织盘点和核实材料的消耗量，整理核算资料，总结物资供应管理工作。施工收尾阶段的物资管理，应认真做好以下工作：

1）认真做好收尾准备工作

（1）检查现场存料，控制进料，减少余料，查漏补缺。既保证收尾用料的供应，又尽量减少余料，为工完场清创造条件。

（2）深入队组进行清理盘点，核实已领未用、已签发未领实物及尚差的材料。不同的组织退料、尚差的组织供应，既摸清余缺同时为结算打下基础。

（3）拆除不用的临时设施，除充分利用、代用外，为余料处理转移作准备；做好不同周转材料的退还或转移准备工作。

（4）整理、汇总各种原始资料、台账、报表，达到数字准确，资料齐全，做到账、单相等，账、表相符，账、账相符。

2）材料盘点

在工程收尾阶段，全面盘点现场及库存物资，现场物资的盈亏不能带进新现场或新栋号，应实事求是地按规定处理，并反对在盘点中弄虚作假。

盘点内容包括成品、半成品及各种材料。经过质量鉴定后，合格的应填报材料盘点表；若是队组已领未用，工程已经结束的，应将质量合格的材料办理退料，冲减消耗量。凡质量不合格的材料或边角余料及包装物，应作节约回收，列入另表，只计算节约回收额。

3）材料核算

材料核算是材料部门进行数量核算，然后由财务部门进行金额核算的过程。材料核算要求不重不漏，做到真实、准确、完整。此外还需要注意下列问题：

（1）在施工中的设计变更，形成工程量增减及相应材料消耗量的增减，应根据技术经济签证调整预算；

（2）材料核算与财务核算的口径必须一致，按统一口径建立原始资料及账表；

（3）数量核算与金额核算相结合，如材料代用中的量差、质差都直接影响价差；

（4）分析经济效果，找出节约或超耗的原因，提出改进措施，以提高管理水平。

4）工完场清，余料转移

工完场清，即在施工过程中随做随清，谁做谁清，保持场容整洁的过程。在立足于经常性现场管理的基础上，竣工后彻底清理，做到工完场清。目的是为认真核实消耗、余料转移。所有现场的余料包括废旧材料、周转材料、工具、属于施工单位的临时设施等，都应限期转移，有计划地安排余料去向，合理组织运力。

为防止转运中发生差错，随车应签发材料发车单，重要材料要派人押运，使转移秩序井然，数量清楚，手续齐备。

8.4 园林工程施工的机械设备管理

园林工程施工项目的机械设备，主要是指作为大型工具使用的大、中、小型机械，既是固定资产，又是劳动手段。机械设备管理是指对机械设备从选购、验收、使用、维护、修理、更新到调出或报废为止全过程的管理。施工项目机械设备管理的关键是在使用上提高机械效率，通过机械设备管理，建立提高利用率和完好率的措施。

8.4.1 机械设备的选择

机械设备的选择，应在可能的条件下，按照技术上先进、经济上合理、生产上适用的原则进行。具体应注意以下几点：

(1) 生产性，指机械设备的生产率和适用性；

(2) 可靠性，指精度、准确度的保持性，零件的耐用性、安全可靠性等；

(3) 节能性，指机械设备节约能源的性能，一般以机械设备单位开动审计时间的能源消耗量表示；

(4) 维修性，指维修的难易程度；

(5) 环保性，指机械设备的噪声和排放的有害物质对环境的污染程度；

(6) 耐用性，指机械设备的使用寿命要长；

(7) 配套性，指设备的成套水平，这是形成设备生产能力的重要标志，包括单机配套和项目配套；

(8) 灵活性，指机械设备能够适应不同的工作条件和环境；

(9) 经济性，指机械设备的购置费、使用费和维修费的多少；

(10) 安全性，指机械设备对安全施工的保障程度。

以上是影响选择机械设备的重要因素。实际上不存在能兼顾上述十点的完美的机械设备。上述各因素有时互相矛盾、互相制约。最重要的是应该在企业现有的或可能争取到的条件下，实事求是地选择合适的机械设备。

8.4.2 机械设备的使用

机械设备的使用是机械设备管理的一个重要环节。正确、合理地使用设备可以大大减轻磨损，保持设备良好的工作性能，充分发挥设备效率，延长设备的使用寿命。这对缩短工期，降低成本，保证好、快、省地完成施工任务具有重要意义。

1) 做好使用机械设备的准备工作

(1) 在编制施工组织计划时，一定要根据施工内容、气候条件等综合考虑，选定施工机械设备的类型、数量，制定使用计划。

(2) 施工计划应提前下达，机械设备的使用应按计划进行。

(3) 操作人员应掌握各种机械设备的使用条件，施工前技术人员应向各种机械设备的司机做好详细的技术交底工作。

(4) 要注意发挥工人的积极性，提高操作水平。

(5) 正确处理使用、保养和维修的关系，使机械经常处于良好状态。

因此，必须提高工人的技术水平，树立科学的态度和作风，掌握设备运行的客观规律，正确、合理地使用机械。

2) 在特殊条件下合理使用机械

(1) 在风季、雨季进行施工时，一定要制定出特殊的操作方法和程序，采取必要的防风雨措施，确保机械设备的安全。

(2) 在寒冷季节和低温地区使用机械设备，要加强发动机的保温、防寒、防冻、加强润滑等措施，保证发动机正常工作。

(3) 在高温地区或高温季节使用机械设备，要根据高温地区的特点采取措施，如加强发动机冷却系统的维护和保养，及时更换润滑油和使用熔点较高的润滑油脂，加强对燃料系统的保养和对蓄电池的检查等。

(4) 在高山地区使用机械。为保证高原山区施工机械有良好的性能，在可能条件下，可加装空气增压器，为使混合气成分正常，可适当调稀混合气，以及加强冷却的密封性等。

3) 制定合理使用机械设备的规章制度

要针对机械设备的不同特点，建立健全一套科学的规章制度，使机械设备的使用步入正规化、标准化。

(1) 技术责任制。技术责任制是使机械设备正常工作，安全施工的有力保证。

(2) 安全操作规程。安全操作规程是保证安全施工，防止事故发生的主要措施。

(3) 岗位责任制。岗位责任制就是把人和机械设备的关系固定下来，把机械的使用、保养和维护等各环节都落实到每个人的身上。

(4) 交接班制度。交接班制度就是保证机械设备施工的连续性，防止机械损坏和附件丢失，明确彼此的责任。

(5) 其他制度。包括维修制度，巡回检查制度，台机经济核算制度，机械设备档案制度，随机附件、备品、工具管理规定等。

8.4.3 机械设备的维护保养

机械设备的保养和修理是机械设备自身运动的客观要求，也是机械设备管理的重要环节。在机械设备的使用过程中，由于物质的运动，必然会产生技术状况的不断变化，以及出现不可避免的不正常现象，例如：振动、干摩擦、声响异常等。这是机械设备的隐患，如不及时处理，会造成设备过早磨损，甚至造成严重事故。做好机械设备的保养和修理要依靠科学的管理方法。

1) 加强对重点设备的管理

从在用设备中，依据对生产的影响程度，采用评分的办法，选出重点设备，进行预防维修。而对一般设备，可采取事后维修。

2) 施工操作工人参加设备管理

要求机械设备施工操作工人把设备维修与保养看成是自己的责任，而不仅仅是修理工的事情，参加设备的日常检查与维护保养。

3) 重视维修记录

4) 加强机械设备的保养

由于园林绿化建设的季节性强，有的专用机具在忙时不必安排检修，但在闲置之前应该检修保养。机械设备保养的内容一般包括清洁、润滑、紧固、调整、防腐五个方面。

5) 设备折旧报废的管理

设备在运行中会不断磨损、变形、腐蚀、结垢、老化，逐渐丧失功能，设备的利用能力与可达到的产量都会降低，此时，应作折旧处理，当设备能力利用率严重降低时，不能满足生产要求或使用成本过高，要及时进行报废处理。

8.5 园林工程项目的质量管理

8.5.1 质量管理的意义

1) 质量与质量管理

质量是指产品适合一定用途，满足人们需要所应具备的性能，也就是指产品的有用性。质量是反映生产、业务活动成果的标志之一，没有达到一定质量标准的数量，不能作为完成任务量。根据技术标准，对各项生产、业务活动进行监督和检查，是促进生产业务单位提高管理水平和生产水平的重要措施，也是保证发挥预期的经济效益的重要措施。在园林企业各个部门、各个环节中，同样存在质量和质量管理问题。

质量管理是随着科学管理的发展相应发展起来的，是经营管理的重要环节。它包括提出质量标准和实现质量标准。在计划过程中，采取保证质量的措施；在执行计划的过程中，及时发现干扰质量的各种因素，并立即采取有效措施，排除不利因素，达到实现质量标准的目的。为了保证质量，需要把多方面的工作、诸多生产环节组织起来，协调起来，控制起来，这个组织、协调、控制的过程就是质量管理。

质量管理这个概念，很早就有了，可以说自从历史上有了手工业生产，就出现了质量管理的萌芽。但是，作为科学的管理方法，还只有几十年的历史。它的发展，大致经历了三个阶段：

第一阶段是质量检验阶段。大约在20世纪初，企业把质量检验作为专门的一道工序，有专门机构、专门人员对产品质量进行检验，把不合格的产品剔除出去。这种方法虽然把住了不合格产品不准出厂的关口，但它是事后检查，已经造成了材料和工时的损失。

第二阶段是统计质量控制阶段。20世纪50年代，随着生产的发展，生产的批量越来越大，要求用更经济的办法来解决质量检验的问题，并要求能预防不合格产品的生产，而采用控制图来控制产品的质量，效果非常显著。不仅质量迅速提高，成本也大大降低。

第三阶段是全面质量管理阶段。到了20世纪60年代，随着科学技术进步，对质量管理提出了更高的要求。人们进一步认识到，有时产品质量不好，问题不是出在生产过程中，往往是设计问题、原材料问题，或者对用户的要求还没搞清楚。因而仅仅控制产品的生产过程是不够的，而要对所有环节都进行质量管理。于是，就提出了"全面质量管理"这个新概念。

所谓"全面质量管理"，就是为了用最经济的办法生产出能够满足用户需要的产品。对从社会调查，制订计划，产品设计，工艺准备，试制，投产，销售，直到投入使用的全过程进行一系列的质量管理。"全面质量管理"这个概念一经提出，就得到了广泛地推广。

"质量管理"经历了从消极地事后检验，发展到积极地事先预防，再发展到全面质量管理这样三个发展阶段。我们现在所说的质量管理，一般是指全面质量管理，它同以往的质量检验相比，是一大进步。我们现在对全面质量管理的理解，包含着从计划、设计、施工、养护一直到投入使用全过程的质量管理，以及发动生产过程中各个岗位、各个环节、全体职工参加的质量管理这两层意思。

提高质量管理水平是园林事业发展的客观需要。随着社会生产力的发展，园林建设的规模越来越大，技术要求越来越高。从发展趋势看，不但要有数量的增长，而且要有质量的提高，才能适应事业日益发展的要求。

2) 园林企业质量管理类型

园林行业的业务门类较多，各种质量要求各不相同，大致可以分为：

(1) 工程质量，其中分园艺工程、土木工程、建筑工程；

(2) 生产质量，其中有树木生产、花卉生产、机具生产；

(3) 养护质量，其中有树木养护、花卉养护、设备养护；

(4) 服务质量，其中有饮食服务、摄影服务、游览服务。

这是根据园林行业的业务范围决定的。各个业务部门和生产环节，都应该有自己的质量要求和质量管理方法。园林事业的质量管理有一致性的地方，也有特殊性的地方，应注意生产和业务各个环节中质量管理的特点。

3) 园林工程质量管理的特点

(1) 技术质量与艺术质量的统一

园林质量包括工程质量、园林产品质量以及服务质量等，都存在这一特点。园林建设工程，各种类型的公共绿地、专用绿地，它们的质量，除了反映在生态平衡和环保方面的效益以外，同时要讲求它的使用价值和艺术价值。在它的诸多功能中，满足人们艺术欣赏的要求，也是它应有的功能之一。因此，除了达到应有的经济技术指标以外,必须注意艺术质量。达不到预期的经济技术指标,固然不能实现经济效益。同样,达不到应有的艺术质量,也不能达到应有的使用效果。

园林工程、园林建筑不但要有一般工程应有的结构、力学、材料等的技术要求,此外,应特别讲究色彩、造型、体量、布局以及环境的协调因素。

树木的种植、花卉的布置,除了达到成活、生长茂盛的要求以外,必须注意艺术布局,品种配置,形成理想的艺术构图和景观特色。

(2) 园林工程质量的可塑性

园林工程不是一蹴而就的固定产品,而是在不断生长变化中的、有生命的、渐进而成的生命体。它的效果不是短时间内所能反映出来的,要有一个逐步提高和逐步完善的塑造过程。树木花草种植以后,有一个成活、生长的过程,这仅仅是生产的开始。保证达到树木花草设定的成活率,直到能够正常发育生长,这个过程可以称之为基础质量阶段;然后,不断地加工干预,养护管理,修剪定型,逐步体现艺术构思,这个阶段可以称为质量发展阶段;经过长期调整,加工直到基本定局为止,可以称为定型质量阶段。

园林建设质量不是一成不变的,而是随着时间的发展而变化的。质量的提高或者降低,甚至失败,是随着养护管理的技术质量和工艺质量而变化的。"三分种七分养"的说法,体现了园林质量管理的特性。

(3) 园林工程质量的连续性

构成园林质量的因素很多,上一道工序的产品往往就是下一道工序的材料,没有高质量的原料,就不可能生产出高质量的产品。没有优良的种子,不可能培育出优良的苗木。没有优良的苗木,就很难建成高质量的园林绿地。因此,加强全面质量管理是提高园林绿化质量的关键。

(4) 园林工程质量的综合性

园林质量是多种因素的综合反映。公园绿地里的亭、廊、桥、榭、树坛、花坛、草皮、道路、小溪、水泊等,不但每一个单体要保证一定的质量,而且,必须将多种因素配置得体,才能反映出完整的效果。

我们曾经做过一次行道树调查分析,有的行道树,作为一个单体来看,生长质量不差,但作为一条道路来看,绿化面貌很差。影响行道树面貌的因素大致有9个,可以说明绿化质量具有多种综合因素的特性。这9个因素是:同一条道路上品种杂乱;干径不一;间距大小不同;缺株;长势强弱不一;分叉高度不同;病虫危害;树穴、树干规格不同;修剪技术标准不一致等。

4) 园林工程质量管理的意义

(1) 提高质量是改善经营管理、提高管理水平的重要环节

质量是园林部门各项工作的综合反映,它涉及到技术问题、管理问题,各部门、各单位之间的协调配合问题,质量又是经济效益的直接反映,没有质量的数量等于浪费。因此,加强质量管理有着重要的经济意义。

(2) 加强质量管理是提高企业市场竞争的有效手段

随着我国的园林工程质量和服务质量总体水平的不断提高,质量管理工作已经越来越为人们所重视,企业领导清醒地认识到了高质量的产品和服务是市场竞争的有效手段,是争取用户、占领市场和发展企业的根本保证。

作为建设工程产品的工程项目,投资和耗费的人工、材料、能源都相当大,投资者付出巨大的投资,要求获得理想的、满足适用要求的工程产品,以期在预定时间内能发挥作用,为社会经济建设和物质文化生活需要做出贡献。如果工程质量差,不但不能发挥应有的效用,而且会因质量、安全等问题影响国计民生和社会环境的安全。

(3) 加强质量管理能确保国家和人民生命财

产安全

园林施工项目质量的优劣，不但关系到工程的适用性，而且还关系到人民生命财产的安全和社会安定。因为施工质量低劣，造成工程质量事故或潜伏隐患，其后果是不堪设想的。所以在工程建设过程中，加强质量管理，确保国家和人民生命财产安全是施工项目管理的头等大事。

工程质量的优劣，直接影响国家经济建设的速度。工程质量差本身就是最大的浪费，低劣的质量一方面需要大幅度增加返修、加固、补强等人工、器材、能源的消耗，另一方面还将给用户增加使用过程中的维修、改造费用。同时，低劣的质量必然缩短工程的使用寿命，使用户遭受经济损失。此外，工程质量低劣还会带来其他的间接损失（如停工、降低使用功能、减产等），给用户造成浪费，损失将会更大。

8.5.2 全面质量管理

1) 全面质量管理的含义

1994版ISO 9000族标准之一《质量管理与质量保证——术语》中对全面质量管理下的定义是："一个组织以质量为中心，以全员参与为基础，目的在于通过顾客满意和本组织所有成员及社会受益而达到长期成功的管理途径。"具体地说，全面质量管理就是企业以质量为中心，全体职工及有关部门积极参与，把专业技术、经营管理、数理统计和思想教育结合起来，建立起产品的研究、设计、生产（作业）、服务等产品质量形成全过程的质量体系，从而有效地利用人力、物力、财力、信息等资源，以最经济的手段生产出顾客满意的产品，使企业及其全体成员以及社会均能受益，从而使企业获得成功与发展。

与传统的质量管理相比较，全面质量管理的特点是：

（1）把过去的，以事后检验和把关为主转变为以预防为主，即从管结果转变为管因素；

（2）从过去的就事论事、分散管理，转变为以系统的观点为指导进行全面的综合治理；

（3）突出以质量为中心，围绕质量来开展企业的工作；

（4）由单纯符合标准转变为满足顾客需要；

（5）强调不断改进过程质量，从而不断改进产品和服务质量。

2) 全面质量管理的有关原则

20世纪80年代后期以来，全面质量管理得到了进一步的扩展和深化，其含义已远远超出了一般意义上的质量管理的领域，而成为一种综合的全面的经营管理方式和理念。国际标准化组织（ISO）在总结实践经验的基础上，用高度概括的语言表述了质量管理最基本、最通用的八项原则，这是组织领导做好质量管理工作必须遵循的原则。这八项原则的具体内容如下：

（1）以顾客为中心。组织依存于顾客，顾客是企业生存和发展的最重要的决定因素。因此，组织应当深入理解顾客当前的和未来的需求，做到满足顾客要求并争取超越顾客期望。为了确保企业的生存和发展，企业经营必须以顾客为中心，必须把顾客的要求放在第一位。

（2）领导作用。组织的领导者负责确立组织的宗旨和方向，将其和内部环境统一起来，并创造使员工能够充分参与实现组织目标的环境，在领导作风上要做到务实、透明和以身作则。

（3）全员参与。各级人员是组织之本，只有他们的充分参与，才能使他们的才干为组织带来最大的收益。全面质量管理的基本要求之一就是"全员的质量管理"。

（4）过程方法。质量管理理论认为，任何活动都是通过"过程"来实现的。通过分析过程、控制过程和改进过程，就能够将影响质量的所有活动和环节控制住，确保最终产品和服务的高质量。因此，将相关的资源和活动作为过程进行管理，可以更高效地得到期望的结果。

（5）管理的系统方法。任何一个企业要建立质量管理体系，都应根据其产品或服务的产生、形成和实现的运动规律,把影响各环节的技术、管理和人员等因素控制起来,即对质量形成的全过程及其所有质量活动都要进行系统分析、系统设计,遵循系统的思路和方法来建立和实施质量管理体系。要对所有活动中的各个过程加以识别和管理,使各过程彼此协调一致,并将注意力集中于关键过程。

(6) 持续改进。持续改进应当是一个组织永恒的目标。顾客的需要是不断提高的,组织只有持续改进才能持续地满足顾客的要求,持续地获得顾客的支持;另一方面,通过持续改进可以提高组织的能力,从而增强组织的竞争优势。

(7) 基于事实的决策方法。有效的决策强调以事实为依据。为了防止决策失误,必须广泛收集信息,用科学的方法处理和分析数据及信息,根据对事实的分析、过去的经验和直觉判断作出决策,以保证行动的正确性。

(8) 与供方互利的关系。在现代商品经济条件下,任何一个组织与其供方都应当是一种相互依存的关系,供方提供的产品或服务将有可能对组织实现顾客满意产生重要的影响。因此处理好与供方的关系,讲求双方合作互利,对组织与供方都是有利的。

3) 全面质量管理的基本要求

全面质量管理的基本要求有以下几个方面:

(1) 全员的质量管理。产品质量是企业各方面、各部门、各环节全部工作的综合反映。企业中任何一个环节、任何一个人的工作质量都会不同程度地、直接或间接地影响着产品质量或服务质量。因此,产品质量人人有责,必须把企业所有人员的积极性和创造性充分调动起来,不断提高人的素质,上自厂长(经理)下至工人,人人关心产品质量和服务质量,人人做好本职工作,全体参加质量管理。只有经过全体人员的共同努力,才能生产出顾客满意的产品,提供令顾客满意的服务。

(2) 全过程的质量管理。全过程的质量管理包括了从市场调研、产品的设计开发、生产(作业),到销售、服务等全部有关过程的质量管理。如前所述,任何产品或服务的质量,都有一个产生、形成和实现的过程,要保证产品或服务质量,不仅要搞好生产或作业过程的质量管理,还要搞好设计过程和使用过程的质量管理。把产品质量形成全过程的各个环节和有关因素控制起来,形成一个综合性的质量体系,做到以预防为主、防检结合、重在提高。为此,全面质量管理强调必须体现"预防为主、不断改进"和"为顾客服务"的思想。

(3) 全企业的质量管理。全企业的质量管理可以从两个角度来理解:首先,从组织管理的角度来看,"全企业的质量管理"是要求企业的上层、中层和基层各管理层次都有明确的质量管理活动内容。其中,各层次活动的侧重点不同:上层管理侧重于质量决策,制定出企业的质量方针、质量目标、质量政策和质量计划,并统一组织、协调企业各部门、各环节、各类人员的质量管理活动,保证实现企业经营管理的最终目的;中层管理则要贯彻落实领导层的质量决策,运用一定的方法找出各部门的关键、薄弱环节或必须解决的重要事项,确定出本部门的目标和对策,更好地执行各自的质量职能,并对基层工作进行具体的业务管理;基层管理则要求每个职工都要严格地按标准、按规程进行生产,相互间进行分工合作,互相支持协助,并结合岗位工作,开展群众合理化建议和质量管理小组活动,不断进行作业改善。

其次,从质量职能角度看,产品质量职能是分散在全企业的有关部门中的,要保证和提高产品质量,就必须将分散在企业各部门的质量职能充分发挥出来。但由于各部门的职责和作用不同,其质量管理的内容也是不一样的。为了有效地进行全面质量管理,就必须加强各部门之间的组织协调,并且为了从组织上、制度上保证企业长期稳定地生产出符合规定要求、满足顾客期望的产品,最终必须要建立起全企业的质量体系,使企业的所有研制、维持和改进质量的活动构成一个有效的整体。建立和健全企业质量体系,是全面质量管理深化发展的重要标志。

(4) 全面质量管理所采用的方法多种多样,并遵循 PDCA 的工作程序。现代科学技术的发展,对产品质量和服务质量提出了越来越高的要求,影响产品质量和服务质量的因素也越来越复杂,需要广泛、灵活地运用多种多样的现代化管理方法来解决当代质量问题。

在运用这些多种多样的方法、技术、手段进行质量管理工作的过程中,必须遵循 PDCA 的工作程序,这也是科学管理的基本方法。这一工作程序包括策划(P)、实施(D)、检查(C)、处置(A)四个阶段,并进一步具体化为八个工作步骤:

① 分析现状,找出存在的质量问题;

② 分析产生质量问题的各种原因;

③ 从各种原因中找出影响质量的主要原因;

④ 针对主要原因提出改进措施,制定执行计划,并预计其效果。具体落实每项措施的责任者、时间进度、执行地点、完成方法以及应达到的目标;

⑤ 严格按照计划组织各项措施的实施;

⑥ 根据方针、目标和产品要求,对过程和产品进行监视和测量,并报告结果,这是检查阶段的具体化;

⑦ 采取措施,以持续改进过程业绩,也就是总结经验教训,把成功的经验纳入有关标准或规章制度,以巩固成绩,并用来指导以后的行动;失败的教训也要记录在案,并在以后的行动中引以为戒,防止类似问题再度发生;

⑧ 将这一循环未解决的问题提出来,转入下一循环继续解决。

其中,前四个步骤是策划阶段的具体化,最后两个步骤是总结阶段的具体化。

上述"三全一多样"都是围绕着"有效地利用人力、物力、财力、信息等资源,以最经济的手段生产出顾客满意的产品"这一企业目标的。这是企业推行全面质量管理的出发点和落脚点,也是全面质量管理的基本要求。坚持质量第一,把顾客的需要放在第一位,树立为顾客服务、对顾客负责的思想,是我国企业推行全面质量管理贯彻始终的指导思想,也是社会主义市场经济条件下企业生产经营管理活动的目的所决定的。

4) 全面质量管理的实施

根据全面质量管理的定义,也可以把全面质量管理看成是一种系统化、综合化的管理方法或思路。企业要实施全面质量管理,除了注意满足"三全一多样"的要求外,还必须做好一系列的工作。

(1) 开展全面质量管理,领导必须重视并参与。企业领导应对企业的产品(或服务)质量承担完全责任,因此,质量决策和质量管理应是企业领导的重要职责。只有这样,才能对企业开展全面质量管理形成强有力的支持,促进企业的全面质量管理工作深入、扎实、持久地开展下去。

(2) 开展全面质量管理,必须抓住思想、目标、体系、技术四个要领。即:

① 全面质量管理是一种科学的管理思想;

② 全面质量管理必须围绕一定的质量目标来进行;

③ 企业的质量目标是通过一个健全而有效的体系来实现的;

④ 全面质量管理是一种能够控制质量、提高质量的管理技术和科学技术。

(3) 开展全面质量管理,必须切实做好各项基础工作。全面质量管理的基础工作,是指开展全面质量管理的一些前提性、先行性的工作。基础工作搞好了,全面质量管理就能收到事半功倍的效果,就有利于取得成效。

(4) 开展全面质量管理,必须做好各方面的组织协调工作。全面质量管理是与产品质量相关的各个工作环节的质量管理的总和,是一个围绕着共同目标协调作用的统一体。此外，还必须建立一个综合性的质量管理机构，从总体上协调和控制上述各方面的职能。

(5) 开展全面质量管理，必须讲求经济效益，把技术和经济统一起来。讲质量离不开成本、效益，否则毫无意义。我们提倡的是，在一定成本条件下，质量越高越好。无条件地、不计成本地追求"高质量"是不足取的。

8.5.3 ISO 9000 族标准与质量管理体系

1) ISO 9000 族标准简介

ISO 9000 族标准，也称《质量管理和质量保证标准》。它是由国际标准化组织(简称 ISO)正式发布的由若干项标准组成的一整套关于质量管理和质量保证的标准。

国际标准化组织分别于 1986 年发布的 ISO 8402《质量——术语》和 1987 年发布的 ISO 9000《质量管理和质量保证标准——选择和使用指南》、ISO 9001《质量体系——设计开发、生产、安装和服务的质量保证模式》、ISO 9002《质量体系——生产和安装的质量保证模式》、ISO 9003《质量体系——最终检验和试验的质量保证模式》、ISO 9004《质量管理和质量体系要素——指南》等 6 项国际标准，通称为 ISO 9000 族标准。1994 年 7 月又正式颁布了修订后的新标准，并提出了"ISO 9000 族"的概念。至 1994 年，ISO 族国际标准已从 1987 年仅有的 6 项发展为 16 项。此后又根据市场竞争和组织发展以及使用标准的需要，再次对 ISO 9000 族标准进行修订，使其更加具有广泛的通用性，并体现出强烈的以顾客为中心的思想，这就是 2000 版的 ISO 9000 族标准。ISO 9000 族标准的产生是现代化大生产和国际贸易发展的必然结果。

ISO 9000 族标准正式发布后，由于该系列标准澄清并统一了质量术语的概念，反映和发展了世界上技术先进、工业发达国家质量管理的实践经验，因此很快就受到了世界各国的普遍重视和采用。截至 1998 年底，全球获得 ISO 9000 标准认证的组织已超过 27 万家。为适应国际贸易发展和提高企业管理水平及竞争能力的需要，我国在 1988 年等效采用了 ISO 9000 族标准，1992 年又等同采用了 ISO 9000 族标准，1994 年及时等同转化了修订后的 ISO 9000 族标准(1994 版)。1993 年 2 月 22 日，第七届全国人民代表大会常务委员会第 30 次会议通过的《中华人民共和国产品质量法》第二章第九条规定："国家根据国际通用的质量管理标准，推行企业质量体系认证制度。企业根据自愿原则，可以向国务院产品质量监督部门或者国务院产品质量监督管理部门授权的部门认可的认证机构申请企业质量体系认证，经认证合格的，由认证机构颁发企业质量体系认证证书。"

2) 质量管理体系的建立与运行

(1) 质量管理体系的特点。质量管理体系具有以下特点：

① 质量管理体系是由过程构成的。质量管理体系是由若干相互关联、相互作用的过程构成。每个过程既是相对独立，又是和其他过程相适的，也就是说由若干过程组成一个"过程网络"。通常，"过程网络"是相当复杂的，质量管理体系就是依据各过程的作用、职能和接口顺序的不同组合成一个有机的整体。

② 质量体系是客观存在的。一个组织只要能正常进行生产并提供产品，客观上就存在一个质量管理体系，但这个质量管理体系不一定都能保持有效运行。每个企业只应该拥有一个质量管理体系，这个质量管理体系应覆盖该企业所有的质量体系产品和过程。

③ 质量管理体系以文件为基础。企业按照 ISO 9001 标准要求建立质量体系，并将其文件化，对内为了让员工理解与执行，对外向顾客和相关方面展示与沟通。质量管理体系文件应在总体上满足 ISO 9000 族标准的要求，在具体内容上

应反映本组织的产品、技术、设备、人员等特点，要有利于本组织所有职工的理解和贯彻。

④ 质量管理体系是不断改进的。随着客观条件的改变和组织发展的需要，质量体系也可以更改相应的体系、过程，以适应不断变化的市场的需要。质量管理体系既可以预防质量问题的发生，又能彻底解决已经出现的问题，还可以及时发现和解决新出现的质量问题，因此，质量管理体系需要良好的反馈系统和良好的反应机制。

(2) 质量管理体系的建立。一般来讲，建立一个比较完整的质量体系需要经过以下几个步骤：

① 调查分析管理现状。这是建立质量管理体系的基础工作。凡是能够完成自身职能的企业，客观上都存在一个质量管理体系。企业可以将现行的质量管理工作与 ISO 9000 标准中各项要求进行对比分析，为进行质量管理体系策划提供依据。

② 制定质量方针和质量目标。企业制定的质量方针应与组织的宗旨相一致，并要提供制定和评审质量目标的框架。质量方针应遵循八项质量管理原则的要求，并体现以顾客为关注焦点和持续改进的特征。

质量目标是质量方针的具体化，也就是规定为实现质量方针在各主要方面应达到的要求和水平。质量目标的内容应当与组织的性质、业务特点等具体情况相适应，并且应当随着内外环境条件的变化而调整。

③ 质量管理体系的文件化。质量管理体系文件通常可分为三个层次，即质量手册、程序文件和作业文件。质量管理体系文件应遵循过程方法模式，文件的表述形式可以多样化，但要便于员工理解与执行。

编写完成的质量管理体系文件应该进行评审，发现问题及时修改，文件经主管领导批准后发布实行。

(3) 质量管理体系的运行。质量体系的运行是指组织的全体员工，依据质量管理体系文件的要求，为实现质量方针和质量目标，在各项工作中按照质量管理体系文件要求操作，保持质量体系持续有效的过程。具体包括：

① 质量体系运行前的培训。企业应采取多种形式，分层次地对员工进行质量管理教育和质量体系文件的学习与培训。

通过培训使每个员工了解和自己有关的程序文件，知道自己应该做什么、什么时间做、如何做，了解自己在整个质量体系运行中的作用和地位，了解整个质量体系是如何运作的。

② 组织协调。质量体系的运行涉及到企业许多部门和各个层次的不同活动。领导者要确定各项活动的目标与要求，明确职责、权限和各自的分工，使各项活动能够有序展开，对出现的矛盾和问题要及时沟通与协调，必要时采取措施，才能保证质量管理体系的有效运行。

③ 搞好过程控制，严格按规范操作。企业的员工应严格执行工艺规程和作业指导书，操作前要做好各项准备工作，熟悉工艺要求和作业方法，检查原材料和加工设备是否符合要求；加工过程中对各项参数和条件实施监控，确保各项参数控制在规定范围之内，做到一次做好；加工后进行自检，保证加工的产品满足规范要求。

④ 监视与测量过程，不断完善体系。在质量体系运行过程中，企业应采用过程监视与测量的方法，对质量体系允许情况实施日常监控，确保质量体系运行中暴露出的问题，如将与标准要求不符合或与本组织实际不符合等问题及时、全面地收集上来，进行系统分析，找出根本原因，提出并实施纠正措施。

⑤ 质量体系审核。企业进行质量管理体系内部审核与接受质量管理体系的外部审核，是保持质量管理体系有效运行的重要手段。

质量管理体系审核的目的是对照规定要求，检查质量管理体系实施过程中是否按照规范要求操作，确定质量目标的实现情况，评价质量管理体系的改进机会。

质量体系内部审核是由企业不同的管理层和操作层中与该过程无关的人员进行的。审核的对象是企业与质量管理体系运行有关的所有过程。审核中发现的问题要及时反馈给当事人，以便采取措施保持质量体系的有效性。

3) 质量体系认证作用和认证程序

质量体系认证，又称质量体系评价与注册。这是指由权威的、公正的、具有独立性的第三方法人资格的认证机构（由国家管理机构认可并授权的）派出合格审核员组成的检查组，对申请方质量体系的质量保证能力依据 ISO 9001 标准进行检查和评价，对符合标准要求者授予合格证书并予以注册的全部活动。

(1) 质量体系认证的作用

① 企业获得质量管理体系评审合格证书，可以增强客户对供应者的信任感。评审时采用同一族的国际标准，有利于各国评审机构相互认证，方便商品进出口。

② 在公司内部开展质量体系评审，可以加强企业质量管理，提高一次成功率，增加产量，降低成本，提高效益。

③ 开展质量管理体系评审，对需方来说，可以查阅获得质量管理体系评审合格证书的生产企业名录，从中选择能够连续提供保证产品质量的供方，购到高质量的商品，减少验收费用和库存费用。

(2) 质量体系认证的程序

质量体系认证大体分为两个阶段。一是认证的申请和评定阶段。其主要任务是受理申请，并对申请的企业质量体系进行检查、评定，决定能否批准认证和予以注册；二是对获准认证的企业的质量体系进行日常监督管理阶段。其目的是使获准认证的企业的质量体系在认证有效期内持续符合相应质量体系标准的要求。

质量体系认证的具体程序大致是：认证申请的提出——认证申请的审查与批准——文件审查——现场检查前的准备——现场检查与评定——提出检查报告——审批——注册发证——供方通报——监督检查——认证暂停或撤销——认证有效期的延长。

8.5.4 园林工程设计过程的质量管理

园林工程项目设计过程的质量管理是全面质量管理的首要环节。如果设计有缺陷，其后果必然是"后患无穷"。园林工程设计过程质量管理的主要内容有以下几方面：

1) 避免设计的盲目性

园林工程项目的设计目标来自市场需要（包括潜在需要），设计的质量目标必须和用户要求保持一致。在设计之前，首先应该了解用户要求的质量特性是由什么构成的，以及他们愿意支付多高的价格。

通过有关科技情报的收集和专利的研究，跟踪技术发展方向，以确保设计的质量目标应具有的先进性。在可能的条件下，应尽量采用国际先进标准。

2) 确保设计的适当性

所谓设计的适当性，就是设计规定的质量目标（技术经济参数）要适合工程使用的需要。它是以工程的预期质量特性适合使用需要的实际质量特性的程度来衡量的。园林绿地是分层次的，不同层次的园林绿地的质量等级是不同的。从这个意义上讲，确保设计适当性就是准确规定工程质量的"设计等级"。众所周知，任何产品的价格总是有限度的，当价格超过这一限度，就无人购买，而为了提高产品的质量水平（设计等级），成本将会无限的上升。

3) 开展设计保证活动

把质量保证用到工程设计方面，称为设计保证。为了避免和防止设计缺陷的发生，必须积极推行设计保证工作。设计保证工作主要包括以下几方面：

(1) 设计评审工作

设计评审是设计保证的主要手段之一。其目的是为了及早发现并设法弥补设计上的缺陷，以避免给以后的生产和施工带来损害。设计评审工作的要点是：方案设计阶段，主要评审质量目标是否符合使用和企业发展的要求，技术上是否先进可行，经济上是否有利。技术设计阶段，主要评审原理结构是否先进合理，其质量性能、可靠性、安全性、经济性（包括成本）是否符合方案设计阶段规定的质量目标的要求。施工图设计阶段，主要评审其可生产性、质量特性和缺陷的分级是否在有关图上标注清楚。

设计评审的主要方式是召开设计评审会议。

(2) 样品或样机试验

设计评审是在纸面上进行审查，样品或样机试验则是通过实物进行鉴定。其目的在于根据样品或样机实际使用效果，来验证设计质量是否符合规定的质量目标。

(3) 技术文件的质量保证

设计技术文件是施工过程的依据，也是施工过程质量管理的依据，这就要求技术文件本身也要有质量保证，做到正确、完整、统一和清晰。技术文件的发放、收回、修改和销毁等都应制度化，并严格按规定的程序进行。

8.5.5 园林工程施工过程的质量管理

1) 园林工程施工过程的质量管理任务

园林工程施工过程是指从原材料采购开始到交验合格的全过程。它是设计的继续，是园林绿地质量形成过程中的重要环节。其影响质量的因素很多，主要有人、机械工具、原材料、方法以及环境(4M1E)。对影响制造质量的诸因素(主要是4M1E)进行有效地控制，才能使之长期稳定地满足使用需要。

(1) 要求岗位上的工人成为"自控"工人
成为"自控"工人的条件是：
① 知道怎么做和为什么要这样做；
② 知道生产出来的产品是否符合规格；
③ 具备对异常情况进行正确处理的能力。
只有达到"自控"的工人才允许上岗位操作，这是管理者的责任。为此，必须对上岗位的职工进行足够的培训和严格的考核。

(2) 原材料的质量管理

原材料质量管理的要点是：选定合格的供应厂商；严格进行原材料的检验和保管工作；必要时对关键的材料进行认定实验。所谓认定，就是对初次购入品进行全面理化分析和工艺实验。

(3) 机械设备和工具的管理

现代企业生产中，机械设备和工具对产品质量的影响极大，必须合理地选择适用的机械设备和工具。所谓合理，就是既要满足施工要求，又要比较经济。

机械设备和工具与原材料的差别，不是一次消耗或转移，而是长期使用。随着使用时间的增加，磨损增加，性能下降。当性能下降超过某一限度，就会导致质量问题。为避免因设备性能过度下降而导致大量质量问题产生的现象，应建立一套合理的设备维修保养制度。某些对设备精度有重大影响的部位或对工程质量有重大影响的工艺参数，应通过作业指导书或工序管理点标准加以规定，定时进行监测。

(4) 其他因素的质量管理

工艺是联系设计和施工的纽带，是确保工程质量的重要因素。为此，施工单位应参加有关的设计评审会议，要从施工生产的可能性与要求提出改进意见；对确定的工艺必须严格执行，严肃纪律，并和岗位责任制结合起来。

计量检测器具是建设施工的"眼睛"，是保证施工质量的重要手段之一。企业应配齐准确适用的计量检测器具。同时，还应制定合理的检测方法。

某些对环境条件如温度、湿度等有特殊要求的工程，还应进行相应的管理。

2) 施工现场质量管理系统

建立施工现场质量管理系统，对保证工程质量至关重要。施工现场质量管理系统一般根据施工工艺流程进行设计。它包括以下主要

内容:

(1) 确定管理点

一般在关键工序、关键质量特性、质量不稳定等处设立管理点。

(2) 规定管理点的管理标准

管理点的管理标准包括以下几个方面:

① 产品标准,包括单位产品质量标准和批量产品质量标准;

② 工序作业标准,包括施工方法和作业条件标准;

③ 工序控制标准;

④ 机器设备和工具标准;

⑤ 仪器、仪表保养标准。

(3) 规定岗位管理职责,主要规定谁负责作出决定或采取行动

(4) 建立相应的检查信息反馈系统

质量检查信息反馈系统的建立使施工现场质量管理系统合拢成一个完整控制环道。

(5) 贯彻"确保不出差错"和"可追查性"的原则

所谓可追查性就是按文件规定,由施工单位在相关资料上签字。

8.6 园林工程进度管理

园林工程施工进度管理是指施工项目经理部根据合同规定的工期要求编制施工进度计划,并以此作为进度管理的目标,对施工的全过程经常进行检查、对照、分析,及时发现实施中的偏差,采取有效措施,调整园林工程施工进度计划,保证工期目标实现的全部活动。

8.6.1 园林工程施工进度计划

园林工程施工进度计划是根据企业年度计划和季度计划项目部对基层施工单位(如工程队、班组)在特定时间内施工任务的行动安排,是由具体基层单位操作的作业计划。园林工程施工进度计划在园林施工管理中是非常重要的,

其内容编制是否详实与全面,是否科学合理,直接影响园林工程质量的好坏。

1) 编制园林工程施工进度计划的原则

编制园林工程施工进度计划时,要综合各方面因素,遵循一定的原则,做到详细、具体、清楚、易操作,确保计划的合理性。

(1) 先重点后一般,保证重点工序施工

工程施工应抓重点工序,做到先重点后一般,集中主要力量搞好重点工序或施工段的施工,这对大型园林项目建设尤为重要。

(2) 做到年度、季度、月度计划相结合

年度、季度计划是月度施工作业计划编制的依据。编制园林工程施工进度计划时,应做到从总体计划到局部计划,由大到小,内容从粗到细,每个层面都需要落实,因而采用系统控制非常重要。在保证工作面安全的条件下,适当缩小工作面、加快施工速度是月度作业计划的关键之处。

(3) 注意民主,切合实际,量力而行

施工作业计划的编制应结合企业实际,充分考虑自身的技术力量、工程队(组)的劳力情况及施工条件。制定的指标切合实际,不过分超前,也不能过低,以量力而行为原则。制定措施时要注意发扬民主,听取有关人员的意见,需要采取新的措施时,要迅速落实,不得拖延,以免造成浪费。

(4) 多方搜集信息,及时总结经验

对上月计划完成情况、实际进度等信息要准确掌握,注意搜集多年来基层施工管理的经验,尤其是资源调配及进度控制方面的成功经验。分析施工进度、材料供应、机具选用、劳力调度及出现的具体问题,以及各种先进合理的计划定额指标,诸如劳动定额、物资材料消耗定额、物资储备定额、物资占用定额、费用开支定额、设备利用定额等。

2) 编制园林工程施工作业计划的程序

施工作业计划是由基层工程施工队编制的,报施工单位(如园林工程公司)审批。其程序归

纳如下：

(1) 施工单位(或公司)下达指标；
(2) 施工队根据指标编制作业计划；
(3) 报送单位(或公司)审批。

如需调整，施工队必须重新对计划进行研究和修改，再送公司审批。如没有下月施工作业计划，则难以开工。

3) 园林工程建设施工进度计划的编制内容和方法

园林工程施工进度计划的编制因工程条件和施工单位的差异而有所不同，同时，计划的内容也有繁简之分，但一般都应有以下几方面内容：

(1) 施工单位下达的年度计划及季度计划总表(表8-1、表8-2)。
(2) 根据季度施工计划编制出月份施工计划总表(表8-3)。
(3) 按月施工计划总表中的月计划形象进度，确定各工程的本月日程进度和用工数量，并用横道图表示(表8-4)。

_____施工队_____年度施工任务计划总表　　　　　　　表8-1

编号	工程项目	分项工程	工程量	定额	计划用工(工日)	进度	备注

_____季度施工计划总表　　　　　　　表8-2

施工队名称	工程量	累计完成工程量	季度计划工程量	形象进度	(　)月进度	(　)月进度	(　)月进度

_____施工队_____年_____月份施工计划总表　　　　　　　表8-3

编号	工程名称	开工日期	计量单位	数量	工作量/万元	累计完成		本月计划形象进度	承包工作总量/万元	自行完成工作量/万元	说明
						形象进度	工作量/万元				

_____施工队_____年_____月施工进度计划表　　　　　　　表8-4

工程名称	计划完成工程量	用工(工日)			施工进度计划					
		工种	工种	小计	1	2	…	…	30	31

(4) 利用施工进度计划确定劳动力计划，并制定必需的材料、机械、工具的月计划表。

计划编制时，计算工作日应将法定休息日和节假日扣除，同时，还要注意雨天或雪、雾天等灾害性天气的影响，适当留有余地。

8.6.2 园林工程施工进度计划的实施

1) 影响施工项目进度的因素

园林工程施工项目特别是较大和复杂的工期较长的工程项目，在执行施工进度计划时，要充分认识和考虑其施工特点和影响进度的因素。尤其是当施工进度出现偏离时，应重点考虑有关影响因素，分析产生的原因，做到克服其影响，尽可能保证按进度计划进行。其主要影响因素有：

(1) 有关单位的影响

我们知道，施工项目的主要施工单位对施工进度起决定性作用，但是建设单位、设计单位、银行信贷单位、材料设备供应部门、运输部门、水电供应部门及政府的有关主管部门等任何一个单位，在某一个环节上发生失误或配合不够，都可能影响施工进度。其中设计单位图纸不及时到位或有错误，建设单位以及有关部门对设计方案的变动是经常发生和影响最大的因素；材料和设备不能按期供应，或质量、规格不符合要求，都将使施工停顿；资金不能保证也会使施工进度中断或速度减慢等。为了避免或减少损失，应充分考虑他们的影响，尽量协调好并留有余地，以免干扰施工进度。

(2) 施工条件的变化

施工中工程地质条件和水文地质条件与勘查设计的不符，如地质断层、溶洞、地下障碍物、软弱地基，以及恶劣的气候条件等，都对施工进度产生影响，造成临时停工或破坏。

(3) 施工技术的失误

施工单位采用技术措施不当，施工中发生技术事故，应用新技术、新材料、新结构缺乏经验，不能保证质量等都会影响施工进度。

(4) 施工组织管理不利

流水施工组织不合理、施工方案不当、计划不周、管理不善、劳动力和施工机械调配不当、施工平面布置不合理、解决问题不及时等，将影响施工进度计划的执行。

(5) 意外事件的出现

施工中如果出现意外的事件，如战争、内乱、拒付债务、工人罢工等政治事件；地震、洪水等严重的自然灾害；重大工程事故、试验失败、标准变化等技术事件；拖延工程款、通货膨胀、分包单位违约等经济事件都会影响施工进度计划。

2) 园林工程施工实施进度计划的管理措施

(1) 组织措施

主要是指建立进度实施和控制的组织系统及建立进度控制目标体系，如召开协调会议，落实各层次进度控制的人员、任务和工作职责。

(2) 合同措施

保持施工进度控制目标与合同总工期一致；分包合同的工期与总包合同的工期相一致。

(3) 技术措施

主要是加快施工进度的技术方法，以保证在进度调整后，仍能如期竣工。对施工实施过程进行监测、分析、调整、反馈，加强信息管理工作，指导施工过程的正常进行。

(4) 经济措施

采取一系列的奖罚措施，如对工期缩短给予奖励，对应急赶工给予优厚的赶工费，对拖延工期给予罚款、收赔偿金；提供资金、设备、材料、加工订货等供应时间保证措施；及时办理预付款及工程进度款支付手续等。

3) 园林工程施工进度计划的检查与调整

在园林工程施工的全过程中，要经常检查园林工程施工进度计划的实施情况，通过对照、比较和分析，及时发现实施中的偏差，并采取有效措施，调整园林工程建设施工进度计划，以便使进度计划更加合理，排除干扰，保证工期目标顺利实现。

进度计划检查的主要内容，包括各工作项目的施工顺序、平行搭接和技术间歇是否合理；总工期是否满足合同规定；主要工种的工人是否能满足连续、均衡施工的要求；主要机具、材料等的利用是否均衡和充分。

在上述四个方面中，首要的是前两方面的检查，如果不满足要求，必须进行调整。只有在前两个方面均达到要求的前提下，才能进行后两个方面的检查与调整。前者是解决可行与否的问题，而后者则是优化的问题。

复习思考题

1. 简要说明园林绿化工程项目管理的特点。
2. 简要说明园林绿化工程项目建设的程序。
3. 施工准备阶段物资准备包括哪些主要内容？
4. 施工阶段的现场物资管理包括哪些主要内容？
5. 怎样选择机械设备？
6. 如何正确、合理地使用机械设备，充分发挥机械设备效率？
7. 园林工程质量管理有什么特点？
8. 全面质量管理有哪些基本要求？
9. 如何建立施工现场质量管理系统？
10. 影响施工项目进度有哪些因素？
11. 园林工程施工实施进度计划有哪些管理措施？

参 考 文 献

[1] 上海市园林学校等. 园林经济管理. 北京：中国林业出版社，1997.
[2] 严瑞珍等. 农业企业经济管理与决策学. 北京：中国人民大学出版社，1987.
[3] 张传波. 现代工业企业管理. 北京：人民邮电出版社，2002.
[4] 郝文荣. 林业科研管理. 北京：中国林业出版社，1984.
[5] 全国九所高等院校《现代企业管理》编写组. 现代企业管理. 杭州：浙江人民出版社，1986.
[6] 施荫森等. 林业生产经济. 北京：农业出版社，1982.
[7] 郑明身等. 现代企业管理. 北京：中国财政经济出版社，2003.
[8] 穆庆贵等. 新编工业企业管理. 上海：立信会计出版社，1995.
[9] 陈澍. 企业全面劳动人事管理. 上海：上海科学技术出版社，1985.
[10] 黄凯等. 园林经济管理. 北京：气象出版社，2004.
[11] 吴富民等. 建筑企业经营管理（建筑经济管理专业）. 北京：高等教育出版社，2002.
[12] 赵慧英等. 组织设计与人力资源战略管理. 广州：广东经济出版社，2003.
[13] 中国人民大学工业经济系. 工业企业管理原理与组织（第一分册）. 北京：中国人民大学出版社，1984.
[14] 王秀文. 档案管理基础. 北京：高等教育出版社，2000.
[15] 周文进. 企业经营与管理实务. 上海：上海交通大学出版社，2001.
[16] 中国工业企业管理教育研究会. 高等院校工程技术专业试用教材——现代企业管理. 杭州：浙江人民出版社，1986.
[17] 张忠寿. 现代企业财务管理. 上海：立信会计出版社，2005.
[18] 庄思岳，陆宇建. 新编企业财务管理. 北京：经济管理出版社，2001.
[19] 王佩. 企业财务管理. 上海：立信会计出版社，2005.
[20] 晓光，宁川. 新营销. 北京：中国纺织出版社，2004.
[21] 郑维，董观志. 主题公园营销模式与技术. 北京：中国旅游出版社，2005.
[22] 林有孚. 现代企业管理. 北京：中国统计出版社，2000.
[23] 北京经济学院工业经济系经济管理教研室. 现代企业管理原理. 北京：北京经济学院出版社，1992.
[24] 杜训，陆惠民. 建筑企业施工现场管理. 北京：中国建筑工业出版社，1997.
[25] 湖北省企业管理协会，湖北省工交干部学校. 小型工业企业经营管理. 北京：企业管理出版社，1984.
[26] 葛震明. 建筑企业经营管理. 上海：同济大学出版社，1992.
[27] 刘秋华. 现代企业管理. 北京：中国社会科学出版社，2002.
[28] 林泽炎. 组织设计与人力资源战略管理. 广州：广东经济出版社，2003.
[29] 张体勋，李霞，郭伟. 现代企业管理. 北京：中国纺织出版社，2002.
[30] 宋彪. 经济法概论. 北京：中国人民大学出版社，2002.